Frust aushalten, Zukunft gestalten

von Frank Kralemann

Buchbeschreibung:

Frustrationstoleranz – ein Begriff, der im hektischen Alltag immer mehr an Bedeutung gewinnt, aber oft missverstanden wird. Vielleicht kennst du das: Du stehst im Stau, während eine wichtige Besprechung auf dich wartet. Dein Kind verweigert zum dritten Mal in dieser Woche das Abendessen, das du liebevoll zubereitet hast. Oder du erhältst eine Absage für eine Stelle, für die du dich über Wochen vorbereitet hast. In all diesen Situationen entsteht ein Gefühl, das wir als Frustration bezeichnen – ein emotionaler Zustand, der entsteht, wenn unsere Bedürfnisse, Erwartungen oder Ziele blockiert werden.

Die gute Nachricht: Frustrationstoleranz ist keine angeborene Eigenschaft, die man entweder hat oder nicht hat. Sie ist eine Fähigkeit, die wie ein Muskel trainiert werden kann und sich mit Übung verbessert. In diesem Buch wirst du Schritt für Schritt lernen, wie du deine Frustrationstoleranz stärken kannst, um im Alltag gelassener, zufriedener und erfolgreicher zu werden.

Über den Autor:

Frank Kralemann beschäftigt sich schon seit Jahren mit den Themen Aufschieben, Ziele erreichen und Frutrationstoleranz. Das erste Buch hat er 2007 geschrieben. Frank Kralemann lebt in Ostwestfalen und ist Vater und Großvater. Er liebt Kultur und gutes Essen.

Frust aushalten, Zukunft gestalten

Der Weg zur inneren Stärke

von Frank Kralemann

Verlag: BoD · Books on Demand GmbH,
Überseering 33, 22297 Hamburg,
bod@bod.de
Druck: Libri Plureos GmbH,
Friedensallee 273, 22763 Hamburg

1. Auflage, 2025

© 2025 Frank Kralemann

Alle Rechte vorbehalten.

Verlag: BoD · Books on Demand GmbH,

Überseering 33, 22297 Hamburg, bod@bod.de

Druck: Libri Plureos GmbH,

Friedensallee 273, 22763 Hamburg

ISBN: 978-3-8192-0913-0

Inhaltsverzeichnis

Was ist Frustrationstoleranz und warum ist sie wichtig?

Frustrationstoleranz – ein Begriff, der im hektischen Alltag immer mehr an Bedeutung gewinnt, aber oft missverstanden wird. Vielleicht kennst du das: Du stehst im Stau, während eine wichtige Besprechung auf dich wartet. Dein Kind verweigert zum dritten Mal in dieser Woche das Abendessen, das du liebevoll zubereitet hast. Oder du erhältst eine Absage für eine Stelle, für die du dich über Wochen vorbereitet hast. In all diesen Situationen entsteht ein Gefühl, das wir als Frustration bezeichnen – ein emotionaler Zustand, der entsteht, wenn unsere Bedürfnisse, Erwartungen oder Ziele blockiert werden.

Frustrationstoleranz beschreibt unsere Fähigkeit, mit diesem unangenehmen Gefühl umzugehen, ohne in dysfunktionale Verhaltensmuster zu verfallen oder aufzugeben. Es ist die Kapazität, trotz Hindernissen und Rückschlägen handlungsfähig zu bleiben, weiterzumachen und letztendlich unsere Ziele zu erreichen. Es geht nicht darum, immun gegen Frustration zu werden – das wäre weder möglich noch wünschenswert. Vielmehr geht es darum, einen konstruktiven Umgang mit Frustrationen zu entwickeln.

Die gute Nachricht: Frustrationstoleranz ist keine angeborene Eigenschaft, die man entweder hat oder nicht hat. Sie ist eine Fähigkeit, die wie ein Muskel trainiert werden kann und sich mit Übung verbessert. In diesem

Buch wirst du Schritt für Schritt lernen, wie du deine Frustrationstoleranz stärken kannst, um im Alltag gelassener, zufriedener und erfolgreicher zu werden.

Persönliche und gesellschaftliche Relevanz: Frust im Alltag und seine Folgen

In unserer schnelllebigen Welt sind Frustrationen allgegenwärtig. Wir leben in einer Zeit, in der wir ständig erreichbar sind, hohe Erwartungen an uns selbst und andere stellen und mit einer Flut von Informationen und Entscheidungen konfrontiert werden. Gleichzeitig scheint unsere kollektive Frustrationstoleranz abzunehmen. Studien zeigen, dass die durchschnittliche Aufmerksamkeitsspanne sinkt, während die Tendenz zu impulsiven Reaktionen steigt.

Auf persönlicher Ebene kann eine geringe Frustrationstoleranz zu einer Vielzahl von Problemen führen:

- **Gesundheitliche Folgen**: Chronischer Stress, der durch häufige Frustration entsteht, kann zu Bluthochdruck, Herz-Kreislauf-Erkrankungen, geschwächtem Immunsystem und anderen physischen Beschwerden führen.

- **Emotionale Auswirkungen**: Wer schnell frustriert ist, erlebt häufiger Gefühle wie Wut, Ärger, Traurigkeit oder Hilflosigkeit. Dies kann zu einer negativen Grundstimmung führen und das allgemeine Wohlbefinden beeinträchtigen.

- **Soziale Beziehungen**: Geringe Frustrationstoleranz kann Beziehungen belasten, da sie zu Ungeduld, übermäßigen Konflikten und Kommunikationsproblemen führen kann.

- **Berufliche Nachteile**: Im Berufsleben sind Rückschläge unvermeidlich. Wer bei Hindernissen schnell aufgibt oder emotional überreagiert, hat häufig Schwierigkeiten, langfristige berufliche Ziele zu erreichen.

Stell dir Lisa vor. Sie ist eine talentierte Grafikdesignerin, die große Schwierigkeiten hat, mit Kritik umzugehen. Wenn ein Kunde Änderungen an ihren Entwürfen wünscht, fühlt sie sich persönlich angegriffen. Sie reagiert defensiv, zieht sich zurück oder arbeitet widerwillig an den Änderungen. Über die Zeit verliert sie Kunden und entwickelt sich beruflich kaum weiter, weil sie die wertvolle Lernchance in der Kritik nicht erkennen kann. Lisas geringe Frustrationstoleranz wird zu einem ernsten Hindernis für ihren beruflichen Erfolg.

Auf gesellschaftlicher Ebene sehen wir die Folgen niedriger Frustrationstoleranz in zunehmender Polarisierung, abnehmender Diskursfähigkeit und steigender Aggressivität im öffentlichen Raum. Die Fähigkeit, Frustrationen auszuhalten und konstruktiv mit ihnen umzugehen, ist daher nicht nur eine persönliche, sondern auch eine gesellschaftliche Schlüsselkompetenz.

Ziel des Buches: Ein Leitfaden für mehr Gelassenheit und Handlungsfähigkeit

Dieses Buch wurde mit einem klaren Ziel geschrieben: Dir praktische, wissenschaftlich fundierte Werkzeuge an die Hand zu geben, um deine Frustrationstoleranz zu erhöhen und dadurch mehr Gelassenheit und Handlungsfähigkeit in deinem Leben zu gewinnen.

Nach der Lektüre wirst du:

- Die psychologischen Mechanismen hinter Frustration verstehen und erkennen, warum sie ein wichtiger Teil deines emotionalen Spektrums ist

- Deine persönlichen Frustrationsmuster identifizieren können

- Konkrete Techniken zur Stärkung deiner Frustrationstoleranz kennen und anwenden können

- Strategien entwickelt haben, um in frustrierenden Situationen handlungsfähig zu bleiben

- Frust als Wachstumschance nutzen können

Der Aufbau des Buches folgt einer logischen Progression. Wir beginnen damit, Frustration zu verstehen – ihre Natur, ihre Auslöser und ihre Auswirkungen auf unser Leben. Anschließend erkundest du verschiedene Werkzeuge und Techniken, um deine Frustrationstoleranz zu stärken, von kognitiven Strategien über Achtsamkeitsübungen bis hin zu sozialen Unterstützungssystemen. Im dritten Teil lernst du, diese Techniken in verschiedenen Lebensbereichen anzuwenden, sei es im Beruf, in Beziehungen oder bei der Verfolgung persönlicher Ziele.

Dieses Buch ist kein theoretisches Werk, das du einmal durchliest und dann ins Regal stellst. Es ist ein Arbeitsbuch, ein Begleiter auf deinem Weg zu mehr Frustrationstoleranz. Die Übungen, Reflexionsfragen und praktischen Tipps sind darauf ausgerichtet, dir konkrete

Veränderungen in deinem Alltag zu ermöglichen. Du wirst eingeladen, aktiv mit dem Buch zu arbeiten, Übungen auszuprobieren und das Gelernte in deinem Leben anzuwenden.

Kurze Vorstellung der Methoden (kognitive Umstrukturierung, narrative Ansätze, Achtsamkeit)

Um deine Frustrationstoleranz zu stärken, werden wir in diesem Buch verschiedene Methoden und Ansätze kennenlernen und kombinieren. Hier ein kurzer Überblick über die wichtigsten Methoden:

Kognitive Umstrukturierung

Dieser Ansatz stammt aus der Kognitiven Verhaltenstherapie und basiert auf der Erkenntnis, dass nicht die Situationen selbst, sondern unsere Gedanken und Bewertungen darüber unsere emotionalen Reaktionen bestimmen. Wenn du beispielsweise im Stau stehst, ist es nicht der Stau selbst, der dich frustriert, sondern deine Gedanken darüber ("Ich komme zu spät", "Was für eine Zeitverschwendung", "Warum passiert das immer mir?").

Durch kognitive Umstrukturierung lernst du, diese automatischen, oft negativen Gedanken zu erkennen, zu hinterfragen und durch konstruktivere Alternativen zu ersetzen. Dies führt zu einer veränderten emotionalen Reaktion und erhöht deine Frustrationstoleranz.

Narrative Ansätze

Wir alle erzählen uns ständig Geschichten über uns selbst und die Welt um uns herum. Diese Geschichten oder Narrative formen unsere Identität und beeinflussen, wie wir auf Ereignisse reagieren. Wenn dein persönliches

Narrativ beispielsweise lautet: "Ich bin jemand, der schnell aufgibt, wenn es schwierig wird", wirst du wahrscheinlich genau dieses Verhalten zeigen, wenn du auf Frustration stößt.

Narrative Ansätze helfen dir, diese oft unbewussten Geschichten zu erkennen und umzuschreiben. Du lernst, wie du ein neues Narrativ entwickeln kannst, das deine Stärken und Ressourcen betont und dir hilft, Frustration als vorübergehenden Zustand zu sehen, nicht als dauerhaftes Merkmal deines Lebens.

Achtsamkeit

Achtsamkeit bedeutet, bewusst im gegenwärtigen Moment zu sein, ohne zu urteilen. Diese aus der buddhistischen Tradition stammende Praxis hat in den letzten Jahrzehnten Eingang in die westliche Psychologie gefunden und wird heute in vielen therapeutischen Kontexten erfolgreich eingesetzt.

Achtsamkeitsübungen helfen dir, Frustration frühzeitig zu erkennen und zu akzeptieren, ohne sofort zu reagieren. Du lernst, einen Raum zwischen Reiz und Reaktion zu schaffen, sodass du bewusst entscheiden kannst, wie du mit der Frustration umgehen möchtest. Regelmäßige Achtsamkeitspraxis stärkt zudem deine allgemeine emotionale Regulationsfähigkeit.

Selbstwirksamkeit

Selbstwirksamkeit bezieht sich auf den Glauben an die eigene Fähigkeit, Hindernisse zu überwinden und Ziele zu erreichen. Menschen mit hoher Selbstwirksamkeit sehen Frustration als Herausforderung, nicht als unüberwindbare Barriere.

In diesem Buch wirst du Strategien kennenlernen, um deine Selbstwirksamkeit zu stärken, indem du kleine Erfolge feierst, aus Rückschlägen lernst und dich auf deine Stärken und Ressourcen konzentrierst.

Soziale Unterstützung

Wir sind soziale Wesen, und unsere Beziehungen spielen eine entscheidende Rolle bei der Bewältigung von Frustration. Ein unterstützendes soziales Netzwerk kann dir helfen, Perspektiven zu gewinnen, emotionale Unterstützung zu erhalten und neue Lösungswege zu finden.

Du wirst lernen, wie du dein soziales Netzwerk effektiv nutzen und stärken kannst, um deine Frustrationstoleranz zu erhöhen.

Diese Methoden ergänzen sich gegenseitig und bieten einen ganzheitlichen Ansatz zur Stärkung deiner Frustrationstoleranz. Im Laufe des Buches wirst du sie im Detail kennenlernen und durch praktische Übungen in deinen Alltag integrieren können.

Teil 1: Frust verstehen

1.1 Die Natur von Frustration

Psychologische und biologische Hintergründe: Warum entsteht Frust?

Frustration ist eine universelle menschliche Erfahrung, die tief in unserer Psychologie und Biologie verankert ist. Um sie besser bewältigen zu können, ist es wichtig, ihre Entstehung zu verstehen.

Die psychologische Dimension von Frustration

Aus psychologischer Sicht entsteht Frustration, wenn ein Ziel, ein Bedürfnis oder eine Erwartung blockiert wird. Der amerikanische Psychologe Sigmund Freud beschrieb Frustration als eine Folge der Unfähigkeit, unmittelbare Bedürfnisbefriedigung zu erlangen. In der modernen Psychologie wird Frustration differenzierter betrachtet und in verschiedene Typen unterteilt:

1. **Externe Frustration**: Entsteht durch äußere Umstände oder andere Personen, die uns daran hindern, ein Ziel zu erreichen. Beispiele sind Verkehrsstaus, technische Probleme oder Regeln und Gesetze, die uns einschränken.

2. **Interne Frustration**: Wird durch persönliche Limitationen verursacht, wie mangelnde Fähigkeiten, Unsicherheit oder psychologische Konflikte. Ein Beispiel ist der Wunsch, ein Musikinstrument zu beherrschen, ohne die nötige Zeit zum Üben aufbringen zu können oder zu wollen.

3. **Konfliktorientierte Frustration**: Entsteht, wenn wir zwischen zwei unvereinbaren Zielen oder Bedürfnissen wählen müssen. Zum Beispiel der Wunsch nach beruflichem Erfolg und gleichzeitig nach mehr Zeit mit der Familie.

4. **Bedürfnisfrustration**: Tritt auf, wenn grundlegende psychologische Bedürfnisse wie Autonomie, Kompetenz oder Verbundenheit nicht erfüllt werden.

Jeder dieser Typen kann unterschiedliche emotionale Reaktionen auslösen und erfordert möglicherweise verschiedene Bewältigungsstrategien.

Die biologische Basis von Frustration

Auf biologischer Ebene ist Frustration eng mit unserem Stresssystem verbunden. Wenn wir auf ein Hindernis stoßen, aktiviert unser Gehirn das sympathische Nervensystem, was zu erhöhtem Herzschlag, Anspannung der Muskeln und Ausschüttung von Stresshormonen wie Adrenalin und Cortisol führt. Diese physiologische Reaktion – bekannt als "Fight-or-Flight"-Reaktion – bereitete unsere Vorfahren auf Kampf oder Flucht vor.

In der Amygdala, einem mandelförmigen Kern im limbischen System unseres Gehirns, wird die emotionale Bedeutung der Frustration verarbeitet. Die Amygdala ist besonders sensibel für bedrohliche oder frustrierende Situationen und kann schnelle emotionale Reaktionen wie Wut oder Angst auslösen, noch bevor der präfrontale Cortex – der Sitz unserer höheren kognitiven Funktionen – die Situation bewusst verarbeiten kann.

Gleichzeitig spielt das Belohnungssystem unseres Gehirns eine wichtige Rolle. Wenn wir ein Ziel verfolgen, schüttet unser Gehirn in Erwartung der Belohnung Dopamin aus. Wird das Ziel blockiert, kommt es zu einem Dopaminabfall, was als unangenehm empfunden wird und weitere Frustration auslösen kann.

Dieses Zusammenspiel erklärt, warum Frustration oft mit körperlichen Symptomen wie Anspannung, erhöhtem Herzschlag oder sogar Kopfschmerzen einhergeht. Es erklärt auch, warum manche Menschen bei Frustration schnell wütend werden oder impulsiv handeln – ihre Amygdala reagiert stark, während ihr präfrontaler Cortex nicht schnell genug eingreift, um diese Reaktion zu modulieren.

Entwicklungspsychologische Perspektive

Aus entwicklungspsychologischer Sicht ist die Fähigkeit, Frustration zu tolerieren, ein wichtiger Meilenstein in der emotionalen Entwicklung. Kleinkinder haben eine sehr geringe Frustrationstoleranz – sie wollen ihre Bedürfnisse sofort befriedigt sehen und reagieren auf Verzögerungen mit Weinen oder Wutanfällen.

Im Laufe der Kindheit und Jugend entwickelt sich langsam die Fähigkeit zum Belohnungsaufschub und zur Emotionsregulation. Dieser Prozess wird durch das Reifwerden des präfrontalen Cortex unterstützt, der für Impulskontrolle und Planung zuständig ist. Interessanterweise ist dieser Bereich des Gehirns erst

Mitte bis Ende des zwanzigsten Lebensjahres vollständig
entwickelt, was erklärt, warum Jugendliche oft noch mit
Frustrationstoleranz kämpfen.

Die gute Nachricht ist, dass unser Gehirn plastisch bleibt
und sich durch Training und Erfahrung weiterentwickeln
kann. Neuroplastizität – die Fähigkeit des Gehirns, neue
neuronale Verbindungen zu bilden – ermöglicht es uns,
auch im Erwachsenenalter unsere Frustrationstoleranz zu
verbessern.

**Fallbeispiel: Markus und die biologische
Frustrationsspirale**

Markus, ein 42-jähriger Projektmanager, steht unter
Termindruck. Als sein Computer plötzlich abstürzt und
die Arbeit der letzten Stunde verloren geht, spürt er sofort
eine Welle der Frustration. Sein Herzschlag beschleunigt
sich, die Muskeln spannen sich an, und er fühlt einen
Impuls, auf die Tastatur zu schlagen.

Was in Markus' Körper passiert, ist eine klassische
Stressreaktion: Seine Amygdala hat die Situation als
Bedrohung eingestuft und das sympathische
Nervensystem aktiviert. Adrenalin und Cortisol fluten
seinen Körper, bereiten ihn auf Kampf oder Flucht vor –
eine Reaktion, die bei einem Computerproblem natürlich
wenig hilfreich ist.

Gleichzeitig hat sein Dopaminspiegel, der in Erwartung
des Projektabschlusses erhöht war, einen plötzlichen
Abfall erlebt, was zu zusätzlichem Unbehagen führt.

Wenn Markus jetzt seinem Impuls nachgibt und wütend
wird, verstärkt dies den Teufelskreis: Die emotionale
Reaktion erhöht den Stress weiter, was seine kognitiven

Fähigkeiten – genau die, die er braucht, um das Problem zu lösen – beeinträchtigt.

Eine bessere Strategie wäre, innezuhalten, tief durchzuatmen und den präfrontalen Cortex zu aktivieren. Durch bewusstes Umlenken der Aufmerksamkeit ("Ich kann das Problem lösen") und tiefe Atmung kann Markus sein parasympathisches Nervensystem aktivieren, was den Stresslevel senkt und ihm ermöglicht, konstruktiv mit der Situation umzugehen.

Dieses Beispiel zeigt, wie biologische Prozesse unsere Reaktion auf Frustration beeinflussen – und wie wir lernen können, diese Prozesse zu unseren Gunsten zu nutzen.

Frust als Signal: Was will er uns sagen?

Frustration ist mehr als nur ein unangenehmes Gefühl, das wir vermeiden sollten. Wie alle Emotionen hat auch Frustration eine adaptive Funktion – sie ist ein wichtiges Signal, das uns wertvolle Informationen liefert und uns zum Handeln motivieren kann. Statt Frustration als Feind zu betrachten, können wir lernen, sie als Verbündeten zu sehen, der uns wichtige Botschaften übermittelt.

Frustration zeigt uns unsere Werte und Bedürfnisse

Woran merkst du, dass du frustriert bist? Wahrscheinlich daran, dass etwas nicht so läuft, wie du es dir wünschst oder erwartest. Diese Diskrepanz zwischen Realität und Wunsch enthüllt wichtige Informationen über deine Werte, Bedürfnisse und Prioritäten.

Wenn du dich beispielsweise darüber frustrierst, dass ein Kollege deine Idee in einem Meeting als seine eigene präsentiert, zeigt dir diese Frustration, dass dir

Anerkennung und Fairness wichtig sind. Wenn du frustriert bist, weil du keine Zeit für dein Hobby findest, signalisiert dir diese Frustration, dass Selbstausdruck und persönliche Entwicklung für dich bedeutsame Werte sind.

Durch achtsame Beobachtung deiner Frustration kannst du lernen, diese verborgenen Bedürfnisse und Werte zu entdecken. Dies ist der erste Schritt, um proaktiv Wege zu finden, diese Bedürfnisse zu erfüllen, anstatt in der Frustration stecken zu bleiben.

Frustration als Wachstumsimpuls

Frustration kann ein kraftvoller Katalysator für persönliches Wachstum und Entwicklung sein. Wenn alles glatt läuft, gibt es wenig Anreiz zur Veränderung. Erst wenn wir auf Hindernisse stoßen und Frustration erleben, werden wir motiviert, neue Wege zu finden, kreative Lösungen zu entwickeln und über uns hinauszuwachsen.

Die Geschichte der Menschheit ist voll von Beispielen, wie Frustration zu Innovation führte. Thomas Edison soll tausende gescheiterte Versuche unternommen haben, bevor er eine funktionierende Glühbirne entwickelte. Anstatt aufzugeben, sah er jeden gescheiterten Versuch als wertvollen Lernprozess: "Ich habe nicht versagt. Ich habe nur 10.000 Wege gefunden, die nicht funktionieren."

Auf persönlicher Ebene kann Frustration ähnlich wirken. Denk an Situationen in deinem Leben, in denen Frustration dich letztendlich zu einer besseren Lösung geführt hat als dein ursprünglicher Plan. Vielleicht hast du durch einen beruflichen Rückschlag ein neues Talent entdeckt oder nach dem Ende einer Beziehung eine tiefere Verbindung zu dir selbst gefunden.

Frustration als Warnsignal

Manchmal ist Frustration ein Warnsignal, das uns auf Probleme oder ungesunde Muster hinweist. Anhaltende Frustration in bestimmten Situationen oder Beziehungen kann ein Hinweis darauf sein, dass etwas nicht stimmt und Veränderung nötig ist.

Wenn du beispielsweise in deinem Job ständig frustriert bist, könnte dies ein Zeichen sein, dass der Job nicht zu deinen Fähigkeiten oder Werten passt. Wiederkehrende Frustration in einer Beziehung kann auf ungelöste Konflikte oder unerfüllte Bedürfnisse hindeuten.

In diesen Fällen ist es wichtig, die Frustration nicht zu ignorieren oder zu unterdrücken, sondern sie als Aufforderung zur Reflexion und möglicherweise zur Veränderung zu nutzen.

Frustration als Kompassnadel

Frustration kann als emotionaler Kompass dienen, der uns hilft, unseren Weg zu finden. Wenn wir auf etwas stoßen, das uns frustriert, können wir uns fragen: "Was wäre das Gegenteil dieser Frustration? Wonach sehne ich mich wirklich?"

Wenn du frustriert bist, weil du zu viele Verpflichtungen hast und dich überfordert fühlst, zeigt dir diese Frustration vielleicht, dass du mehr Raum für Ruhe und Selbstfürsorge brauchst. Wenn du frustriert bist über mangelnden Fortschritt in einem Projekt, könnte dies ein Signal sein, dass du mehr Struktur oder Unterstützung benötigst.

Indem du die Frustration als Wegweiser nutzt, kannst du proaktive Schritte unternehmen, um deine Situation zu verbessern, anstatt in reaktiven Mustern gefangen zu bleiben.

Fallbeispiel: Sophia und die Signalwirkung von Frustration

Sophia, eine 35-jährige Lehrerin, bemerkte, dass sie in letzter Zeit zunehmend frustriert auf das Verhalten ihrer Schüler reagierte. Kleinigkeiten, die sie früher mit Humor genommen hatte, brachten sie jetzt zum Kochen. Anstatt diese Frustration zu unterdrücken oder sich dafür zu verurteilen, entschied sie sich, genauer hinzuhören, was diese Emotion ihr sagen wollte.

Als sie über ihre Frustration reflektierte, erkannte Sophia, dass sie sich zunehmend eingeengt und kontrolliert fühlte. Der Lehrplan ließ kaum Raum für kreative Unterrichtsmethoden, die früher ihre Leidenschaft gewesen waren. Ihre Frustration war ein Signal, dass ihr Bedürfnis nach Autonomie und kreativer Entfaltung nicht erfüllt wurde.

Statt sich weiterhin über ihre Schüler zu ärgern, nutzte Sophia diese Erkenntnis, um aktiv nach Lösungen zu suchen. Sie sprach mit der Schulleitung und schlug ein Pilotprojekt für projektbasierten Unterricht vor, der mehr Flexibilität bot. Sie begann, wieder mehr Zeit in ihre eigenen kreativen Hobbys zu investieren. Und sie fand Wege, auch innerhalb des vorgegebenen Rahmens kleine Freiräume für kreative Unterrichtselemente zu schaffen.

Sophias Frustration diente als wertvolles Signal, das sie auf ein unerfülltes Bedürfnis aufmerksam machte und sie letztendlich zu konstruktiven Veränderungen führte.

Praktische Übung: Frustration als Botschafter

Wenn du das nächste Mal Frustration erlebst, nimm dir einen Moment Zeit und stelle dir folgende Fragen:

1. **Was genau frustriert mich in dieser Situation?** Sei so spezifisch wie möglich.

2. **Welches Bedürfnis oder welcher Wert wird hier nicht erfüllt?** (z.B. Anerkennung, Autonomie, Sicherheit, Verbindung)

3. **Was sagt mir diese Frustration über meine Wünsche und Prioritäten?**

4. **Welche konstruktive Handlung könnte ich unternehmen, um diesem Bedürfnis besser gerecht zu werden?**

Durch diese reflektierte Herangehensweise kannst du Frustration von einem Feind in einen wertvollen Botschafter verwandeln, der dich zu mehr Selbsterkenntnis und besserem Handeln führt.

Frustration ist also nicht einfach nur ein unangenehmes Gefühl, das es zu vermeiden gilt. Sie ist ein komplexes Signal, das uns wichtige Informationen über unsere Bedürfnisse, Werte und Situation liefert. Indem wir lernen, dieses Signal zu verstehen und zu nutzen, können wir Frustration als wertvolles Werkzeug für persönliches Wachstum und positive Veränderung einsetzen.

1.2 Die Kosten von geringer Frustrationstoleranz

Auswirkungen auf Beziehungen, Arbeit und Gesundheit

Eine geringe Frustrationstoleranz wirkt sich nicht nur auf momentane Gefühlszustände aus, sondern kann weitreichende Folgen für verschiedene Lebensbereiche haben. Die Kosten können erheblich sein und betreffen sowohl unser Wohlbefinden als auch unsere Beziehungen und beruflichen Erfolge.

Auswirkungen auf die psychische Gesundheit

Wenn wir mit Frustration nicht konstruktiv umgehen können, leiden wir häufiger unter negativen Gefühlszuständen wie Ärger, Wut, Hilflosigkeit oder Resignation. Diese chronischen emotionalen Belastungen können zu ernsthaften psychischen Problemen führen:

- **Erhöhtes Stressniveau**: Ständige Frustration aktiviert unser Stresssystem und führt zu erhöhten Cortisol-Werten, was langfristig zu Erschöpfung und Burnout führen kann.

- **Angststörungen**: Menschen mit geringer Frustrationstoleranz neigen dazu, unangenehme Situationen zu vermeiden, was langfristig Angststörungen verstärken kann.

- **Depression**: Wiederholte Erfahrungen von Hilflosigkeit angesichts von Frustrationen können zur Entwicklung oder Verschlimmerung einer Depression beitragen.

- **Suchtverhalten**: Manche Menschen versuchen, ihre Frustration durch Suchtmittel oder süchtiges Verhalten (Alkohol, Drogen, übermäßiges Essen, exzessive Mediennutzung) zu bewältigen.

Die Forscherin Dr. Maria Sullivan von der Columbia University fand in einer Studie heraus, dass Menschen mit niedriger Frustrationstoleranz ein dreifach höheres Risiko für Angstsymptome und ein doppelt so hohes Risiko für depressive Symptome aufwiesen wie Menschen mit hoher Frustrationstoleranz.

Auswirkungen auf die körperliche Gesundheit

Die psychologischen Folgen geringer Frustrationstoleranz übersetzen sich auch in körperliche Symptome:

- **Herz-Kreislauf-Probleme**: Chronische Frustration und der damit verbundene Stress können Bluthochdruck und ein erhöhtes Risiko für Herzerkrankungen zur Folge haben.

- **Immunsystem**: Langanhaltender Stress schwächt das Immunsystem, was zu häufigeren Infektionen und längeren Erholungszeiten führen kann.

- **Verdauungsprobleme**: Stressbedingte Magen-Darm-Beschwerden wie Reizdarmsyndrom oder Sodbrennen können durch häufige Frustrationserlebnisse verschlimmert werden.

- **Schlafstörungen**: Grübeln über frustrierende Ereignisse kann Einschlafprobleme verursachen und die Schlafqualität beeinträchtigen.

Eine Langzeitstudie der Universität Helsinki zeigte, dass Menschen, die regelmäßig mit Frustration kämpften, ohne effektive Bewältigungsstrategien zu haben, ein um 40% erhöhtes Risiko für chronische Erkrankungen aufwiesen.

Auswirkungen auf Beziehungen

Unsere Fähigkeit, mit Frustration umzugehen, spielt eine entscheidende Rolle in unseren Beziehungen:

- **Kommunikationsprobleme**: Geringe Frustrationstoleranz führt oft zu impulsiven, aggressiven oder passiv-aggressiven Kommunikationsmustern, die Konflikte verschärfen statt zu lösen.

- **Mangelnde Intimität**: Wer schnell frustriert ist, vermeidet möglicherweise tiefere Gespräche oder Situationen, die potentiell unangenehm sein könnten, was die Entwicklung von Intimität und Vertrauen behindert.

- **Konflikteskalation**: Kleine Meinungsverschiedenheiten können schnell zu großen Konflikten eskalieren, wenn einer oder beide Partner eine geringe Frustrationstoleranz haben.

- **Beziehungsabbrüche**: Menschen mit niedriger Frustrationstoleranz neigen dazu, Beziehungen vorzeitig zu beenden, wenn Schwierigkeiten auftreten, anstatt an ihnen zu arbeiten.

Gottman-Institute-Forschungen haben gezeigt, dass nicht die Anzahl der Konflikte, sondern die Art und Weise, wie Paare mit Frustration und Konflikten umgehen, der entscheidende Prädiktor für die Langzeitstabilität von Beziehungen ist.

Fallbeispiel: Thomas und Sara - Die Beziehungskosten geringer Frustrationstoleranz

Thomas und Sara sind seit drei Jahren ein Paar. Thomas hat eine geringe Frustrationstoleranz, besonders wenn es um Pläne geht, die nicht wie erwartet verlaufen. Als sie ein gemeinsames Wochenende an der Küste planen, freut er sich auf entspannte Tage am Strand. Bei ihrer Ankunft stellen sie jedoch fest, dass das Wetter umgeschlagen hat – es regnet und ist kühler als erwartet.

Thomas reagiert sofort gereizt: "Das war ja klar! Immer wenn wir etwas planen, geht es schief. Hätten wir doch zu Hause bleiben können!" Er verbringt die nächsten Stunden mürrisch im Hotelzimmer und checkt wiederholt Wettervorhersagen.

Sara versucht, Alternativen vorzuschlagen – ein Museum in der Nähe, ein gemütliches Restaurant, eine Wanderung, sobald der Regen nachlässt. Doch Thomas' Frustration blockiert seine Offenheit für diese Ideen. Er fühlt sich vom Wetter "betrogen" und kann nicht umschalten.

Im Laufe des Wochenendes entsteht eine zunehmende Spannung zwischen beiden. Sara fühlt sich verantwortlich für Thomas' schlechte Laune und gleichzeitig frustriert über seine Unflexibilität. Thomas wiederum spürt Saras Enttäuschung, was seinen Frust noch verstärkt, weil er sich missverstanden fühlt.

Was als romantisches Wochenende geplant war, wird zu einer belastenden Erfahrung für beide. Das Muster wiederholt sich in ähnlichen Situationen und belastet ihre Beziehung zunehmend. Sara beginnt, Vorschläge für gemeinsame Aktivitäten zu vermeiden, aus Angst vor Thomas' Reaktion, wenn etwas nicht nach Plan läuft.

Dieses Beispiel zeigt, wie geringe Frustrationstoleranz die Qualität von Beziehungen beeinträchtigen kann, indem sie zu negativen Interaktionszyklen, eingeschränkter

Spontaneität und verminderten gemeinsamen positiven
Erlebnissen führt.

Auswirkungen auf die Arbeit und Karriere

Im beruflichen Kontext kann geringe Frustrationstoleranz
erhebliche Nachteile mit sich bringen:

- **Eingeschränkte berufliche Entwicklung**: Wer
  bei Rückschlägen schnell aufgibt, verpasst
  wichtige Lernchancen und
  Wachstumsmöglichkeiten.

- **Teamkonflikte**: Impulsive Reaktionen auf
  Frustration können das Arbeitsklima belasten und
  zu Konflikten mit Kollegen führen.

- **Vermeidungsverhalten**: Menschen mit geringer
  Frustrationstoleranz vermeiden oft
  herausfordernde Aufgaben oder Projekte, die
  potentiell frustrierend sein könnten, was ihre
  berufliche Entwicklung einschränkt.

- **Eingeschränkte Kreativität**: Frustration kann
  den kreativen Prozess blockieren, der oft
  Durchhaltevermögen und die Fähigkeit erfordert,
  mit Ungewissheit umzugehen.

- **Berufliche Stagnation**: Langfristig kann geringe
  Frustrationstoleranz zu häufigen
  Arbeitsplatzwechseln, unterbrochenen
  Karrierewegen oder beruflicher Stagnation führen.

Eine Studie der Stanford University ergab, dass
Mitarbeiter mit hoher Frustrationstoleranz mit 60%
höherer Wahrscheinlichkeit in Führungspositionen
aufsteigen und im Durchschnitt 35% höhere

Gehaltssteigerungen über einen Fünfjahreszeitraum erzielen als Kollegen mit niedriger Frustrationstoleranz.

Auswirkungen auf die Lebensqualität

Über diese spezifischen Bereiche hinaus kann geringe Frustrationstoleranz unsere allgemeine Lebensqualität beeinträchtigen:

- **Eingeschränktes Glücksempfinden**: Wer ständig mit Frustration kämpft, erlebt weniger positive Emotionen und Zufriedenheit.

- **Verminderte Resilienz**: Die Fähigkeit, mit Lebenskrisen umzugehen, wird durch geringe Frustrationstoleranz geschwächt.

- **Geringere Zielorientierung**: Langfristige Ziele erfordern die Fähigkeit, Frustration auszuhalten. Menschen mit geringer Frustrationstoleranz geben oft auf, bevor sie ihre wichtigsten Ziele erreichen.

- **Eingeschränkte Lebenserfahrungen**: Wer aus Angst vor Frustration neue Erfahrungen meidet, begrenzt seinen Horizont und verpasst bereichernde Erlebnisse.

Praktische Übung: Die Kosten deiner Frustrationstoleranz einschätzen

Um besser zu verstehen, wie deine persönliche Frustrationstoleranz dein Leben beeinflusst, nimm dir Zeit für folgende Reflexionsübung:

1. Denke an drei Situationen aus der letzten Woche, in denen du Frustration erlebt hast.

2. Wie hast du in diesen Situationen reagiert? Warst du impulsiv, hast du dich zurückgezogen, oder konntest du ruhig bleiben?

3. Welche Konsequenzen hatten deine Reaktionen für dich selbst und andere?

4. Stell dir vor, du hättest anders reagieren können – mit mehr Gelassenheit und Frustrationstoleranz. Wie hätte sich der Ausgang der Situation verändert?

5. Welche "Kosten" entstehen dir persönlich durch deine derzeitige Frustrationstoleranz in Bezug auf:

   o Deine Gesundheit und dein Wohlbefinden

   o Deine wichtigsten Beziehungen

   o Deine berufliche Entwicklung

   o Deine langfristigen Ziele und Träume

Die Erkenntnis der Kosten geringer Frustrationstoleranz ist oft ein wichtiger Motivator für Veränderung. Wenn wir verstehen, wie viel wir durch impulsive Reaktionen auf Frustration verlieren können, wird der Wert der in diesem Buch vorgestellten Strategien zur Stärkung der Frustrationstoleranz umso deutlicher.

Typische Reaktionsmuster: Vermeidung, Aggression, Resignation

Wenn wir mit Frustration konfrontiert werden, fallen wir oft in charakteristische Reaktionsmuster, die kurzfristig Erleichterung verschaffen mögen, langfristig aber unsere Probleme verstärken können. Diese Muster sind tief verankert und werden oft unbewusst aktiviert. Indem wir sie erkennen und verstehen, machen wir den ersten Schritt, um sie zu verändern.

Muster 1: Vermeidung - Der Fluchtreflex

Vermeidung ist eine häufige Reaktion auf Frustration. Statt sich der frustrierenden Situation zu stellen, weichen wir aus, verschieben unangenehme Aufgaben oder geben komplett auf.

Typische Anzeichen des Vermeidungsmusters:

- Prokrastination ("Das mache ich später")

- Ausreden finden ("Dafür habe ich jetzt keine Zeit")

- Ablenkungssuche (Fernsehen, Social Media, Essen etc.)

- Leugnung des Problems ("So schlimm ist es gar nicht")

- Flucht in Fantasien oder Tagträume

- Selbstmedikation mit Alkohol, Drogen oder anderen Substanzen

Die Psychologie hinter der Vermeidung: Vermeidung funktioniert auf kurze Sicht sehr effektiv – sie reduziert sofort das unangenehme Gefühl der Frustration. Unser Gehirn registriert diese Erleichterung und verstärkt das Vermeidungsverhalten durch einen Dopaminschub. So entsteht ein sich selbst verstärkender Kreislauf: Je öfter wir vermeiden, desto wahrscheinlicher wird es, dass wir auch in Zukunft vermeiden werden.

Evolutionär gesehen hat Vermeidung durchaus ihren Sinn: Unsere Vorfahren, die potentiell gefährlichen Situationen auswichen, überlebten mit höherer Wahrscheinlichkeit. In der modernen Welt jedoch, wo die meisten Frustrationen keine physische Gefahr darstellen, wird Vermeidung zu einer maladaptiven Strategie.

Langfristige Folgen der Vermeidung:

- Verstärkung von Ängsten und Unsicherheiten

- Anhäufung ungelöster Probleme

- Verlust von Selbstwirksamkeit und Selbstvertrauen

- Einschränkung des Lebensraums und der Möglichkeiten

- Erhöhtes Risiko für Depression und Angststörungen

Fallbeispiel: Julias Vermeidungsstrategie

Julia träumt davon, ihre eigene Coaching-Praxis zu eröffnen. Sie hat bereits eine Ausbildung absolviert und Erfahrung gesammelt. Doch wann immer sie konkrete Schritte zur Umsetzung ihres Traums unternehmen will, blockiert sie eine diffuse Angst vor dem Scheitern.

Statt eine Website zu erstellen, Visitenkarten zu drucken oder potentielle Klienten anzusprechen, findet sie immer wieder Gründe, diese Aufgaben aufzuschieben: "Ich sollte erst noch diesen zusätzlichen Kurs machen", "Die Wirtschaftslage ist gerade nicht ideal", "Ich brauche mehr Erfahrung".

Im Alltag lenkt sich Julia mit anderen, weniger bedeutsamen Aktivitäten ab – sie reorganisiert ihren Kleiderschrank, verbringt Stunden in sozialen Medien oder meldet sich für Fortbildungen an, die ihr nicht wirklich weiterhelfen.

Mit der Zeit verstärkt sich ihre Vermeidung. Die unerfüllten Träume führen zu Frustration und Selbstzweifeln, was wiederum mehr Vermeidung auslöst. Julia gerät in einen Teufelskreis, in dem die Angst vor Frustration sie davon abhält, die notwendigen Schritte zu unternehmen, die ihr letztendlich Erfüllung bringen würden.

Muster 2: Aggression - Der Kampfreflex

Während manche Menschen bei Frustration in Vermeidung flüchten, reagieren andere mit Aggression. Diese kann sich in offener Wut, passiver Aggression oder nach innen gerichteter Selbstkritik äußern.

Typische Anzeichen des Aggressionsmusters:

- Verbale Ausbrüche, Schreien oder Fluchen

- Körperliche Anspannung, geballte Fäuste

- Passive Aggression (sarkastische Bemerkungen, Sticheleien)

- Schuldzuweisungen an andere oder Umstände

- Übermäßige Selbstkritik und Selbstabwertung

- Destruktives Verhalten (Türen schlagen, Gegenstände werfen)

Die Psychologie hinter der Aggression: Aggression ist wie Vermeidung eine evolutionär verankerte Reaktion auf Bedrohung oder Hindernis. Wenn unser "Kampf"-Modus aktiviert wird, erleben wir einen Energieschub durch Adrenalin und andere Stresshormone, der uns kurzfristig ein Gefühl von Macht und Kontrolle gibt.

Bei chronischer Frustration kann sich jedoch ein "Reiz-Reaktions-Muster" entwickeln, bei dem immer kleinere Auslöser zu immer stärkeren aggressiven Reaktionen führen. Die Schwelle für Aggressionsausbrüche sinkt, während die Intensität der Reaktion steigt.

Langfristige Folgen der Aggression:

- Belastung oder Zerstörung wichtiger Beziehungen

- Soziale Isolation

- Berufliche Nachteile durch Konflikte

- Gesundheitliche Probleme durch chronische Aktivierung des Stresssystems

- Juristische Konsequenzen bei physischer Aggression

- Selbsthass und Schamgefühle nach Aggressionsausbrüchen

Fallbeispiel: Michaels aggressive Reaktionsmuster

Michael arbeitet als Projektmanager in einem IT-Unternehmen. Er gilt als kompetent, aber auch als jähzornig. Besonders wenn Projekte nicht nach Plan verlaufen oder Kollegen Fehler machen, reagiert er unverhältnismäßig gereizt.

In einer wichtigen Präsentation funktioniert die Technik nicht wie erwartet. Anstatt ruhig nach einer Lösung zu suchen, fährt Michael den Praktikanten an, der für die Technik zuständig ist: "Kannst du nicht einmal etwas richtig machen? Das ist doch nicht so schwer!"

Seine aggressive Reaktion vergiftet die Atmosphäre im Meeting. Der Praktikant ist eingeschüchtert, die Kunden sind irritiert, und Michaels Kollegen fühlen sich unwohl. Nach dem Meeting schämt sich Michael für seinen Ausbruch, schiebt die Schuld aber auf den Stress und die "Inkompetenz" des Praktikanten.

Über die Zeit führt dieses Muster dazu, dass Kollegen den Kontakt mit Michael meiden und wichtige Informationen zurückhalten, aus Angst vor seinen Reaktionen. Sein beruflicher Aufstieg wird trotz seiner Kompetenz gebremst, und seine Beziehungen am Arbeitsplatz leiden erheblich.

Muster 3: Resignation - Die Erstarrungsreaktion

Das dritte typische Muster bei Frustration ist Resignation – ein Zustand der Hilflosigkeit und des inneren Rückzugs, bei dem wir aufgeben und uns der Situation passiv unterwerfen.

Typische Anzeichen des Resignationsmusters:

- Gefühl der Hilflosigkeit ("Es hat sowieso keinen Zweck")

- Energielosigkeit und Antriebsschwäche

- Opferhaltung ("Warum passiert das immer mir?")

- Gedankenkreisen ohne Lösungsorientierung

- Rückzug von sozialen Kontakten

- Übernahme einer fatalistischen Weltsicht

Die Psychologie hinter der Resignation: Resignation ist dem "Freeze"-Anteil der "Fight-Flight-Freeze"-Reaktion zuzuordnen. Wenn weder Kampf noch Flucht als viable Optionen erscheinen, erstarrt der Organismus – ein Schutzmechanismus, der bei Tieren in lebensbedrohlichen Situationen zu beobachten ist.

Bei wiederholten Erfahrungen von Frustration ohne Ausweg kann sich das Phänomen der "erlernten Hilflosigkeit" entwickeln, ein Konzept, das der Psychologe Martin Seligman erforscht hat. Menschen, die wiederholt erfahren, dass ihre Handlungen keinen Einfluss auf ihre Situation haben, entwickeln eine generalisierte Überzeugung der Machtlosigkeit.

Langfristige Folgen der Resignation:

- Erhöhtes Risiko für Depression

- Verlust von Lebensfreude und Motivation

- Verpasste Chancen und Möglichkeiten

- Selbsterfüllende Prophezeiungen des Scheiterns

- Einschränkung persönlicher Entwicklung und Wachstum

Fallbeispiel: Annas Resignationsmuster

Anna hat mehrere Bewerbungen für Jobs geschrieben, für die sie qualifiziert ist, aber nur Absagen erhalten. Anfangs war sie enttäuscht, aber motiviert, es weiter zu versuchen. Nach der siebten Absage beginnt sich ein Resignationsmuster zu entwickeln.

"Es hat keinen Sinn", denkt sie. "Egal, wie sehr ich mich anstrenge, ich werde nie den richtigen Job finden." Sie verbringt zunehmend Zeit im Bett, vernachlässigt ihre Bewerbungsaktivitäten und zieht sich von Freunden zurück, die ihr Mut machen wollen.

Wenn Anna doch einmal eine Stellenanzeige sieht, die zu ihr passen könnte, denkt sie sofort: "Die werden mich sowieso nicht nehmen" oder "Bestimmt gibt es hunderte besser qualifizierte Bewerber". Sie bewirbt sich gar nicht erst und bestätigt damit unbewusst ihre eigene negative Überzeugung.

Annas Resignation führt zu einem Teufelskreis: Je weniger sie sich bewirbt, desto geringer werden ihre Chancen auf einen Job. Dies bestärkt wiederum ihr Gefühl der Hilflosigkeit, was zu noch mehr Resignation führt.

Die Musterunterbrechung als erster Schritt zur Veränderung

Das Erkennen dieser typischen Reaktionsmuster ist der erste Schritt zur Veränderung. Indem wir bewusst werden, welches Muster wir in frustrierenden Situationen aktivieren, können wir beginnen, diesen Automatismus zu unterbrechen.

Praktische Übung: Dein persönliches Reaktionsmuster identifizieren

1. Denke an die letzten drei Situationen, in denen du stark frustriert warst.

2. Wie hast du reagiert? Erkennst du Elemente von Vermeidung, Aggression oder Resignation?

3. Welches Muster scheint bei dir dominant zu sein?

4. Welche Auslöser bringen dich besonders stark in dieses Muster?

5. Welche kurzfristigen "Vorteile" hat dieses Reaktionsmuster für dich? (z.B. sofortige Erleichterung bei Vermeidung)

6. Welche langfristigen Kosten entstehen dir durch dieses Muster?

Erste Schritte zur Musterunterbrechung:

Für Vermeidungsmuster:

- Setze dir sehr kleine, machbare Schritte anstelle großer Aufgaben

- Nutze die "5-Minuten-Regel": Verpflichte dich, nur 5 Minuten an einer schwierigen Aufgabe zu arbeiten

- Belohne dich für das Anpacken (nicht erst für das Ergebnis)

Für Aggressionsmuster:

- Erkenne frühe Warnsignale deiner Wut (Muskelanspannung, schnellere Atmung)

- Implementiere einen "Pause-Knopf": Atme tief durch, zähle bis 10, verlasse kurz den Raum

- Frage dich: "Würde ich so reagieren, wenn ich mich gefilmt wüsste?"

Für Resignationsmuster:

- Fokussiere auf sehr kleine, kontrollierbare Erfolge

- Hinterfrage negative Gedanken: "Ist das wirklich wahr? Immer? Zu 100%?"

- Umgib dich mit unterstützenden Menschen, die deine Resignation nicht verstärken

In den nächsten Kapiteln werden wir tiefer in wirksame Strategien eintauchen, um diese dysfunktionalen Muster zu durchbrechen und eine gesunde Frustrationstoleranz aufzubauen. Doch das Bewusstsein für deine eigenen typischen Reaktionen ist bereits ein entscheidender erster Schritt.

1.3 Warum Frust aushalten lohnt

Langfristige Vorteile: Resilienz, Zielerreichung, innere Stärke

Die Fähigkeit, Frustration auszuhalten, mag im Moment unangenehm sein, bringt jedoch eine Vielzahl von langfristigen Vorteilen mit sich, die weit über die unmittelbare Situation hinausreichen. Diese Vorteile betreffen nicht nur unsere Leistungsfähigkeit, sondern auch unsere psychische Gesundheit, unsere Beziehungen und unsere allgemeine Lebensqualität.

Resilienz: Der innere Stoßdämpfer

Resilienz – die Fähigkeit, Rückschläge zu überwinden und gestärkt aus Krisen hervorzugehen – ist eng mit Frustrationstoleranz verbunden. Jedes Mal, wenn wir Frustration aushalten, anstatt ihr auszuweichen, stärken wir unsere Resilienz wie einen Muskel.

Resiliente Menschen zeichnen sich durch folgende Eigenschaften aus:

- **Realistische Akzeptanz**: Sie erkennen Schwierigkeiten an, ohne sie zu dramatisieren oder zu leugnen.

- **Lösungsorientierung**: Sie fokussieren sich auf das, was sie kontrollieren können, statt sich als Opfer zu sehen.

- **Emotionale Flexibilität**: Sie können negative Gefühle zulassen und verarbeiten, ohne von ihnen überwältigt zu werden.

- **Unterstützungsnetzwerke**: Sie wissen, wann und wie sie Hilfe suchen können.

- **Sinnfindung**: Sie können auch in Krisen einen Sinn oder eine Lernchance entdecken.

Die Forschung zeigt, dass resiliente Menschen nicht nur Krisen besser bewältigen, sondern auch weniger anfällig für Depressionen und Angststörungen sind. Eine Studie der University of Pennsylvania fand heraus, dass

Menschen mit höherer Resilienz ein bis zu 50% geringeres Risiko für die Entwicklung von psychischen Erkrankungen nach traumatischen Ereignissen aufweisen.

Zielerreichung: Der Weg durch Hindernisse

Nahezu jedes bedeutsame Ziel erfordert die Überwindung von Hindernissen und das Aushalten von Frustration. Von der beruflichen Karriere über den Aufbau von Beziehungen bis hin zu persönlichen Projekten – der Weg zum Erfolg ist selten geradlinig.

Menschen mit hoher Frustrationstoleranz haben mehrere Vorteile bei der Zielerreichung:

- **Durchhaltevermögen**: Sie geben nicht auf, wenn es schwierig wird, sondern bleiben hartnäckig an ihren Zielen dran.

- **Flexibilität**: Sie können ihre Strategien anpassen, wenn der ursprüngliche Plan nicht funktioniert.

- **Fokus auf Fortschritt**: Sie erkennen kleine Fortschritte an und lassen sich dadurch motivieren.

- **Lernorientierung**: Sie sehen Rückschläge als Lernchancen, nicht als persönliches Versagen.

- **Fähigkeit zum Belohnungsaufschub**: Sie können kurzfristige Befriedigungen für langfristige Ziele aufschieben.

Die berühmte Marshmallow-Studie von Walter Mischel an der Stanford University demonstrierte die langfristigen Auswirkungen von Belohnungsaufschub – einer Form von Frustrationstoleranz. Kinder, die als Vierjährige in der Lage waren, auf eine sofortige Belohnung (einen

Marshmallow) zu verzichten, um später eine größere Belohnung zu erhalten, zeigten als Erwachsene bessere akademische Leistungen, gesündere Beziehungen und waren beruflich erfolgreicher.

Innere Stärke: Der ruhige Kern im Sturm

Eine hohe Frustrationstoleranz trägt erheblich zu dem bei, was wir oft als "innere Stärke" oder "inneren Frieden" bezeichnen – die Fähigkeit, auch unter Druck ruhig und zentriert zu bleiben.

Diese innere Stärke zeigt sich in:

- **Emotionaler Stabilität**: Weniger extreme Stimmungsschwankungen und emotionale Ausbrüche.

- **Selbstvertrauen**: Der Glaube an die eigene Fähigkeit, mit Herausforderungen umgehen zu können.

- **Gelassenheit**: Die Fähigkeit, Dinge zu akzeptieren, die man nicht ändern kann, ohne in Panik oder Verzweiflung zu verfallen.

- **Präsenz**: Vollständig im Moment sein können, statt in Sorgen über die Zukunft oder Bedauern über die Vergangenheit gefangen zu sein.

- **Innerer Freiheit**: Weniger von äußeren Umständen und Reaktionen anderer abhängig sein.

Diese innere Stärke wirkt sich direkt auf unser Wohlbefinden und unsere Lebensqualität aus. Menschen mit hoher innerer Stärke berichten von größerer

Lebenszufriedenheit, besserer Work-Life-Balance und tieferen, befriedigenderen Beziehungen.

Fallbeispiel: Marias Weg zur inneren Stärke

Maria hatte vor fünf Jahren eine schwere Lebenskrise durchlaufen: Ein Burn-out zwang sie, ihren stressigen Job aufzugeben, gleichzeitig ging ihre langjährige Beziehung in die Brüche. Zunächst war sie überwältigt von Frustration, Angst und Selbstzweifeln.

Anstatt diesen Gefühlen auszuweichen, entschied sie sich, ihnen zu begegnen. Sie suchte sich professionelle Unterstützung, begann zu meditieren und stellte sich bewusst den Herausforderungen des Neuanfangs. Jeder kleine Erfolg – sei es ein Vorstellungsgespräch, das Knüpfen neuer Kontakte oder das Erlernen einer neuen Fähigkeit – stärkte ihre Frustrationstoleranz und baute ihre Resilienz auf.

Heute, fünf Jahre später, berichtet Maria, dass sie trotz objektiv schwierigerer Umstände (weniger Einkommen, mehr Verantwortung) subjektiv glücklicher und zufriedener ist als vor ihrer Krise. "Ich weiß jetzt, dass ich auch schwierige Gefühle aushalten kann", sagt sie. "Das gibt mir eine innere Ruhe, die ich früher nicht kannte. Probleme, die mich früher aus der Bahn geworfen hätten, sehe ich heute als Herausforderungen, an denen ich wachsen kann."

Marias Geschichte illustriert, wie das Aushalten von Frustration langfristig zu Resilienz, Zielerreichung und innerer Stärke führen kann.

Verbesserte zwischenmenschliche Beziehungen

Eine hohe Frustrationstoleranz wirkt sich auch positiv auf unsere Beziehungen aus:

- **Konstruktive Konfliktlösung**: Die Fähigkeit, auch in angespannten Situationen ruhig zu bleiben und lösungsorientiert zu kommunizieren.

- **Empathie**: Mehr emotionale Kapazität, um die Perspektive des anderen zu verstehen, selbst in Konfliktsituationen.

- **Vergebung**: Leichteres Loslassen von Groll und Verletzungen, was tiefere Beziehungen ermöglicht.

- **Authentizität**: Weniger Abhängigkeit von der Zustimmung anderer, was zu ehrlicheren, authentischeren Beziehungen führt.

- **Unterstützungsfähigkeit**: Bessere Fähigkeit, anderen in Krisen beizustehen, ohne selbst davon überwältigt zu werden.

Berufliche Vorteile

Im beruflichen Kontext bietet eine hohe Frustrationstoleranz zahlreiche Vorteile:

- **Stress-Resistenz**: Bessere Bewältigung von Arbeitsdruck und Deadlines ohne emotionale Überlastung.

- **Kreativität**: Durchhaltevermögen in kreativen Prozessen, die oft Durststrecken und Frustration beinhalten.

- **Führungsqualitäten**: Die Fähigkeit, in Krisensituationen ruhig und entscheidungsfähig zu bleiben.

- **Anpassungsfähigkeit**: Leichteres Umgehen mit Veränderungen, Restrukturierungen oder neuen Anforderungen.

- **Lernen und Wachstum**: Offenheit für konstruktives Feedback und kontinuierliche Verbesserung.

Praktische Übung: Deine persönlichen Vorteile visualisieren

Um deine Motivation zu stärken, deine Frustrationstoleranz zu entwickeln, kann folgende Visualisierungsübung hilfreich sein:

1. Nimm dir 10-15 Minuten Zeit an einem ruhigen Ort, wo du ungestört bist.

2. Schließe die Augen und atme einige Male tief durch, um zur Ruhe zu kommen.

3. Stelle dir jetzt vor, wie dein Leben in einem Jahr aussehen würde, wenn du eine deutlich höhere Frustrationstoleranz entwickelt hättest:

   o Wie würdest du mit Alltagsfrustration umgehen?

   o Welche Ziele hättest du erreicht, die bisher durch geringe Frustrationstoleranz blockiert waren?

- o Wie würden deine wichtigsten Beziehungen aussehen?

- Wie würdest du dich innerlich fühlen?

  - o Wie würde sich dein Alltag, deine Arbeit, deine Freizeit verändern?

4. Erlebe diese Vision so lebendig wie möglich. Achte auf Details, Gefühle, Geräusche, Farben.

5. Wenn du bereit bist, öffne die Augen und notiere die wichtigsten Aspekte deiner Vision.

Diese Übung hilft dir, die langfristigen Vorteile erhöhter Frustrationstoleranz konkret und persönlich zu machen, was deine Motivation stärkt, an dieser Fähigkeit zu arbeiten.

Der wissenschaftliche Hintergrund

Die positiven Auswirkungen von Frustrationstoleranz sind nicht nur anekdotisch, sondern auch wissenschaftlich gut belegt. Die Forschung in Bereichen wie Positive Psychologie, Neurobiologie und Verhaltensökonomie zeigt konsistent die Vorteile von:

- **Emotionsregulation**: Die Fähigkeit, emotionale Reaktionen zu modulieren, ist mit besserer psychischer Gesundheit, Beziehungsqualität und beruflichem Erfolg verbunden (Gross & John, 2003).

- **Belohnungsaufschub**: Die Fähigkeit, auf sofortige Befriedigung zu verzichten, korreliert mit akademischem Erfolg, geringerem

Risikoverhalten und besserer sozioökonomischer
Entwicklung (Mischel et al., 2011).

- **Achtsamkeit**: Regelmäßige Achtsamkeitspraxis,
  die Frustrationstoleranz fördert, ist mit
  verringertem Stress, besserer kognitiver
  Flexibilität und erhöhtem Wohlbefinden
  verbunden (Kabat-Zinn, 2015).

Die gute Nachricht ist: Wie viele psychologische
Fähigkeiten kann auch Frustrationstoleranz entwickelt
und gestärkt werden. Die Techniken und Strategien, die
wir in den kommenden Kapiteln kennenlernen werden,
sind wissenschaftlich fundiert und haben sich in der
Praxis bewährt.

Beispiele aus dem Leben erfolgreicher Menschen

Hinter fast jeder Erfolgsgeschichte steht eine
bemerkenswerte Fähigkeit, Frustration auszuhalten und
Rückschläge zu überwinden. Die Biografien erfolgreicher
Menschen aus verschiedenen Bereichen – sei es
Wirtschaft, Kunst, Wissenschaft oder Sport – zeigen
immer wieder, dass nicht das Talent allein, sondern die
Fähigkeit, trotz Frustration weiterzumachen, den
entscheidenden Unterschied ausmacht.

J.K. Rowling: Von der Ablehnung zum weltweiten Erfolg

Bevor Harry Potter zu einem globalen Phänomen wurde,
erlebte J.K. Rowling eine Serie von
Frustrationserfahrungen. Als alleinerziehende Mutter
lebte sie von Sozialhilfe, kämpfte mit Depressionen und
erhielt zwölf Absagen von Verlagen für ihr Manuskript.
Der dreizehnte Verlag, Bloomsbury, stimmte schließlich

zu, das Buch zu veröffentlichen – mit einer ersten Auflage von nur 1.000 Exemplaren.

In einer Rede an Absolventen der Harvard University beschrieb Rowling später, wie wertvoll diese Zeit des Scheiterns für sie war: "Scheitern bedeutete, alles Unwichtige abzustreifen. Ich hörte auf, so zu tun, als wäre ich etwas anderes als ich selbst, und begann, meine Energie in das einzige Werk zu stecken, das für mich wichtig war."

Rowlings Frustrationstoleranz ermöglichte es ihr, trotz wiederholter Ablehnung an ihrem Ziel festzuhalten. Heute ist sie eine der erfolgreichsten Autorinnen der Welt, und die Harry-Potter-Reihe hat über 500 Millionen Exemplare verkauft.

Thomas Edison: Das Genie der Beharrlichkeit

Thomas Edison, einer der produktivsten Erfinder aller Zeiten, ist bekannt für seinen unermüdlichen Arbeitseifer und seine Fähigkeit, aus Misserfolgen zu lernen. Bei der Entwicklung der praktikablen Glühbirne führte er tausende von Experimenten durch, bevor er Erfolg hatte.

Als ein Reporter ihn fragte, wie er mit dem Gefühl des Scheiterns umgehe, antwortete Edison: "Ich bin nicht gescheitert. Ich habe nur 10.000 Wege gefunden, die nicht funktionieren." Diese Aussage zeigt Edisons außergewöhnliche Fähigkeit, Frustration in einen Lernprozess umzuwandeln.

Edison glaubte fest daran, dass Erfolg mehr eine Frage der Ausdauer als des Genies sei. "Genialität besteht zu einem Prozent aus Inspiration und zu 99 Prozent aus Transpiration", sagte er. Sein Leben und Werk demonstrieren eindrucksvoll, wie Frustrationstoleranz und

Beharrlichkeit zu bahnbrechenden Innovationen führen können.

Michael Jordan: Vom Aussortierten zum Basketballgott

Michael Jordan, weithin als einer der größten Basketballspieler aller Zeiten anerkannt, wurde in der High School aus dem Basketballteam der Varsity ausgeschlossen. Anstatt aufzugeben, nutzte er diese Frustration als Motivationsquelle.

"Ich habe in meiner Karriere mehr als 9.000 Würfe vergeben. Ich habe fast 300 Spiele verloren. 26 Mal wurde mir der spielentscheidende Wurf anvertraut, und ich habe versagt. Ich bin in meinem Leben immer und immer wieder gescheitert. Und genau deshalb bin ich erfolgreich", erklärte Jordan in einem berühmten Nike-Werbespot.

Jordans Fähigkeit, Niederlagen nicht als endgültiges Scheitern, sondern als Teil des Weges zum Erfolg zu sehen, ermöglichte es ihm, einer der dominantesten Sportler seiner Generation zu werden und sechs NBA-Meisterschaften zu gewinnen.

Marie Curie: Wissenschaftliche Durchbrüche trotz enormer Hindernisse

Marie Curie, die erste Frau, die einen Nobelpreis erhielt (und die einzige Person, die Nobelpreise in zwei verschiedenen wissenschaftlichen Disziplinen gewann), musste enorme geschlechtsspezifische und finanzielle Hindernisse überwinden.

Als Frau im 19. Jahrhundert wurde ihr zunächst die Hochschulbildung in ihrer Heimat Polen verweigert. Sie zog nach Paris, wo sie unter ärmlichen Bedingungen lebte, um an der Sorbonne zu studieren. Ihre bahnbrechende Forschung zu Radioaktivität führte sie unter primitiven Laborbedingungen durch, oft ohne angemessene Finanzierung oder Anerkennung.

Trotz dieser Frustrationen und Hindernisse setzte sie ihre Arbeit mit außerordentlicher Beharrlichkeit fort. "Man darf sich vom Leben nicht besiegen lassen", schrieb sie. "Wenn man ein Ziel verloren hat, muss man ein neues finden."

Curies Frustrationstoleranz und Entschlossenheit führten zu Entdeckungen, die die moderne Physik und Medizin revolutionierten und den Weg für Behandlungen wie die Strahlentherapie ebneten.

Nelson Mandela: Vom Gefangenen zum Präsidenten

Nelson Mandela verbrachte 27 Jahre seines Lebens als politischer Gefangener in Südafrika, 18 davon in der berüchtigten Gefängnisinsel Robben Island. Trotz dieser extremen Frustrationserfassung – der Verlust seiner Freiheit, die Trennung von seiner Familie und die scheinbare Unmöglichkeit, sein Ziel der Beendigung der Apartheid zu erreichen – behielt er seine psychische Stärke und sein Engagement.

In seiner Autobiographie "Der lange Weg zur Freiheit" schrieb Mandela: "Ich bin nicht optimistisch oder pessimistisch. Ich bin entschlossen." Diese Entschlossenheit, gepaart mit einer außergewöhnlichen Fähigkeit, Frustration zu ertragen, ohne bitter zu werden, ermöglichte es ihm, nach seiner Freilassung 1990 eine führende Rolle im friedlichen Übergang Südafrikas zur

Demokratie zu spielen und 1994 der erste schwarze Präsident des Landes zu werden.

Mandelas Leben zeigt, wie Frustrationstoleranz nicht nur zu persönlichem Erfolg, sondern auch zu transformativem gesellschaftlichem Wandel führen kann.

Gemeinsame Muster erfolgreicher Frustrationstoleranz

Betrachtet man diese und viele andere Erfolgsgeschichten, lassen sich einige gemeinsame Muster erkennen, wie erfolgreiche Menschen mit Frustration umgehen:

1. **Umdeuten von Misserfolgen**: Sie sehen Rückschläge nicht als endgültiges Scheitern, sondern als vorübergehende Hindernisse und Lernchancen.

2. **Klare Vision**: Sie haben ein starkes "Warum" – einen Sinn oder Zweck, der sie motiviert, auch durch schwierige Zeiten durchzuhalten.

3. **Inkrementelles Denken**: Sie fokussieren sich auf kleine, machbare Schritte, anstatt sich von der Größe des Gesamtziels überwältigen zu lassen.

4. **Flexible Anpassung**: Sie halten an ihren Zielen fest, sind aber flexibel in Bezug auf den Weg dorthin und können ihre Strategien bei Bedarf anpassen.

5. **Selbstreflexion**: Sie nehmen sich Zeit, aus Rückschlägen zu lernen und ihr Vorgehen zu verbessern, anstatt die gleichen Fehler zu wiederholen.

6. **Unterstützungsnetzwerke**: Sie suchen und nutzen Unterstützung von anderen, anstatt alles allein bewältigen zu wollen.

7. **Emotionsregulation**: Sie entwickeln Strategien, um mit intensiven Gefühlen umzugehen, ohne von ihnen überwältigt zu werden.

Praktische Übung: Lerne von Vorbildern

1. Identifiziere eine Person – berühmt oder aus deinem persönlichen Umfeld – die du für ihre Fähigkeit bewunderst, mit Frustration umzugehen und Hindernisse zu überwinden.

2. Recherchiere ihre Geschichte oder, falls es eine Person aus deinem Umfeld ist, führe ein Gespräch mit ihr über ihren Umgang mit Rückschlägen.

3. Notiere konkrete Strategien, die diese Person anwendet, um Frustration zu bewältigen.

4. Überlege, welche dieser Strategien du in deinem eigenen Leben anwenden könntest. Wähle eine aus und plane, wie du sie in der nächsten frustrierenden Situation umsetzen wirst.

Die Geschichten erfolgreicher Menschen zeigen uns, dass Frustrationstoleranz keine angeborene Eigenschaft ist, sondern eine Fähigkeit, die entwickelt werden kann. Ihre Beispiele inspirieren uns und geben uns praktische

Modelle, wie wir unsere eigene Frustrationstoleranz stärken können.

Teil 2: Werkzeuge zur Stärkung der Frustrationstoleranz

2.1 Kognitive Umstrukturierung

Wie Gedanken unsere Gefühle beeinflussen

Unsere Gefühle entstehen nicht direkt aus den Ereignissen, die wir erleben, sondern aus den Gedanken und Bewertungen, die wir über diese Ereignisse haben. Diese fundamentale Erkenntnis bildet die Grundlage der kognitiven Verhaltenstherapie und ist ein Schlüsselprinzip für die Entwicklung von Frustrationstoleranz.

Das ABC-Modell der Emotionen

Ein hilfreiches Modell zum Verständnis des Zusammenhangs zwischen Ereignissen, Gedanken und Gefühlen ist das ABC-Modell, das von dem Psychologen Albert Ellis entwickelt wurde:

- **A = Activating Event** (Auslösendes Ereignis): Die Situation oder das Ereignis, das wir erleben.

- **B = Beliefs** (Überzeugungen): Unsere Gedanken, Interpretationen und Bewertungen über das Ereignis.

- **C = Consequences** (Konsequenzen): Die emotionalen und verhaltensbezogenen Folgen unserer Überzeugungen.

Nach diesem Modell sind es nicht die Ereignisse (A) selbst, die direkt zu emotionalen Reaktionen (C) führen, sondern unsere Überzeugungen und Gedanken (B) über diese Ereignisse.

Beispiel:

- **A (Ereignis)**: Dein Chef kritisiert deine Arbeit in einem Meeting.

- **B (Überzeugung)**: "Das ist so unfair! Er mag mich einfach nicht. Ich kann nichts richtig machen."

- **C (Konsequenz)**: Du fühlst dich wütend, frustriert und entmutigt.

Alternative Überzeugung:

- **B (Überzeugung)**: "Diese Kritik ist eine Chance, meine Arbeit zu verbessern. Mein Chef hat einige gute Punkte angesprochen."

- **C (Konsequenz)**: Du fühlst dich motiviert, offen für Feedback und lösungsorientiert.

Obwohl das auslösende Ereignis (A) dasselbe ist, führen unterschiedliche Überzeugungen (B) zu völlig unterschiedlichen emotionalen Reaktionen (C).

Die Macht automatischer Gedanken

Viele unserer Gedanken und Bewertungen laufen automatisch ab – sie tauchen blitzschnell in unserem Bewusstsein auf, oft ohne dass wir sie bewusst wahrnehmen oder hinterfragen. Diese "automatischen Gedanken" werden durch unsere Lebenserfahrungen, Erziehung und tiefer liegende Überzeugungen geprägt.

Bei Frustration treten häufig folgende Arten automatischer Gedanken auf:

- **Katastrophisieren**: "Das ist eine Katastrophe! Ich werde das nie hinbekommen!"

- **Übergeneralisieren**: "Immer passiert mir so etwas. Nie klappt etwas, wie ich es will."

- **Personalisieren**: "Es ist alles meine Schuld. Ich bin einfach zu inkompetent."

- **Schwarz-Weiß-Denken**: "Entweder ich mache es perfekt, oder es ist ein komplettes Versagen."

- **Gedankenlesen**: "Die denken bestimmt, ich bin unfähig."

- **Emotionales Schlussfolgern**: "Ich fühle mich schlecht, also muss die Situation schlecht sein."

Diese automatischen Gedanken verstärken unsere Frustration und führen oft zu den dysfunktionalen Reaktionsmustern, die wir im vorherigen Kapitel kennengelernt haben: Vermeidung, Aggression oder Resignation.

Die neurologische Basis

Die Verbindung zwischen Gedanken und Gefühlen hat auch eine neurologische Basis. Unser Gehirn verarbeitet Informationen in verschiedenen Bereichen:

- Die **Amygdala** ist unser emotionales Alarmsystem, das schnell auf potenzielle Bedrohungen oder Frustrationen reagiert.

- Der **präfrontale Cortex** ist für höhere kognitive Funktionen verantwortlich, einschließlich rationalen Denkens und Emotionsregulation.

Bei Frustration kann die Amygdala eine starke emotionale Reaktion auslösen, bevor der präfrontale Cortex die Situation rational bewerten kann. Durch bewusstes Eingreifen in unsere Gedankenmuster können wir jedoch den präfrontalen Cortex aktivieren und die Reaktion der Amygdala modulieren.

Der kognitive Teufelskreis bei Frustration

Bei geringer Frustrationstoleranz entsteht oft ein sich selbst verstärkender Kreislauf:

1. Ein frustrierendes Ereignis tritt ein.

2. Automatische negative Gedanken werden aktiviert ("Das ist unerträglich!", "Ich halte das nicht aus!").

3. Diese Gedanken verstärken das Gefühl von Frustration und lösen möglicherweise weitere negative Emotionen wie Wut oder Verzweiflung aus.

4. Die intensiven Gefühle bestätigen die
    ursprünglichen negativen Gedanken ("Siehst du,
    es ist wirklich unerträglich!").

5. Dies führt zu dysfunktionalen Verhaltensweisen
    wie Aufgeben, aggressiven Ausbrüchen oder
    Vermeidung.

6. Das dysfunktionale Verhalten führt zu weiteren
    Problemen, was den Kreislauf fortsetzt.

Fallbeispiel: Annas kognitive Muster bei Frustration

Anna arbeitet an einem wichtigen Bericht, als ihr
Computer abstürzt und sie einen Teil ihrer Arbeit verliert.
Hier ist, wie ihre Gedanken ihre emotionale Reaktion
beeinflussen:

Automatische Gedanken:

- "Das ist eine Katastrophe!"

- "Ich kann das unmöglich noch einmal machen."

- "Warum passiert das immer mir?"

- "Ich hätte öfter speichern sollen. Ich bin so
  dumm!"

Diese Gedanken führen zu intensiven Gefühlen von
Frustration, Wut und Selbstvorwürfen. Anna schlägt auf
ihren Schreibtisch, schimpft laut und entscheidet
schließlich, den Rest des Tages aufzugeben. "Es hat
sowieso keinen Sinn", denkt sie.

Alternative kognitive Reaktion: Anna bemerkt ihre
automatischen negativen Gedanken und hält inne. Sie

erinnert sich an Techniken der kognitiven Umstrukturierung und denkt bewusst:

- "Das ist ärgerlich, aber keine Katastrophe."

- "Ich habe schon schwierigere Situationen gemeistert."

- "Computerstürze passieren vielen Menschen, das ist nichts Persönliches."

- "Ich kann aus dieser Erfahrung lernen und in Zukunft häufiger speichern."

Mit diesen alternativen Gedanken fühlt Anna sich zwar immer noch frustriert, aber weniger überwältigt. Sie atmet tief durch, macht eine kurze Pause und beginnt dann, systematisch zu überlegen, wie sie den verlorenen Teil ihrer Arbeit am effizientesten wiederherstellen kann.

Deine Gedanken identifizieren – Selbstbeobachtungsübung

Bevor wir lernen, wie wir unsere Gedanken umstrukturieren können, ist es wichtig, sie überhaupt erst zu erkennen. Hier ist eine einfache Übung zur Selbstbeobachtung:

1. Wähle eine Woche lang täglich einen Moment, in dem du Frustration erlebst.

2. Halte in diesem Moment inne und frage dich:

- o Was genau ist das auslösende Ereignis?

  - o Welche Gedanken gehen mir durch den Kopf?

  - o Welche Gefühle erlebe ich als Folge?

  - o Wie möchte ich handeln (oder wie habe ich bereits gehandelt)?

3. Notiere deine Beobachtungen, idealerweise in einem Frustrationsprotokoll mit vier Spalten für Ereignis, Gedanken, Gefühle und Verhalten.

4. Achte besonders auf wiederkehrende Gedankenmuster. Verwendest du häufig Wörter wie "immer", "nie", "katastrophal" oder "unerträglich"?

Diese Übung schärft dein Bewusstsein für die Verbindung zwischen deinen Gedanken und Gefühlen und bildet die Grundlage für die kognitive Umstrukturierung.

Die wissenschaftliche Basis

Die Idee, dass unsere Gedanken unsere Gefühle beeinflussen, ist nicht nur eine theoretische Annahme, sondern wird durch umfangreiche Forschung gestützt. Studien mit bildgebenden Verfahren zeigen, dass die Art, wie wir über Ereignisse denken, direkt die Aktivität in emotionsverarbeitenden Gehirnregionen beeinflusst.

Eine Metaanalyse von 106 Studien (Hofmann et al., 2012) fand, dass kognitive Umstrukturierungstechniken zu den wirksamsten Methoden der Emotionsregulation gehören, mit signifikanten Effekten auf subjektives Wohlbefinden und physiologische Stressreaktionen.

Die Erkenntnis, dass unsere Gedanken unsere Gefühle beeinflussen, gibt uns einen mächtigen Hebel zur Stärkung unserer Frustrationstoleranz. Indem wir lernen, unsere automatischen Gedanken zu identifizieren und zu verändern, können wir unsere emotionalen Reaktionen auf frustrierende Situationen grundlegend verändern.

Techniken zur Umformulierung negativer Überzeugungen

Nachdem wir verstanden haben, wie unsere Gedanken unsere Gefühle beeinflussen, können wir nun konkrete Techniken kennenlernen, um negative und frustrationssteigernde Gedanken umzuformulieren. Die kognitive Umstrukturierung bietet uns wirksame Werkzeuge, um unsere Denkgewohnheiten zu verändern und dadurch unsere Frustrationstoleranz zu erhöhen.

1. Das Gedankenprotokoll: Erfassung und Analyse

Ein Gedankenprotokoll ist ein strukturiertes Werkzeug zur Identifikation und Analyse dysfunktionaler Gedanken. Es umfasst typischerweise folgende Schritte:

a) **Situation beschreiben**: Notiere das frustrierende Ereignis möglichst objektiv. b) **Automatische Gedanken erfassen**: Welche Gedanken tauchten spontan auf? c) **Emotionen und ihre Intensität identifizieren**: Welche Gefühle entstanden (auf einer Skala von 0-10)? d) **Denkverzerrungen erkennen**: Welche Denkmuster liegen vor (Katastrophisieren, Übergeneralisieren etc.)? e)

Alternative Gedanken entwickeln: Welche ausgewogeneren, realistischeren Gedanken sind möglich?
f) **Neue emotionale Reaktion notieren**: Wie fühlt sich die Situation mit den neuen Gedanken an?

Das regelmäßige Führen eines solchen Protokolls hilft dir, Muster in deinem Denken zu erkennen und systematisch alternative Perspektiven zu entwickeln.

2. Die Technik des sokratischen Fragens

Benannt nach der Methode des Philosophen Sokrates, beinhaltet diese Technik das Stellen von tiefgehenden Fragen, um dysfunktionale Gedanken zu hinterfragen:

- **Beweisfragen**: "Welche Beweise sprechen für diesen Gedanken? Welche dagegen?"

- **Alternativfragen**: "Gibt es andere Erklärungen oder Sichtweisen?"

- **Perspektivfragen**: "Wie würde eine wohlwollende Freundin diese Situation sehen?"

- **Nutzenfragen**: "Hilft mir dieser Gedanke? Was bringt er mir?"

- **Wahrscheinlichkeitsfragen**: "Wie wahrscheinlich ist es, dass meine Befürchtung eintritt?"

- **Bewältigungsfragen**: "Selbst wenn das Schlimmste einträte – könnte ich damit umgehen?"

Beispiel:

Maria ist frustriert, weil ihr Projektvorschlag von ihrem Vorgesetzten abgelehnt wurde. Ihr automatischer

Gedanke: "Ich bin einfach nicht gut genug. Nichts, was ich tue, wird jemals anerkannt."

Sokratische Fragen, die Maria sich stellen könnte:

- "Welche Beweise habe ich dafür, dass ich 'nicht gut genug' bin? Wurden alle meine Vorschläge abgelehnt oder nur dieser eine?"

- "Gibt es andere Gründe, warum der Vorschlag abgelehnt wurde, die nichts mit meinen Fähigkeiten zu tun haben?"

- "Wenn meine beste Freundin in dieser Situation wäre, würde ich ihr auch sagen, dass sie 'nicht gut genug' ist?"

- "Hilft mir dieser Gedanke dabei, konstruktiv mit der Ablehnung umzugehen?"

- "Selbst wenn dieser Vorschlag nicht angenommen wurde – welche Möglichkeiten habe ich, daraus zu lernen und beim nächsten Mal erfolgreicher zu sein?"

Durch diese Fragen kann Maria zu ausgewogeneren Gedanken gelangen wie: "Diese Ablehnung ist enttäuschend, aber sie sagt nichts über meinen Wert als Person oder Fachkraft aus. Ich kann Feedback einholen und lernen, wie ich meine Vorschläge verbessern kann."

3. Die Realitätstest-Technik

Bei dieser Technik überprüfst du deine negativen Gedanken anhand objektiver Fakten und Erfahrungen. Dies ist besonders hilfreich bei Katastrophengedanken und Übergeneralisierungen.

Schritte: a) Identifiziere den negativen Gedanken. b) Sammle Fakten, die diesen Gedanken unterstützen oder widerlegen. c) Überlege, ob du den Gedanken auf Basis dieser Fakten umformulieren solltest.

Beispiel:

Thomas ist frustriert, weil er zum dritten Mal in Folge bei einem Computerspiel gescheitert ist. Sein Gedanke: "Ich bin ein kompletter Versager. Ich werde dieses Level nie schaffen."

Realitätstest:

- "Bin ich wirklich ein 'kompletter Versager'? Gibt es Bereiche in meinem Leben, in denen ich erfolgreich bin?"

- "Bedeutet dreimaliges Scheitern wirklich 'nie'? Wie viele Versuche brauchen andere Spieler durchschnittlich?"

- "Habe ich in der Vergangenheit ähnlich schwierige Herausforderungen gemeistert, nachdem ich anfangs gescheitert bin?"

Nach dieser Überprüfung könnte Thomas zu dem Schluss kommen: "Dieses Level ist tatsächlich herausfordernd, und es ist normal, mehrere Versuche zu brauchen. Mit jeder Runde lerne ich etwas und komme dem Ziel näher."

4. Die Doppelstandard-Technik

Bei dieser Methode überlegst du, wie du mit einem Freund sprechen würdest, der sich in derselben Situation befindet und die gleichen negativen Gedanken hat. Oft sind wir zu anderen viel mitfühlender und verständnisvoller als zu uns selbst.

Schritte: a) Stelle dir vor, ein Freund wäre in deiner Situation und hätte die gleichen Gedanken. b) Was würdest du zu ihm oder ihr sagen? c) Wende diese mitfühlende Perspektive auf dich selbst an.

Beispiel:

Lisa ist frustriert, weil sie eine Präsentation vor Kollegen gehalten hat und sich versprochen hat. Ihr Gedanke: "Ich habe mich total blamiert. Alle denken jetzt, ich bin inkompetent."

Doppelstandard-Anwendung:

- Wenn eine Freundin sich in einer Präsentation versprochen hätte und diese Gedanken hätte, würde Lisa wahrscheinlich sagen: "Ein Versprecher ist menschlich und passiert jedem. Die Inhalte deiner Präsentation waren das Wichtigste, und die waren gut vorbereitet. Die meisten Menschen achten viel weniger auf solche kleinen Fehler, als wir selbst es tun."

- Wenn sie diesen mitfühlenden Blick auf sich selbst anwendet, könnte Lisa denken: "Es ist normal, nervös zu sein und sich mal zu versprechen. Der Inhalt meiner Präsentation war solide, und darauf kommt es an. Ich bin unnötig hart zu mir selbst."

5. Die Entkatastrophisierungs-Technik

Diese Technik hilft besonders bei Katastrophendenken, einer der häufigsten Denkverzerrungen bei Frustration.

Schritte: a) Identifiziere den Katastrophengedanken. b) Stelle dir das schlimmstmögliche realistische Szenario vor. c) Überlege, wie wahrscheinlich dieses Szenario ist. d) Entwickle einen Plan, wie du damit umgehen könntest, falls es eintritt. e) Überlege, welche realistischeren Ausgänge wahrscheinlicher sind.

Beispiel:

Markus ist frustriert, weil sein Auto kurz vor einer wichtigen Reise kaputt gegangen ist. Sein Gedanke: "Das ist eine Katastrophe! Die ganze Reise ist ruiniert, und ich werde eine riesige Summe für Reparaturen ausgeben müssen."

Entkatastrophisierung:

- Schlimmstes realistisches Szenario: "Die Reparatur ist teuer und dauert länger. Ich muss die Reise verschieben oder alternative Transportmittel finden."

- Wahrscheinlichkeit: "Ohne Diagnose kann ich nicht wissen, wie teuer oder zeitaufwändig die Reparatur sein wird."

- Bewältigungsplan: "Wenn es teuer wird, kann ich Raten vereinbaren. Für die Reise könnte ich einen Mietwagen nehmen oder Freunde fragen."

- Realistischere Ausgänge: "Vielleicht ist es eine einfache Reparatur. Selbst wenn nicht, gibt es Alternativen für die Reise, und finanzielle Herausforderungen sind vorübergehend."

Nach dieser Analyse könnte Markus denken: "Der Autoschaden ist ärgerlich und kompliziert meine Pläne, aber er ist lösbar und keine Katastrophe. Ich habe Optionen und kann mit dieser Situation umgehen."

6. Die De-Personalisierungstechnik

Diese Methode hilft bei der Tendenz, frustrierende Ereignisse als persönliche Niederlagen zu interpretieren oder persönliche Angriffe zu vermuten.

Schritte: a) Identifiziere personalisierende Gedanken. b) Frage dich, welche externen Faktoren zur Situation beigetragen haben könnten. c) Überlege, ob dasselbe Ereignis auch anderen passieren könnte (und wahrscheinlich passiert).

Beispiel:

Sabine wird für eine Beförderung übergangen. Ihr Gedanke: "Mein Chef mag mich nicht. Er hat mir die Beförderung absichtlich verweigert, um mir zu schaden."

De-Personalisierung:

- Externe Faktoren: "Die Entscheidung basierte wahrscheinlich auf vielen Faktoren wie

Unternehmenspolitik, Budget, spezifischen Anforderungen der Position."

- Universalität: "Beförderungsprozesse sind komplex, und viele qualifizierte Mitarbeiter werden übergangen. Das ist kein einzigartiges Ereignis, das nur mir passiert."

Nach dieser Analyse könnte Sabine denken: "Es ist enttäuschend, nicht befördert worden zu sein, aber wahrscheinlich stecken geschäftliche Entscheidungen dahinter, die nichts mit einer persönlichen Abneigung zu tun haben. Ich kann Feedback einholen, um zu verstehen, was ich verbessern kann."

7. Die Decatastrophizing-Technik ("Was wäre, wenn?")

Bei dieser Technik verfolgst du einen katastrophalen Gedanken bis zu seinem logischen Ende und überprüfst dann, ob du tatsächlich mit diesem Ergebnis umgehen könntest.

Schritte: a) Frage: "Was wäre, wenn meine Befürchtung wahr würde?" b) Beantworte die Frage und frage dann wieder: "Was wäre dann?" c) Wiederhole, bis du zum "schlimmsten" Ergebnis kommst. d) Frage: "Könnte ich damit umgehen? Wie?"

Beispiel:

Felix ist frustriert, weil er ein wichtiges Kundenmeeting verpatzt hat. Sein Gedanke: "Der Kunde wird uns verlassen."

Decatastrophizing:

- "Was wäre, wenn der Kunde uns verlässt?" - "Wir würden Einnahmen verlieren."

- "Was wäre, wenn wir Einnahmen verlieren?" - "Unser Profit würde sinken."

- "Was wäre, wenn unser Profit sinkt?" - "Wir müssten Kosten senken oder neue Kunden finden."

- "Was wäre, wenn wir das nicht schaffen?" - "Im allerschlimmsten Fall könnte das Unternehmen in finanzielle Schwierigkeiten geraten."

- "Könnte ich damit umgehen?" - "Ja, ich könnte eine neue Stelle finden. Es wäre schwierig, aber ich habe marktfähige Fähigkeiten und ein gutes Netzwerk."

Nach dieser Analyse könnte Felix denken: "Selbst im unwahrscheinlichen Extremfall gibt es Wege, damit umzugehen. Aber viel wahrscheinlicher ist, dass wir entweder den Kunden behalten können oder den Verlust durch neue Geschäfte ausgleichen werden."

Praktische Implementierung im Alltag

Um diese Techniken wirksam in deinen Alltag zu integrieren, hilft es, systematisch vorzugehen:

1. **Beginne mit Bewusstheit**: Übe dich darin, deine automatischen Gedanken in frustrierenden Situationen zu bemerken.

2. **Starte klein**: Wende die Techniken zunächst bei kleineren Frustrationen an, bevor du zu größeren Herausforderungen übergehst.

3. **Wähle passende Techniken**: Verschiedene Situationen erfordern verschiedene Ansätze. Experimentiere, um herauszufinden, welche Techniken für dich am besten funktionieren.

4. **Übe regelmäßig**: Kognitive Umstrukturierung ist wie ein Muskel, der durch regelmäßiges Training stärker wird.

5. **Sei geduldig**: Die Veränderung tief verwurzelter Denkmuster braucht Zeit. Feiere kleine Erfolge auf dem Weg.

6. **Nutze Erinnerungshilfen**: Platziere Hinweise an strategischen Orten (z.B. Notizzettel am Computer oder eine App-Erinnerung), um dich an die Techniken zu erinnern.

7. **Integriere Achtsamkeit**: Kombiniere kognitive Techniken mit Achtsamkeitsübungen, um deine Gedanken besser wahrzunehmen.

Die kognitive Umstrukturierung ist ein mächtiges Werkzeug zur Stärkung deiner Frustrationstoleranz. Indem du lernst, deine Gedanken zu erkennen und umzuformulieren, kannst du deine emotionalen Reaktionen auf Frustration grundlegend verändern – nicht indem du die Realität leugnest, sondern indem du sie aus einer ausgewogeneren, konstruktiveren Perspektive betrachtest.

Praktische Übungen: Den inneren Kritiker entmachten

Der innere Kritiker ist jene Stimme in uns, die uns bei Frustration oft mit besonders harschen, verurteilenden Kommentaren überschüttet. "Du bist zu dumm dafür", "Das schaffst du nie", "Andere können das viel besser als du" – solche Aussagen können unsere Frustrationstoleranz erheblich senken und uns in einen Zustand der Hilflosigkeit versetzen. In diesem Abschnitt lernen wir spezifische Übungen kennen, um diesen inneren Kritiker zu identifizieren, zu verstehen und schließlich zu entmachten.

Übung 1: Den inneren Kritiker kennenlernen

Bevor wir den inneren Kritiker entmachten können, müssen wir ihn zuerst besser kennenlernen – seine typischen Aussagen, seinen "Ton" und die Situationen, in denen er besonders aktiv wird.

Schritt 1: Nimm dir ein Notizbuch oder erstelle eine Notiz auf deinem Smartphone speziell für diese Übung.

Schritt 2: Achte eine Woche lang besonders auf die negativen Kommentare, die in deinem Kopf auftauchen, wenn du frustriert bist. Notiere sie wortwörtlich.

Schritt 3: Beantworte für jeden dieser Kommentare folgende Fragen:

- In welcher Situation ist dieser Gedanke aufgetaucht?

- Wie hat sich dieser Gedanke angefühlt?

- Erinnert mich dieser Gedanke an etwas, das mir früher gesagt wurde?

- Welche Wirkung hatte dieser Gedanke auf mein Verhalten und meine Motivation?

Schritt 4: Am Ende der Woche lies alle gesammelten Kommentare durch und suche nach Mustern. Gibt es wiederkehrende Themen oder Aussagen? Gibt es bestimmte Situationen, die deinen inneren Kritiker besonders aktivieren?

Beispiel: Julia hat bemerkt, dass ihr innerer Kritiker besonders aktiv wird, wenn sie an kreativen Projekten arbeitet. Typische Gedanken sind: "Das sieht amateurhaft aus", "Andere in deinem Alter sind viel weiter", "Du hast kein echtes Talent". Sie stellt fest, dass diese Aussagen stark an Kommentare eines früheren Kunstlehrers erinnern und dass sie dazu führen, dass sie ihre Projekte oft nicht beendet.

Übung 2: Dem inneren Kritiker einen Namen geben

Diese Übung hilft, Distanz zu den kritischen Gedanken zu schaffen, indem du sie als separate "Entität" betrachtest – nicht als die Wahrheit oder als deine eigentliche Stimme.

Schritt 1: Basierend auf den Mustern, die du in Übung 1 identifiziert hast, gib deinem inneren Kritiker einen Namen und optional eine Persönlichkeit oder ein Bild.

Schritt 2: Wenn kritische Gedanken auftauchen, erkenne sie aktiv als Äußerungen dieses "Charakters" an: "Ah, da meldet sich wieder [Name]."

Schritt 3: Frage dich: "Ist das, was [Name] sagt, wirklich wahr? Oder ist es nur seine übliche Schwarzmalerei?"

Diese Technik der Personifizierung und Distanzierung ist psychologisch wirksam, weil sie dir hilft, die negativen Gedanken nicht als absolute Wahrheit, sondern als eine von vielen möglichen Perspektiven zu sehen.

Beispiel: Marcus hat seinen inneren Kritiker "Professor Schwarzseher" genannt – ein pedantischer Charakter, der immer das Schlimmste erwartet und jede Leistung als unzureichend bewertet. Wenn er nun Gedanken wie "Das wird nie funktionieren" hat, kann er denken: "Ah, da haben wir wieder Professor Schwarzseher mit seinen üblichen Vorhersagen. Er lag schon oft falsch, also warum sollte ich ihm diesmal glauben?"

Übung 3: Die innere Gerichtsverhandlung

Diese Übung nutzt eine formale Struktur, um die Aussagen des inneren Kritikers auf ihren Wahrheitsgehalt zu prüfen.

Schritt 1: Stelle dir vor, du bist in einem Gerichtssaal, und der innere Kritiker ist der Ankläger, der eine Behauptung über dich aufstellt (z.B. "Du bist unfähig").

Schritt 2: Nimm nun die Rolle des Verteidigers ein. Welche Beweise kannst du anführen, die gegen diese Anklage sprechen? Sammle konkrete Beispiele aus deinem Leben, die das Gegenteil beweisen.

Schritt 3: Schlüpfe dann in die Rolle des Richters. Betrachte beide Seiten objektiv. Wie lautet dein Urteil auf Basis aller Beweise?

Schritt 4: Formuliere schließlich eine ausgewogene Aussage, die sowohl Schwierigkeiten anerkennt als auch deine Stärken und Fähigkeiten würdigt.

Beispiel: Sarahs innerer Kritiker behauptet: "Du bist eine schlechte Mutter, weil du heute die Geduld verloren hast."

Als Verteidigerin führt Sarah an: "Ich kümmere mich liebevoll um meine Kinder. Ich habe heute Morgen mit meiner Tochter gelesen, ein gesundes Mittagessen zubereitet und meinem Sohn bei den Hausaufgaben geholfen. Ich entschuldige mich bei meinen Kindern, wenn ich einen Fehler mache."

Als Richterin kommt Sarah zum Urteil: "Die Anklage wird abgewiesen. Die Beweise zeigen klar, dass ich eine engagierte Mutter bin, auch wenn ich manchmal Fehler mache oder ungeduldig werde wie alle Eltern."

Ihre ausgewogene Schlussfolgerung: "Ich bin eine gute Mutter, die ihr Bestes gibt. Ungeduld in stressigen Momenten macht mich nicht zu einer schlechten Mutter, sondern zu einem Menschen. Ich kann aus solchen Momenten lernen und weiter wachsen."

Übung 4: Der Freundschaftstest

Diese Übung nutzt unsere natürliche Fähigkeit, zu anderen mitfühlender zu sein als zu uns selbst.

Schritt 1: Wenn dein innerer Kritiker besonders laut wird, frage dich: "Würde ich diese Worte zu meinem besten Freund oder zu einem geliebten Menschen sagen, wenn er/sie in derselben Situation wäre?"

Schritt 2: Falls nicht, überlege: "Was würde ich stattdessen zu dieser Person sagen?"

Schritt 3: Richte diese mitfühlenden, unterstützenden Worte nun an dich selbst.

Beispiel: Alex hat bei einer Prüfung schlechter abgeschnitten als erwartet. Sein innerer Kritiker sagt: "Du bist einfach zu dumm für diesen Kurs. Du solltest aufgeben."

Er fragt sich: "Würde ich das zu meinem Freund Stefan sagen, wenn er in dieser Situation wäre?" Die Antwort ist ein klares Nein.

Was würde er stattdessen zu Stefan sagen? "Eine Prüfung definiert nicht deine Intelligenz oder dein Potenzial. Vielleicht brauchst du nur eine andere Lernstrategie oder mehr Zeit für dieses Thema. Du hast schon schwierigere Herausforderungen gemeistert."

Alex richtet diese Worte nun an sich selbst und fühlt sofort, wie sein Stress und seine Frustration nachlassen.

Übung 5: Die Beweis-Sammlung

Diese Übung bekämpft die Tendenz des inneren Kritikers, selektiv nur Beweise für seine negativen Behauptungen zu sammeln.

Schritt 1: Identifiziere eine häufige negative Überzeugung deines inneren Kritikers (z.B. "Ich bin nicht kreativ").

Schritt 2: Erstelle eine Liste mit mindestens 10 Beweisen, die gegen diese Überzeugung sprechen. Diese können groß oder klein sein, aus der Vergangenheit oder Gegenwart stammen.

Schritt 3: Halte diese Liste griffbereit (z.B. in deinem Telefon oder Notizbuch) und ergänze sie regelmäßig mit neuen Beweisen.

Schritt 4: Wenn der innere Kritiker mit seiner negativen Überzeugung auftaucht, konsultiere bewusst deine Gegenbeweis-Liste.

Beispiel: Toms innerer Kritiker behauptet oft: "Du bist sozial inkompetent und niemand mag dich wirklich."

Seine Gegenbeweis-Liste enthält:

1. Meine Kollegin Jana hat mich letzte Woche zum Mittagessen eingeladen.

2. Mein Freund Michael ruft mich regelmäßig an, um zu plaudern.

3. Ich habe bei der letzten Teamdiskussion einen Kompromiss vorgeschlagen, der von allen angenommen wurde.

4. Meine Nachbarin hat mir für meine Hilfe beim Umzug einen Dankesbrief geschrieben.

5. Ich wurde zu Davids Hochzeit eingeladen.

6. Meine Nichte kommt immer zu mir, wenn sie traurig ist.

7. Ich habe erfolgreich mit dem Handwerker verhandelt.

8. Mein Chef hat mir ein positives Feedback zu
    meiner Präsentation gegeben.

9. Ich habe eine stabile Beziehung zu meinen Eltern
    aufgebaut.

10. Die Kassiererin im Supermarkt lächelt immer,
    wenn ich komme.

Wenn sein innerer Kritiker auftaucht, kann Tom diese
Liste durchgehen und feststellen, dass die Behauptung
nicht mit der Realität übereinstimmt.

Übung 6: Die Kritiker-Transformation

Diese fortgeschrittene Übung zielt darauf ab, den inneren
Kritiker von einem Feind in einen konstruktiven Berater
zu verwandeln.

Schritt 1: Erkenne an, dass dein innerer Kritiker oft aus
einem Schutzbedürfnis heraus agiert – er will dich vor
Enttäuschung, Ablehnung oder Versagen "schützen"
(wenn auch auf dysfunktionale Weise).

Schritt 2: Stelle dir vor, du führst ein Gespräch mit
deinem inneren Kritiker. Frage ihn: "Was versuchst du zu
erreichen? Wovor willst du mich schützen?"

Schritt 3: Höre aufmerksam zu und erkenne die zugrunde
liegende Absicht an.

Schritt 4: Bitte deinen inneren Kritiker, seine Botschaften
auf konstruktivere, unterstützendere Weise zu
formulieren, die dir wirklich hilft statt dich zu entmutigen.

Beispiel: Lisa führt ein imaginäres Gespräch mit ihrem inneren Kritiker, der immer sagt: "Du bist nicht vorbereitet genug. Du wirst versagen."

Lisa: "Ich verstehe, dass du mich mit diesen Warnungen vor Versagen schützen willst. Aber sie lähmen mich nur und machen alles noch schlimmer. Was ist deine eigentliche Absicht?"

Innerer Kritiker: "Ich will nicht, dass du dich blamierst oder enttäuscht wirst. Ich will, dass du erfolgreich bist und deshalb gut vorbereitet."

Lisa: "Ich schätze diese Absicht. Könntest du deine Botschaft anders formulieren, sodass sie mich motiviert statt entmutigt?"

Transformierter Kritiker: "Es wäre gut, noch einmal die Hauptpunkte durchzugehen, damit du dich sicherer fühlst. Du hast schon viel vorbereitet, und mit dieser letzten Überprüfung wirst du noch überzeugender sein."

Diese transformierte Botschaft enthält die gleiche Kernsorge, ist aber konstruktiv und unterstützend formuliert.

Übung 7: Die Drei-Spalten-Technik

Diese Übung hilft dir, systematisch von kritischen zu unterstützenden Gedanken überzugehen.

Schritt 1: Teile ein Blatt Papier in drei Spalten. Beschrifte sie mit "Kritischer Gedanke", "Verzerrung/Logikfehler" und "Unterstützender Gedanke".

Schritt 2: Trage in der ersten Spalte einen kritischen Gedanken ein, der bei Frustration auftaucht.

Schritt 3: Identifiziere in der zweiten Spalte, welche Denkverzerrung oder welcher Logikfehler in diesem Gedanken steckt (z.B. Übergeneralisierung, Schwarz-Weiß-Denken, Katastrophisieren).

Schritt 4: Formuliere in der dritten Spalte einen ausgewogenen, unterstützenden Gedanken, der realistischer und hilfreicher ist.

Übung 8: Der Selbstmitgefühls-Brief

Diese Übung nutzt das Schreiben als Weg, um Selbstmitgefühl zu kultivieren und den inneren Kritiker zu besänftigen.

Schritt 1: Denke an eine Situation, in der du stark frustriert warst und dein innerer Kritiker besonders aktiv wurde.

Schritt 2: Schreibe dir selbst einen Brief aus der Perspektive eines bedingungslos liebenden Freundes, der dich durch und durch kennt und vollkommen akzeptiert.

Schritt 3: Erkenne in diesem Brief die Schwierigkeit der Situation an, normalisiere deine Gefühle und biete Trost, Ermutigung und eine ausgewogene Perspektive an.

Schritt 4: Lies diesen Brief, wenn dein innerer Kritiker wieder aktiv wird, oder schreibe bei Bedarf einen neuen.

Beispiel: "Lieber David,

ich sehe, wie frustriert du bist, weil das Projekt nicht so läuft wie geplant und du das Gefühl hast, nicht genug getan zu haben. Es ist völlig verständlich, dass du enttäuscht bist – du investierst viel Energie und Herz in deine Arbeit.

Erinnere dich daran, dass Rückschläge zum Prozess gehören und nicht dein Versagen bedeuten. Du bringst so viele Stärken mit: deine Kreativität, deine Gewissenhaftigkeit und deine Fähigkeit, aus Erfahrungen zu lernen. Diese Eigenschaften werden dir helfen, auch diese Herausforderung zu meistern.

Sei geduldig und freundlich zu dir selbst, wie du es zu einem Freund in derselben Situation wärst. Nimm dir Zeit zum Durchatmen, überlege dann in Ruhe die nächsten Schritte. Ich glaube an dich und weiß, dass du einen Weg finden wirst.

Mit Liebe und Vertrauen, Ein Freund, der dich wirklich kennt"

Praktische Tipps zur Integration dieser Übungen in deinen Alltag

1. **Fange klein an**: Wähle zunächst nur eine oder zwei Übungen aus, die dich besonders ansprechen, und integriere sie in deinen Alltag.

2. **Übe regelmäßig**: Plane feste Zeiten für deine Übungen ein, z.B. 10 Minuten jeden Morgen oder Abend.

3. **Nutze Trigger**: Verbinde die Übungen mit bestimmten Triggern oder Situationen, in denen dein innerer Kritiker typischerweise aktiv wird.

4. **Setze Erinnerungen**: Platziere visuelle Erinnerungen (z.B. Post-its oder ein Symbol auf

deinem Smartphone-Bildschirm), die dich an
deine Übungen erinnern.

5. **Feiere Erfolge**: Erkenne und würdige Momente,
in denen es dir gelingt, deinen inneren Kritiker zu
entmachten, egal wie klein sie erscheinen mögen.

6. **Sei geduldig**: Die Veränderung tief verankerter
innerer Dialogmuster braucht Zeit. Betrachte es
als langfristigen Prozess, nicht als schnelle
Lösung.

7. **Suche Unterstützung**: Tausche dich mit
vertrauten Personen über deinen inneren Kritiker
aus oder erwäge professionelle Unterstützung,
wenn die Selbstkritik besonders belastend ist.

Der innere Kritiker ist oft einer der größten Hindernisse
für Frustrationstoleranz. Durch die konsequente
Anwendung dieser Übungen kannst du lernen, seine
Macht zu reduzieren und einen konstruktiveren inneren
Dialog zu entwickeln. Mit der Zeit wirst du feststellen,
dass du frustrierende Situationen gelassener und
resilienter bewältigen kannst, da du nicht mehr von
deinem eigenen inneren Kritiker sabotiert wirst.

2.2 Die Kraft der Narrative

**Was ist eine persönliche Geschichte und wie prägt sie
uns?**

Wir Menschen sind Geschichtenerzähler. Seit Anbeginn
der Menschheit haben wir Geschichten genutzt, um

Erfahrungen zu ordnen, Sinn zu stiften und Wissen weiterzugeben. Doch Geschichten prägen nicht nur unsere Kultur und Gesellschaft – sie formen auch unsere individuelle Identität und beeinflussen maßgeblich, wie wir Frustrationen erleben und bewältigen.

Die persönliche Geschichte: Unser narratives Selbst

Eine persönliche Geschichte oder ein Narrativ ist die Art und Weise, wie wir unsere Lebenserfahrungen interpretieren, organisieren und in eine zusammenhängende Erzählung einbetten. Es ist die Geschichte, die wir uns selbst über uns selbst erzählen – wer wir sind, woher wir kommen, was uns auszeichnet und welche Rolle wir in der Welt spielen.

Diese Geschichten sind nicht einfach objektive Berichte über unser Leben. Sie sind Interpretationen, in denen wir bestimmte Ereignisse hervorheben, andere ausblenden, Verbindungen ziehen und Bedeutungen zuschreiben. Sie ähneln eher einem Roman als einem Protokoll – mit Themen, wiederkehrenden Motiven, Spannungsbögen und einem (oft impliziten) Ziel oder Ende.

Wie entstehen unsere persönlichen Narrative?

Unsere Geschichten werden durch zahlreiche Faktoren geprägt:

1. **Frühe Erfahrungen**: Erlebnisse in der Kindheit und Jugend bilden oft die Grundlage unserer Kernnarrationen.

2. **Familiengeschichten**: Was uns über unsere Familie, unsere Herkunft und frühere Generationen erzählt wird, fließt in unser Selbstverständnis ein.

3. **Kulturelle Einflüsse**: Vorherrschende kulturelle Erzählungen über Erfolg, Glück, Beziehungen etc. beeinflussen, wie wir unser Leben interpretieren.

4. **Prägende Ereignisse**: Einschneidende Erlebnisse wie Erfolge, Misserfolge, Verluste oder Wendepunkte werden oft zu Schlüsselelementen unserer Geschichte.

5. **Feedback und Spiegelungen**: Wie andere auf uns reagieren und uns beschreiben, beeinflusst, wie wir uns selbst sehen.

6. **Eigene Interpretationen**: Wie wir Ereignisse deuten und welche Bedeutung wir ihnen zuschreiben, formt unsere Narrative nachhaltig.

Fallbeispiel: Zwei Narrative einer Kindheit

Maria und ihre Schwester Anna wuchsen in derselben Familie auf. Beide erlebten, dass ihre Eltern beruflich stark eingespannt waren und wenig Zeit hatten. Doch sie entwickelten völlig unterschiedliche Narrative:

Maria erzählt ihre Geschichte so: "Meine Eltern waren kaum da. Ich musste früh selbständig werden und für mich selbst sorgen. Das hat mich gelehrt, dass ich mich letztlich nur auf mich selbst verlassen kann und dass Beziehungen unzuverlässig sind."

Anna dagegen interpretiert dieselben Umstände anders: "Meine Eltern haben hart gearbeitet, um uns ein gutes Leben zu ermöglichen. Ich habe früh gelernt, eigenständig zu sein und Verantwortung zu übernehmen. Das hat mir Selbstvertrauen gegeben."

Obwohl die objektiven Fakten ähnlich sind, haben die Schwestern völlig unterschiedliche Geschichten daraus konstruiert, die ihr Selbstbild und ihre Beziehungsmuster bis heute prägen.

Typen von Narrativen und ihre Auswirkungen auf Frustrationstoleranz

Die Art unserer persönlichen Geschichten beeinflusst maßgeblich, wie wir mit Frustration umgehen. Hier sind einige typische narrative Muster und ihre Auswirkungen:

1. **Das Opfer-Narrativ**

   o Kernaussage: "Das Leben ist unfair zu mir. Andere/die Umstände sind schuld an meinen Problemen."

   o Auswirkung auf Frustrationstoleranz: Sehr niedrig. Frustration wird als weitere Bestätigung des Opferseins erlebt, ohne Handlungsmacht zur Veränderung.

2. **Das Helden-Narrativ**

   o Kernaussage: "Ich überwinde Hindernisse durch meine Stärke und meinen Willen. Schwierigkeiten sind Herausforderungen, an denen ich wachse."

   o Auswirkung auf Frustrationstoleranz: Hoch. Frustration wird als normaler Teil des Wachstumsprozesses gesehen.

3. **Das Perfektionismus-Narrativ**

   o Kernaussage: "Ich muss in allem perfekt sein. Fehler oder Rückschläge sind

inakzeptabel und ein Zeichen von
Unzulänglichkeit."

- o Auswirkung auf Frustrationstoleranz:
  Niedrig. Jede Frustration wird als
  persönliches Versagen interpretiert.

4. Das Wachstums-Narrativ

- o Kernaussage: "Ich entwickle mich ständig
  weiter. Fehler und Rückschläge sind
  wertvolle Lernchancen."

- o Auswirkung auf Frustrationstoleranz:
  Hoch. Frustration wird als notwendiger
  Teil des Lernprozesses angesehen.

5. Das Verbundenheits-Narrativ

- o Kernaussage: "Ich bin Teil eines größeren
  Ganzen. Andere unterstützen mich, und ich
  unterstütze andere."

- o Auswirkung auf Frustrationstoleranz:
  Moderat bis hoch. Frustration wird in
  einem sozialen Kontext gesehen, und
  Unterstützung kann gesucht werden.

6. Das Kontroll-Narrativ

- o Kernaussage: "Ich muss alles unter
  Kontrolle haben. Unvorhersehbares ist
  bedrohlich."

- o Auswirkung auf Frustrationstoleranz:
  Niedrig. Frustration wird als
  Kontrollverlust erlebt und erzeugt Angst.

Wie Narrative unsere Frustrationstoleranz beeinflussen

Unsere persönlichen Geschichten wirken auf mehreren Ebenen auf unsere Frustrationstoleranz:

1. **Interpretation von Ereignissen**: Je nachdem, welches Narrativ wir haben, deuten wir frustierende Situationen völlig unterschiedlich. Ein Rückschlag kann als "Beweis meiner Unfähigkeit", als "ungerechte Behandlung" oder als "wertvolle Lernerfahrung" interpretiert werden.

2. **Identitätsbildung**: Unsere Geschichten beeinflussen, wer wir glauben zu sein. Jemand mit einem Resilienz-Narrativ ("Ich überstehe schwierige Zeiten") wird sich anders verhalten als jemand mit einem Vulnerabilitäts-Narrativ ("Ich zerbreche leicht unter Druck").

3. **Erwartungshaltung**: Unsere Geschichten prägen, was wir vom Leben erwarten. Wer erwartet, dass Erfolg von Rückschlägen begleitet wird, wird weniger frustriert sein, wenn diese eintreten.

4. **Selbstwirksamkeit**: Die Narrative beeinflussen unseren Glauben daran, ob wir Einfluss auf unsere Umstände haben. Ein Narrativ der Handlungsfähigkeit führt zu aktivem Problemlösen, ein Narrativ der Hilflosigkeit zu Resignation.

5. **Emotionsregulation**: Unsere Geschichten bestimmen mit, welche Gefühle wir in

frustrierenden Situationen als angemessen erachten und wie wir mit ihnen umgehen.

Die Macht impliziter Narrative

Besonders einflussreich sind jene Narrative, die uns nicht bewusst sind – die sogenannten impliziten Narrative. Diese unausgesprochenen Annahmen wirken im Hintergrund und können unsere Reaktionen auf Frustration stark beeinflussen, ohne dass wir es merken.

Typische implizite Narrative könnten sein:

- "Wenn ich mich anstrenge, werde ich belohnt werden." (Kann zu intensiver Frustration führen, wenn Anstrengung nicht zum erwarteten Ergebnis führt)

- "Die Welt sollte fair sein." (Führt zu starker Frustration angesichts von Ungerechtigkeiten)

- "Wenn andere mich nicht mögen/anerkennen, bin ich wertlos." (Macht extrem anfällig für soziale Frustration)

- "Erfolg kommt zu denen, die es verdienen." (Kann Selbstzweifel verstärken, wenn Erfolg ausbleibt)

Diese impliziten Annahmen zu erkennen ist der erste Schritt, um einschränkende Narrative zu verändern.

Die Neurologie der Narrative

Aus neurowissenschaftlicher Sicht sind unsere Narrative nicht nur abstrakte Konzepte, sondern haben eine konkrete neurologische Basis. Wenn wir wiederholt bestimmte Gedanken denken und Geschichten erzählen, verstärken sich die entsprechenden neuronalen Verbindungen im Gehirn.

Die gute Nachricht ist: Dank der Neuroplastizität – der Fähigkeit des Gehirns, sich lebenslang zu verändern – können wir durch bewusstes Umschreiben unserer Narrative auch unsere neuronalen Vernetzungen umstrukturieren. Neue Erzählweisen schaffen neue neuronale Pfade, die mit Zeit und Wiederholung stärker werden.

Studien mit bildgebenden Verfahren zeigen, dass Menschen mit resilienzfördernden Narrativen bei Frustration eine höhere Aktivität im präfrontalen Cortex (zuständig für Problemlösen und Emotionsregulation) und eine geringere Aktivität in der Amygdala (zuständig für Bedrohungsreaktionen) aufweisen.

Übung: Dein narratives Selbstportrait

Um deine eigenen Narrative besser zu verstehen, kannst du folgende Fragen reflektieren:

1. Wenn du dein Leben als Buch beschreiben müsstest – welchen Titel würde es haben?

2. Welche wiederkehrenden Themen oder Motive erkennst du in deiner Lebensgeschichte?

3. Wie beschreibst du typischerweise Rückschläge oder Misserfolge in deinem Leben?

4. Welche Rolle nimmst du in deiner eigenen Geschichte ein? (z.B. Held, Opfer, Entdecker, Kämpfer, Außenseiter...)

5. Gibt es bestimmte Sätze oder Sprichwörter, die du dir oft selbst sagst oder die du von deinen Eltern übernommen hast?

6. Wenn du dir Sorgen machst oder frustriert bist – welche Geschichte erzählst du dir dann typischerweise?

Diese Übung hilft dir, ein Bewusstsein für deine persönlichen Narrative zu entwickeln – der erste Schritt, um sie bei Bedarf umzuschreiben und deine Frustrationstoleranz zu stärken.

Fazit: Narrative als Schlüssel zur Frustrationstoleranz

Unsere persönlichen Geschichten sind weder fix noch objektive Wahrheiten – sie sind Konstruktionen, die wir bewusst gestalten können. Indem wir verstehen, wie unsere Narrative entstehen und wie sie unsere Reaktionen auf Frustration beeinflussen, gewinnen wir einen kraftvollen Hebel zur Steigerung unserer Frustrationstoleranz.

In den nächsten Abschnitten werden wir lernen, wie wir einschränkende Narrative erkennen und in ermächtigende Geschichten umwandeln können – Geschichten, die uns helfen, Frustration nicht als Niederlage, sondern als Teil einer größeren, bedeutungsvollen Reise zu sehen.

Schritte, um belastende Narrative umzuschreiben

Nachdem wir verstanden haben, wie Narrative unsere Frustrationstoleranz beeinflussen, können wir nun praktische Schritte kennenlernen, um einschränkende Geschichten zu erkennen und in ermächtigende Erzählungen umzuschreiben. Dieser Prozess erfordert Bewusstheit, Offenheit und konsequente Übung, kann aber zu tiefgreifenden Veränderungen in unserem Erleben und Verhalten führen.

Schritt 1: Bewusstwerdung – Deine aktuellen Narrative erkennen

Bevor wir etwas verändern können, müssen wir es zunächst klar erkennen. Der erste Schritt besteht darin, die Geschichten zu identifizieren, die du dir über dich selbst und dein Leben erzählst, besonders in Bezug auf Frustration und Herausforderungen.

Praktische Techniken zur Bewusstwerdung:

a) Das Frustrationstagebuch

Führe über zwei Wochen ein Tagebuch, in dem du frustrierende Situationen dokumentierst und folgende Fragen beantwortest:

- Was genau ist passiert?

- Welche Geschichte habe ich mir darüber erzählt? ("Das bedeutet, dass...")

- Welche Gefühle hat diese Geschichte ausgelöst?

- Welche wiederkehrenden Themen, Charakterisierungen (von mir selbst und anderen) oder "Regeln" tauchen in meinen Geschichten auf?

b) Die Metaphern-Methode

Metaphern können unbewusste Narrative sichtbar machen. Vervollständige folgende Sätze:

- "Wenn ich auf ein Hindernis stoße, fühle ich mich wie..."

- "Das Leben ist wie..."

- "Erfolg ist wie..."

- "Misserfolg ist wie..."

- "Ich bin wie..."

Beispiel: "Wenn ich auf ein Hindernis stoße, fühle ich mich wie ein Hamster im Rad." Diese Metapher könnte auf ein Narrativ der Machtlosigkeit und Wiederholung hindeuten.

c) Die Dritte-Person-Perspektive

Schreibe eine kurze Zusammenfassung deines Lebens oder einer herausfordernden Phase in der dritten Person, als wäre es die Biografie einer anderen Person. Diese Distanzierung kann helfen, Muster zu erkennen, die aus der Ich-Perspektive unsichtbar bleiben.

Fallbeispiel: Marcos Bewusstwerdungsprozess

Marco, ein 38-jähriger Grafikdesigner, ist häufig frustriert bei der Arbeit. Durch sein Frustrationstagebuch erkennt er ein wiederkehrendes Narrativ: "Ich bin ein Betrüger, der jeden Moment auffliegen könnte. Andere haben echtes Talent, während ich nur so tue als ob."

Seine Metapher war aufschlussreich: "Erfolg ist wie ein Haus aus Karten, das jederzeit zusammenbrechen kann." In seiner Dritte-Person-Biografie beschrieb er sich als "jemanden, der ständig beweisen musste, dass er dazugehört."

Diese Übungen halfen Marco zu erkennen, dass sein dominantes Narrativ das des "Hochstaplers" oder "Betrügers" war – ein klassisches Beispiel für das Impostor-Syndrom. Diese Erkenntnis war der erste Schritt zur Veränderung.

Schritt 2: Ursprünge verstehen – Woher kommen deine Narrative?

Wenn wir die Quellen unserer Geschichten verstehen, verlieren sie etwas von ihrer scheinbaren Unveränderlichkeit. Dieser Schritt hilft uns zu erkennen, dass unsere Narrative nicht die absolute Wahrheit darstellen, sondern unter bestimmten Umständen entstandene Interpretationen sind.

Praktische Techniken zum Verständnis der Ursprünge:

a) Die Zeitlinie der Überzeugungen

Erstelle eine Zeitlinie deines Lebens und markiere wichtige Ereignisse oder Phasen. Für jede Phase notiere:

- Welche Kernüberzeugungen hatte ich damals über mich und die Welt?

- Wer oder was hat diese Überzeugungen geprägt?

- Welche Ereignisse haben diese Überzeugungen verstärkt oder in Frage gestellt?

b) Die Botschaften-Analyse

Sammle bewusst die "Botschaften", die du in deiner Kindheit und Jugend über folgende Themen erhalten hast:

- Umgang mit Schwierigkeiten und Rückschlägen

- Definition von Erfolg und Versagen

- Ausdruck von Gefühlen, besonders negativen

- Selbstwert und Anerkennung

Diese Botschaften können von Eltern, Lehrern, Medien oder der Kultur allgemein stammen.

c) Die Adaptive-Perspektive

Frage dich: "Inwiefern war dieses Narrativ zu einem früheren Zeitpunkt in meinem Leben hilfreich oder schützend?" Diese Perspektive hilft, inneren Widerstand gegen Veränderung zu reduzieren, indem sie anerkennt, dass viele einschränkende Narrative ursprünglich Bewältigungsstrategien waren.

Fallbeispiel: Sarahs Ursprungsforschung

Sarah, eine Führungskraft, leidet unter dem Narrativ "Ich muss perfekt sein, sonst werde ich abgelehnt." Durch die Zeitlinie erkannte sie, dass diese Überzeugung in ihrer frühen Schulzeit entstand, als ihre hochleistungsorientierte Familie große Erwartungen an sie stellte.

Die Botschaften-Analyse offenbarte wiederkehrende Aussagen wie "Mittelmäßigkeit ist keine Option" und "Nur die Besten setzen sich durch" in ihrer Familie. Aus der adaptiven Perspektive erkannte Sarah, dass ihr Perfektionismus-Narrativ ursprünglich eine Strategie war, um die Anerkennung ihrer Eltern zu sichern und in einem kompetitiven Umfeld zu bestehen.

Diese Erkenntnis half ihr, mitleidsvoller mit sich selbst umzugehen und zu verstehen, dass dieses Narrativ nicht mehr zu ihrem erwachsenen Leben passt.

Schritt 3: Hinterfragen – Die Gültigkeit deiner Narrative prüfen

Nachdem wir unsere Narrative identifiziert und ihre Ursprünge verstanden haben, ist es Zeit, ihre Gültigkeit kritisch zu hinterfragen. Dieser Schritt untergräbt die scheinbare Autorität unserer einschränkenden Geschichten.

Praktische Techniken zum Hinterfragen:

a) Der Beweistest

Wähle ein einschränkendes Narrativ (z.B. "Ich bin nicht belastbar") und führe einen systematischen Beweistest durch:

- Welche Beweise gibt es, die dieses Narrativ stützen?

- Welche Beweise gibt es, die diesem Narrativ widersprechen?

- Welche alternativen Erklärungen gibt es für die "bestätigenden" Beweise?

b) Die logischen Fehlschlüsse identifizieren

Typische logische Fehlschlüsse in unseren Narrativen sind:

- Übergeneralisierung: "Ich habe einmal versagt, also werde ich immer versagen"

- Gedankenlesen: "Sie denken bestimmt, ich bin inkompetent"

- Schwarz-Weiß-Denken: "Entweder ich bin perfekt, oder ich bin ein Versager"

- Katastrophisieren: "Dieser Fehler wird meine Karriere ruinieren"

Identifiziere, welche dieser Fehlschlüsse in deinen Narrativen vorkommen.

c) Die kulturelle Dekonstruktion

Frage dich, inwieweit deine persönlichen Narrative von kulturellen Erwartungen und Normen geprägt sind:

- Welche gesellschaftlichen "Erfolgsgeschichten" habe ich verinnerlicht?

- Welche Annahmen darüber, was "normal" oder "wertvoll" ist, beeinflussen mein Narrativ?

- Würde mein Narrativ in einer anderen Kultur oder zu einer anderen Zeit genauso gültig erscheinen?

Fallbeispiel: Tobias' Hinterfragungsprozess

Tobias, ein Lehrer, trägt das Narrativ "Wenn ich nicht allen helfen kann, habe ich versagt". Im Beweistest identifizierte er mehrere Gegenbeweise: Seine Schüler machten insgesamt gute Fortschritte, er erhielt positive Rückmeldungen von Kollegen, und selbst erfahrene Pädagogen erreichten nicht jeden Schüler gleichermaßen.

Bei der Analyse logischer Fehlschlüsse erkannte er ein Schwarz-Weiß-Denken in seinem Narrativ. In der kulturellen Dekonstruktion reflektierte er, wie Lehrerfilme und Medienberichte oft "Heldenlehrkräfte" glorifizieren, die ganze Klassen transformieren – ein unrealistisches Bild, das er verinnerlicht hatte.

Diese Erkenntnisse halfen Tobias, sein Narrativ als eine verzerrte und von externen Faktoren beeinflusste Interpretation zu erkennen, nicht als unveränderliche Wahrheit.

Schritt 4: Neuschreiben – Empowernde Alternative Narrative entwickeln

Nachdem wir unsere einschränkenden Narrative identifiziert, ihre Ursprünge verstanden und ihre Gültigkeit hinterfragt haben, können wir beginnen, alternative, stärkende Geschichten zu entwickeln. Diese neuen Narrative sollten realistisch, flexibel und unterstützend sein.

Praktische Techniken zum Neuschreiben:

a) Die Reframing-Methode

Nimm ein einschränkendes Narrativ und schreibe es bewusst um, indem du:

- Von absoluten Aussagen ("immer", "nie") zu nuancierteren Formulierungen übergehst

- Selbstabwertungen durch selbstunterstützende Sprache ersetzt

- Opferrollen in Protagonistenrollen umwandelst

- Den Fokus von Defiziten auf Ressourcen und Möglichkeiten verschiebst

Beispiel: Altes Narrativ: "Ich bin einfach zu sensibel. Ich kann mit Kritik nicht umgehen und werde immer überreagieren." Neues Narrativ: "Ich bin ein empfindsamer Mensch, der sowohl Stärken als auch Herausforderungen aus dieser Sensibilität zieht. Ich lerne zunehmend, Feedback konstruktiv zu nutzen und meine emotionalen Reaktionen besser zu regulieren."

b) Die Helden-Reise-Technik

Die Helden-Reise ist ein universelles Erzählmuster, das wir auf unsere Lebensgeschichte anwenden können. Strukturiere dein Narrativ nach diesem Muster:

- Der Ruf zum Abenteuer (die Herausforderung)

- Die anfänglichen Schwierigkeiten und Widerstände

- Die Helfer und Ressourcen auf dem Weg

- Die Überwindung von Hindernissen und das Lernen daraus

- Die Transformation und Rückkehr mit neuen Einsichten

Diese Struktur verwandelt Schwierigkeiten von Niederlagen in notwendige Etappen auf einem bedeutungsvollen Weg.

c) Die multiple Perspektiven-Methode

Stelle dir vor, wie verschiedene wohlwollende Beobachter deine Geschichte erzählen würden:

- Wie würde ein guter Freund deine Situation beschreiben?

- Wie würde ein weiser Mentor deine Herausforderungen interpretieren?

- Wie würde dein zukünftiges, gereiftes Selbst auf deine aktuelle Situation zurückblicken?

Durch diese verschiedenen Perspektiven entsteht ein reichhaltigeres, nuancierteres Narrativ.

Fallbeispiel: Annikas Neuschreibungsprozess

Annika, eine Künstlerin, trug das Narrativ "Ich bin nicht originell genug. Alle meine Ideen wurden schon besser umgesetzt." Durch die Reframing-Methode entwickelte sie ein alternatives Narrativ: "Ich bin Teil einer kreativen Tradition, die auf dem Werk anderer aufbaut und es weiterentwickelt. Meine einzigartige Perspektive und mein persönlicher Stil verleihen meiner Kunst Wert."

Mit der Helden-Reise-Technik sah sie ihre kreativen Blockaden nicht mehr als Versagen, sondern als Teil des künstlerischen Prozesses – als "die Prüfung", die jeder Schöpfer durchlaufen muss.

Die multiple Perspektiven-Methode half ihr zu erkennen, dass ein Mentor ihre Selbstzweifel als natürlichen Teil des künstlerischen Wachstums sehen würde, während ihr zukünftiges Selbst diese Phase als wichtige Entwicklungszeit betrachten könnte.

Schritt 5: Verkörperung – Die neuen Narrative leben

Neue Narrative bleiben wirkungslos, wenn sie nur theoretische Konstrukte sind. Um wirklich transformativ zu wirken, müssen sie in unserem täglichen Leben verankert und verkörpert werden.

Praktische Techniken zur Verkörperung:

a) Die tägliche Affirmation und Reflexion

- Formuliere dein neues Narrativ als kurze, kraftvolle Aussage (Affirmation).

- Beginne und/oder beende jeden Tag mit dieser Affirmation.

- Führe ein Reflexionstagebuch, in dem du Situationen notierst, in denen du nach dem neuen Narrativ gehandelt hast oder handeln könntest.

b) Die Ankertechnik

- Wähle einen physischen "Anker" (ein Armband, einen Stein in der Tasche, ein Bild am Schreibtisch), der dich an dein neues Narrativ erinnert.

- Berühre diesen Anker bewusst in Situationen, in denen das alte Narrativ aktiviert werden könnte.

- Verbinde das Berühren des Ankers mit dem bewussten Erinnern an dein neues Narrativ.

c) Die verkörperte Imagination

- Nimm dir 5-10 Minuten Zeit für eine Visualisierungsübung.

- Stelle dir lebhaft vor, wie du in einer herausfordernden Situation nach deinem neuen Narrativ handelst.

- Achte besonders auf körperliche Empfindungen, Emotionen und Gedanken in dieser Vorstellung.

- Wiederhole diese Übung regelmäßig, um neuronale Pfade zu stärken.

d) Die Gemeinschaftsverankerung

- Teile dein neues Narrativ mit vertrauten Menschen.

- Bitte sie, dich zu unterstützen, indem sie dich an dein neues Narrativ erinnern, wenn sie bemerken, dass du in alte Muster zurückfällst.

- Suche Gemeinschaften oder Gruppen, die dein neues Narrativ bestärken und leben.

Fallbeispiel: Davids Verkörperungsprozess

David, ein Projektmanager, arbeitete daran, sein Narrativ "Ich bin überwältigt und kann mit Druck nicht umgehen" in "Ich kann Herausforderungen systematisch angehen und bleibe auch unter Druck handlungsfähig" umzuwandeln.

Er formulierte die tägliche Affirmation: "Ich handle ruhig und fokussiert, besonders wenn es herausfordernd wird." Als Anker wählte er eine kleine Glaskugel auf seinem Schreibtisch, die er in stressigen Momenten berührte.

In seiner verkörperten Imagination stellte er sich vor, wie er in einer hektischen Projektsituation ruhig blieb, Prioritäten setzte und sein Team effektiv führte. Er teilte sein neues Narrativ mit seiner Partnerin und einem engen Kollegen, die ihn unterstützten und an sein neues Selbstbild erinnerten, wenn er in alte Muster zurückfiel.

Nach einigen Wochen bemerkte David, dass sein neues Narrativ in stressigen Situationen zunehmend automatisch aktiviert wurde und ihm half, Frustrationen gelassener zu bewältigen.

Schritt 6: Integration – Mit Rückfällen und Widerständen umgehen

Der Prozess des Umschreibens von Narrativen ist selten linear. Rückfälle in alte Muster und innere Widerstände sind normal und sogar zu erwarten. Die Integration neuer Narrative erfordert einen bewussten Umgang mit diesen Herausforderungen.

Praktische Techniken zur Integration:

a) Die Rückfall-Vorbereitung

- Identifiziere potenzielle Auslöser, die dich in alte Narrative zurückfallen lassen könnten.

- Entwickle einen konkreten Plan, wie du in diesen Situationen reagieren wirst.

- Bereite ermutigende Formulierungen vor, die du in schwierigen Momenten zu dir selbst sagen kannst.

b) Die Widerstandsanalyse

- Erforsche bewusst deine Widerstände gegen das neue Narrativ.

- Frage dich: "Welcher Teil von mir will am alten Narrativ festhalten? Was gewinne ich durch das alte Narrativ?"

- Integriere diese Einsichten in dein neues Narrativ, um es ganzheitlicher zu machen.

c) Der Fortschrittskompass

- Führe regelmäßig (z.B. monatlich) eine Bilanz deiner Fortschritte.

- Reflektiere: Wo hat sich dein neues Narrativ bereits gefestigt? Wo gibt es noch Herausforderungen?

- Passe deine Strategien entsprechend an und würdige jeden Fortschritt, egal wie klein er erscheint.

Fallbeispiel: Marias Integrationsprozess

Maria arbeitete daran, ihr Narrativ "Meine Bedürfnisse sind weniger wichtig als die der anderen" in "Meine Bedürfnisse sind genauso wichtig, und für sie einzustehen stärkt meine Beziehungen" umzuwandeln.

In ihrer Rückfall-Vorbereitung erkannte sie, dass besonders Konflikte mit Autoritätspersonen oder die Angst, andere zu enttäuschen, sie in ihr altes Muster zurückfallen ließen. Sie entwickelte spezifische Sätze für diese Situationen: "Ich kann respektvoll für meine Bedürfnisse einstehen" und "Grenzen zu setzen ist ein Akt der Selbstfürsorge, nicht der Egoismus".

Ihre Widerstandsanalyse offenbarte, dass ein Teil von ihr am alten Narrativ festhielt, weil es ihr das Gefühl gab, "gut" und "selbstlos" zu sein. Sie integrierte diese Erkenntnis, indem sie ihr neues Narrativ erweiterte: "Ich kann fürsorglich und selbstfürsorglich zugleich sein. Für meine Bedürfnisse einzustehen ermöglicht mir, nachhaltiger für andere da zu sein."

In ihrem Fortschrittskompass stellte sie fest, dass sie in Freundschaften bereits gut nach dem neuen Narrativ handelte, während familiäre Beziehungen noch herausfordernder waren. Sie passte ihre Strategie an, indem sie zunächst in weniger emotional aufgeladenen Familiensituationen übte, für ihre Bedürfnisse einzustehen.

Fazit: Die transformative Kraft neuer Narrative

Das Umschreiben belastender Narrative ist ein tiefgreifender transformativer Prozess, der Zeit, Geduld und kontinuierliche Übung erfordert. Doch die Mühe lohnt sich: Neue, ermächtigende Narrative können unsere Frustrationstoleranz fundamental stärken, indem sie die Art und Weise verändern, wie wir Herausforderungen interpretieren und auf sie reagieren.

Statt Frustration als Zeichen persönlichen Versagens oder ungerechter Behandlung zu sehen, können wir sie als natürlichen Teil bedeutsamer Wachstumsprozesse verstehen. Statt uns als machtlose Opfer widriger Umstände zu betrachten, können wir uns als aktive Gestalter unserer Reaktionen und Handlungen wahrnehmen.

Denke daran: Die Geschichten, die wir uns über uns selbst erzählen, sind nicht in Stein gemeißelt. Sie sind lebendige, veränderbare Konstrukte, die wir bewusst gestalten können. Mit jedem Schritt des Bewusstwerdens, Verstehens, Hinterfragens, Neuschreibens, Verkörperns und Integrierens neuer Narrative nähern wir uns einem authentischeren, resilienteren und erfüllteren Leben – einem Leben, in dem Frustration nicht mehr als unüberwindbare Barriere, sondern als wertvoller Wegweiser erscheint.

Fallbeispiele: Vom Opfer zum Gestalter

Der Übergang vom Opfer- zum Gestalter-Narrativ stellt eine der mächtigsten Transformationen dar, die unsere Frustrationstoleranz erhöhen kann. In diesem Abschnitt betrachten wir konkrete Fallbeispiele von Menschen, die ihre einschränkenden Narrative erfolgreich umgeschrieben haben. Diese Geschichten verdeutlichen nicht nur die transformative Kraft narrativer Arbeit, sondern bieten auch praktische Einblicke in den Prozess des Umschreibens.

Fallbeispiel 1: Thomas – Vom beruflichen Opfer zum selbstbestimmten Gestalter

Ausgangssituation und einschränkendes Narrativ

Thomas, 42, arbeitete seit über zehn Jahren in einem großen Technologieunternehmen. Obwohl er als kompetent galt, wurde er bei Beförderungen wiederholt übergangen. Sein dominantes Narrativ lautete:

"Ich werde nie beruflich vorankommen, egal wie sehr ich mich anstrenge. Das System ist gegen Leute wie mich, die nicht zur richtigen Clique gehören oder das richtige Netzwerk haben. Es geht immer nur um Politik, nicht um Leistung."

Dieses Narrativ führte zu chronischer Frustration, Zynismus und passiv-aggressivem Verhalten am Arbeitsplatz. Thomas fühlte sich machtlos und gefangen.

Der Transformationsprozess

Thomas' Wendepunkt kam, als sein Team einen neuen Leiter bekam und er befürchtete, wieder übergangen zu werden. Statt in seiner gewohnten Opferrolle zu verharren, entschied er sich, professionelle Unterstützung durch einen Coach zu suchen.

Schritt 1: Bewusstwerdung Thomas begann ein Arbeitsjournal zu führen, in dem er täglich seine Gedanken, Gefühle und Reaktionen dokumentierte. Er erkannte ein durchgängiges Muster: Bei jeder Herausforderung oder Enttäuschung aktivierte sich sofort sein "Opfer der Umstände"-Narrativ, was zu Resignationsgefühlen und passivem Verhalten führte.

Schritt 2: Ursprünge verstehen Durch Reflexionsarbeit mit seinem Coach erkannte Thomas, dass sein Narrativ Wurzeln in seiner Kindheit hatte. Als mittleres Kind in einer leistungsorientierten Familie hatte er oft das Gefühl, übersehen zu werden – egal wie sehr er sich bemühte. Die Parallele zu seinem Berufsleben wurde ihm bewusst.

Schritt 3: Hinterfragen Thomas begann, systematisch Beweise gegen sein Opfer-Narrativ zu sammeln. Er erkannte, dass:

- Einige Kollegen mit ähnlichem Hintergrund durchaus befördert wurden

- Er nie aktiv seine Karriereambitionen kommuniziert hatte

- Er Networking als "Politik" abgewertet und vermieden hatte

- Seine passive Haltung dazu beigetragen hatte, dass er übersehen wurde

Schritt 4: Neuschreiben Mit Unterstützung seines Coaches entwickelte Thomas ein alternatives Narrativ:

"Ich bin ein kompetenter Fachmann, der sowohl technische als auch kommunikative Fähigkeiten entwickeln kann. Meine Karriere liegt in meinen Händen, und ich kann aktiv Schritte unternehmen, um meine Ziele zu erreichen. Netzwerken ist nicht manipulativ, sondern ein legitimer Weg, um Wert zu schaffen und zu teilen."

Schritt 5: Verkörperung Thomas setzte sein neues Narrativ in konkrete Handlungen um:

- Er führte ein offenes Gespräch mit seinem neuen Vorgesetzten über seine Karriereziele

- Er meldete sich für ein Mentoring-Programm an

- Er begann, aktiv an abteilungsübergreifenden Projekten teilzunehmen

- Er übte, seine Leistungen sichtbarer zu machen, ohne sich angeberisch zu fühlen

Schritt 6: Integration Thomas erlebte Rückfälle, besonders wenn Projekte kritisiert wurden oder er sich übergangen fühlte. In diesen Momenten nutzte er bewusste Selbstreflexion und die Unterstützung seines Coaches, um sein neues Narrativ zu stärken.

Ergebnisse der Transformation

Nach einem Jahr waren die Veränderungen deutlich:

- Thomas wurde für ein
  Führungsentwicklungsprogramm ausgewählt

- Seine Zufriedenheit am Arbeitsplatz stieg
  erheblich

- Er baute wertvolle berufliche Beziehungen auf,
  die er als bereichernd empfand

- Seine Frustrationstoleranz erhöhte sich –
  Rückschläge sah er nun als Lernchancen, nicht als
  Bestätigung eines unfairen Systems

Am wichtigsten war jedoch, dass Thomas sich nicht mehr
als Opfer der Umstände, sondern als aktiver Gestalter
seiner beruflichen Entwicklung wahrnahm. Seine
Frustration verwandelte sich von lähmender Verbitterung
in konstruktive Energie für Veränderung.

**Fallbeispiel 2: Sophia – Vom Beziehungsopfer zur
beziehungskompetenten Gestalterin**

Ausgangssituation und einschränkendes Narrativ

Sophia, 35, hatte eine Reihe gescheiterter Beziehungen
hinter sich, die alle einem ähnlichen Muster folgten:
anfängliche Begeisterung, zunehmende Frustration über
unerfüllte Bedürfnisse und schließlich schmerzhafte
Trennung. Ihr dominantes Narrativ lautete:

*"Ich bin einfach dazu bestimmt, in Beziehungen verletzt
zu werden. Die Menschen, die ich liebe, verstehen mich
nie wirklich und sehen meine Bedürfnisse nicht. Am Ende
bin ich immer diejenige, die verlassen wird und leiden
muss."*

Dieses Narrativ führte zu hoher Anspannung in Beziehungen, indirekter Kommunikation und einem Teufelskreis aus Frustration, emotionalen Ausbrüchen und anschließenden Schuldgefühlen.

Der Transformationsprozess

Sophias Wendepunkt kam, nachdem ihre letzte Beziehung endete und sie erkannte, dass sich das gleiche Muster wiederholte. Sie entschied sich für eine Therapie, um diesen Kreislauf zu durchbrechen.

Schritt 1: Bewusstwerdung Sophia begann, ihre Beziehungsmuster zu analysieren. Sie erkannte, dass sie:

- Ihre Bedürfnisse selten direkt kommunizierte, aber erwartete, dass Partner sie "erraten" sollten

- Frühe Frustrationssignale ignorierte und dann explodierte, wenn die Frustration unerträglich wurde

- Beziehungen mit Menschen einging, die ähnliche Kommunikationsschwierigkeiten hatten wie sie

Schritt 2: Ursprünge verstehen In der Therapie entdeckte Sophia die Wurzeln ihres Narrativs in ihrer Familie. Als Kind einer emotional distanzierten Mutter und eines unberechenbaren Vaters hatte sie gelernt, dass direkte Bedürfnisäußerung gefährlich war und dass Liebe unzuverlässig und an Bedingungen geknüpft ist.

Schritt 3: Hinterfragen Sophia begann, ihr Narrativ kritisch zu prüfen:

- War es wirklich ihr "Schicksal" oder eher ein erlerntes Muster?

- Trug sie durch ihre indirekte Kommunikation zur Dynamik bei?

- Gab es Gegenbeispiele für gesunde Beziehungen in ihrem Leben (Freundschaften, Kollegen)?

- Welche Anteile an den Beziehungsproblemen lagen bei ihr, welche bei ihren Partnern, und welche in der Interaktion?

Schritt 4: Neuschreiben Mit Unterstützung ihrer Therapeutin entwickelte Sophia ein neues Narrativ:

"Ich kann lernen, gesunde Beziehungen zu führen. Meine Bedürfnisse sind wichtig und ich kann lernen, sie klar zu kommunizieren. Frustration in Beziehungen ist normal und ein Signal, das Aufmerksamkeit erfordert – nicht ein Zeichen für das unvermeidliche Ende. Ich habe die Fähigkeit, Beziehungen aktiv mitzugestalten."

Schritt 5: Verkörperung Sophia setzte ihr neues Narrativ in konkrete Handlungen um:

- Sie übte direkte, aber respektvolle Kommunikation in sicheren Beziehungen (Freundschaften)

- Sie entwickelte einen "Frühwarnsystem" für Frustration und Strategien für frühzeitige Ansprache

- Sie reflektierte bewusst ihre Partnerwahl und die Dynamiken in Begegnungen

- Sie lernte Achtsamkeitstechniken, um ihre emotionalen Reaktionen besser wahrzunehmen und zu regulieren

Schritt 6: Integration Sophia erlebte Unsicherheit und Angst, als sie begann, ihr neues Narrativ in einer neuen Beziehung umzusetzen. Mit Unterstützung ihrer Therapeutin und einer Freundin als "Anker" überwand sie jedoch ihre Furcht, verletzlich zu sein und direkt zu kommunizieren.

Ergebnisse der Transformation

Nach eineinhalb Jahren Arbeit an ihrem Narrativ erlebte Sophia signifikante Veränderungen:

- Sie begann eine neue Beziehung, in der sie von Anfang an offener kommunizierte

- Ihre Frustrationstoleranz in zwischenmenschlichen Situationen stieg deutlich

- Sie konnte Konflikte ansprechen, bevor sie eskalierten

- Sie erkannte Muster früh und konnte sie unterbrechen

Am bedeutsamsten war jedoch, dass Sophia sich nicht mehr als Opfer unvermeidlicher Verletzungen sah, sondern als aktive Gestalterin ihrer Beziehungen. Sie verstand, dass Beziehungsfrust nicht das Ende bedeutet, sondern eine Chance für Wachstum und tiefere Verbindung sein kann, wenn er konstruktiv adressiert wird.

Fallbeispiel 3: Miguel – Vom Gesundheitsopfer zum selbstverantwortlichen Gestalter

Ausgangssituation und einschränkendes Narrativ

Miguel, 54, erhielt vor drei Jahren die Diagnose Typ-2-Diabetes. Trotz ärztlicher Empfehlungen zu Lebensstiländerungen hatte er Schwierigkeiten, diese umzusetzen. Sein dominantes Narrativ lautete:

"Meine Gesundheit ist genetisch vorbestimmt. In meiner Familie haben alle Diabetes, das ist unser Schicksal. Die empfohlenen Änderungen sind zu schwer und bringen sowieso nichts. Die Medikamente müssen es richten."

Dieses Narrativ führte zu passiver Resignation, Frustration mit dem Gesundheitssystem und einer Verschlechterung seiner Gesundheit.

Der Transformationsprozess

Miguels Wendepunkt kam, als sein Arzt die Medikation erhöhen musste und ihm die möglichen Langzeitfolgen der Krankheit deutlich vor Augen führte. Durch das Angebot eines Gesundheitscoachings im Rahmen eines Pilotprogramms seiner Krankenkasse begann er, sein Narrativ zu überdenken.

Schritt 1: Bewusstwerdung Miguel führte ein Gesundheitstagebuch, in dem er seine Gedanken, Gefühle und Verhaltensweisen in Bezug auf seine Erkrankung dokumentierte. Er erkannte, dass er:

- Kleinste Rückschläge als Beweis für die Sinnlosigkeit von Änderungen interpretierte

- Sich oft als "Opfer schlechter Gene" sah und dadurch Verantwortung abgab

- Die Schwierigkeiten bei Lebensstiländerungen überbetonte und kleine Erfolge ignorierte

Schritt 2: Ursprünge verstehen In Gesprächen mit seinem Coach erkundete Miguel die Wurzeln seines Narrativs. Er erkannte, dass:

- Sein Vater ähnliche Überzeugungen hatte und früh an Diabetesfolgen gestorben war

- In seiner Familie oft über "schlechte Gene" gesprochen wurde, um gesundheitliche Probleme zu erklären

- Seine Erziehung wenig Wert auf Selbstwirksamkeit in Gesundheitsfragen gelegt hatte

Schritt 3: Hinterfragen Miguel begann, sein Narrativ kritisch zu prüfen:

- Welche wissenschaftlichen Beweise gibt es für die Wirksamkeit von Lebensstiländerungen bei Diabetes?

- Welchen Anteil haben Genetik, Umwelt und Verhalten tatsächlich an der Krankheitsentwicklung?

- Gibt es Menschen mit ähnlicher genetischer Ausstattung, die ihre Gesundheit erfolgreich beeinflussen konnten?

- Welche eigenen Erfahrungen hatte er mit erfolgreichen Veränderungen in anderen Lebensbereichen?

Schritt 4: Neuschreiben Mit Unterstützung seines Coaches entwickelte Miguel ein alternatives Narrativ:

"Genetik ist ein Faktor bei meiner Gesundheit, aber nicht der einzige. Ich habe Einfluss auf den Verlauf meiner Krankheit durch meine täglichen Entscheidungen. Veränderung ist herausfordernd, aber möglich, wenn ich sie in kleine, machbare Schritte unterteile. Jeder Tag bietet mir die Chance, meine Gesundheit positiv zu beeinflussen."

Schritt 5: Verkörperung Miguel setzte sein neues Narrativ in konkrete Handlungen um:

- Er setzte sich kleine, erreichbare Ziele (z.B. täglich 10 Minuten spazieren gehen, eine gesunde Mahlzeit pro Tag)

- Er begann, seine Blutzuckerwerte systematisch zu dokumentieren und die Auswirkungen seiner Handlungen zu beobachten

- Er trat einer Selbsthilfegruppe bei, in der er Menschen mit ähnlichen Herausforderungen, aber proaktiver Einstellung kennenlernte

- Er feierte kleine Erfolge bewusst und erinnerte sich in schwierigen Momenten an sein neues Narrativ

Schritt 6: Integration Miguel erlebte Rückschläge, besonders bei Familienfeiern oder stressigen Arbeitsphasen. Mit Unterstützung seines Coaches entwickelte er Strategien, um nach Rückfällen schnell zu seinem neuen Narrativ zurückzufinden, anstatt sie als Bestätigung des alten Narrativs zu interpretieren.

Ergebnisse der Transformation

Nach einem Jahr intensiver Arbeit an seinem Gesundheitsnarrativ erlebte Miguel bemerkenswerte Veränderungen:

- Seine Blutzuckerwerte verbesserten sich signifikant

- Die Medikamentendosis konnte reduziert werden

- Er verlor 12 kg Gewicht durch moderate, aber nachhaltige Änderungen

- Seine allgemeine Lebensqualität und Energie stiegen deutlich an

Am wichtigsten war jedoch die Veränderung in seinem Selbstverständnis: Von einem passiven Opfer seiner Gene wurde er zum aktiven Gestalter seiner Gesundheit. Frustration über Rückschläge konnte er nun als Teil des Veränderungsprozesses akzeptieren, ohne aufzugeben oder in Resignation zu verfallen.

Fallbeispiel 4: Lena – Vom Lernopfer zur selbstbestimmten Lerngestalterin

Ausgangssituation und einschränkendes Narrativ

Lena, 28, entschied sich nach mehreren Jahren Berufstätigkeit für ein Studium. Obwohl sie sich auf diese neue Herausforderung freute, entwickelte sie schnell massive Prüfungsangst und Frustration beim Lernen. Ihr dominantes Narrativ lautete:

"Ich bin einfach nicht intelligent genug für akademisches Denken. Mein Gehirn funktioniert anders – ich kann komplexe Dinge nicht verstehen und behalten. Die anderen Studierenden sind viel schlauer als ich, und früher oder später wird jeder merken, dass ich hier nicht hingehöre."

Dieses Narrativ führte zu Vermeidungsverhalten beim Lernen, Panikattacken vor Prüfungen und der ständigen Angst, als "Betrügerin" entlarvt zu werden (Impostor-Syndrom).

Der Transformationsprozess

Lenas Wendepunkt kam, als sie eine wichtige Prüfung trotz guter Vorbereitung fast nicht bestanden hätte, weil sie in Panik geriet. Sie erkannte, dass ihr Problem nicht mangelndes Wissen, sondern ihre Selbstwahrnehmung war, und suchte die Universitätsberatung auf.

Schritt 1: Bewusstwerdung Mit Hilfe einer Lernberaterin analysierte Lena ihre Gedanken und Gefühle während des Lernprozesses. Sie erkannte:

- Jede Lernschwierigkeit bestätigte sofort ihr "Ich bin nicht intelligent genug"-Narrativ

- Sie verglich sich ständig mit anderen, ohne deren Lernweg zu kennen

- Sie interpretierte Konzentrationsprobleme oder Vergessen als Beweise für mangelnde Intelligenz

- Perfektion war ihr einziger Maßstab – jedes Verständnisproblem war ein "Versagen"

Schritt 2: Ursprünge verstehen In der Beratung und durch eigene Reflexion erkundete Lena die Wurzeln ihres Narrativs:

- In ihrer Schulzeit wurde sie von Lehrern als "fleißig, aber nicht besonders begabt" bezeichnet

- Ihr älterer Bruder galt in der Familie als "das Genie" und sie als "die Kreative"

- Sie hatte internalisiert, dass akademischer Erfolg vor allem von angeborener Intelligenz abhängt, nicht von Lernstrategien oder Durchhaltevermögen

Schritt 3: Hinterfragen Lena begann, ihr Narrativ kritisch zu prüfen:

- Was sagt die Lernforschung tatsächlich über die Rolle von "Intelligenz" versus Lernstrategien und Ausdauer?

- Welche Beweise für ihre akademischen Fähigkeiten hatte sie bereits (erfolgreiche Bewerbung, bestandene Prüfungen)?

- Welche alternativen Erklärungen gab es für ihre Lernschwierigkeiten (unpassende Lernmethoden, normale Lernkurve bei neuen Themen)?

Schritt 4: Neuschreiben Mit Unterstützung ihrer Beraterin entwickelte Lena ein neues Narrativ:

"Lernen ist ein Prozess, der Zeit, verschiedene Strategien und Durchhaltevermögen erfordert – nicht nur 'Intelligenz'. Jeder Mensch lernt anders, und ich kann herausfinden, wie ich am besten lerne.

Herausforderungen und Verständnisprobleme sind normale Teile des Lernprozesses, nicht Zeichen von Unfähigkeit. Ich habe bereits bewiesen, dass ich akademisch erfolgreich sein kann, wenn ich die richtigen Strategien einsetze."

Schritt 5: Verkörperung Lena setzte ihr neues Narrativ in konkrete Handlungen um:

- Sie experimentierte mit verschiedenen Lernmethoden und entdeckte, dass sie am besten durch Erklären, Visualisieren und praktische Anwendungen lernte

- Sie bildete eine Lerngruppe, in der sie erlebte, dass auch andere Studierende mit ähnlichen Herausforderungen kämpften

- Sie implementierte eine "Wachstumsmappe", in der sie ihren Lernfortschritt dokumentierte

- Sie übte bewusst, Frustration beim Lernen als Signal für einen Strategiewechsel zu interpretieren, nicht als Bestätigung ihrer vermeintlichen Unfähigkeit

Schritt 6: Integration Lena erlebte Rückfälle in ihr altes Narrativ, besonders bei neuen, komplexen Themen oder unter Zeitdruck. Sie entwickelte Strategien, um diese Momente zu erkennen und zu überwinden:

- Ein "Notfall-Skript" mit ermutigenden Sätzen

- Kurze Achtsamkeitsübungen, um aus der Negativspirale auszusteigen

- Eine Sammlung von "Erfolgsbeweisen", die sie in schwierigen Momenten durchlas

Ergebnisse der Transformation

Im Laufe eines Jahres erlebte Lena eine bemerkenswerte Transformation:

- Ihre Prüfungsergebnisse verbesserten sich deutlich

- Die Lernzeit wurde effektiver, da sie weniger mit Selbstzweifeln kämpfte

- Ihre Prüfungsangst reduzierte sich auf ein bewältigbares Maß

- Sie konnte ihr Wissen selbstbewusster in Seminaren einbringen

Am bedeutsamsten war jedoch, dass Lena sich von einer "nicht intelligenten Betrügerin" zu einer kompetenten Lernenden entwickelte, die Herausforderungen als Teil des akademischen Weges akzeptieren konnte. Ihre Frustrationstoleranz beim Lernen stieg erheblich, was ihr ermöglichte, sich auf komplexere Themen einzulassen, statt sie zu vermeiden.

Gemeinsame Muster erfolgreicher Narrative-Transformation

Betrachtet man diese verschiedenen Fallbeispiele, werden einige wichtige Muster für eine erfolgreiche Transformation vom Opfer zum Gestalter deutlich:

1. **Bewusstwerdung als erster Schritt**: In allen Fällen begann die Veränderung mit dem Erkennen

des einschränkenden Narrativs und seiner
Auswirkungen.

2. **Verbindung zwischen Vergangenheit und Gegenwart**: Die Betroffenen verstanden, wie frühere Erfahrungen ihre aktuellen Narrative geformt hatten, ohne in der Vergangenheit stecken zu bleiben.

3. **Aktive Infragestellung**: Sie überprüften ihre Narrative kritisch auf Beweise, logische Konsistenz und Nützlichkeit.

4. **Balance in neuen Narrativen**: Die neuen Geschichten waren weder unrealistisch positiv noch selbstverherrlichend, sondern balancierten Herausforderungen mit Handlungsfähigkeit.

5. **Konkrete Handlungen**: Die Veränderung blieb nicht auf der kognitiven Ebene, sondern wurde durch spezifische Verhaltensänderungen konkretisiert.

6. **Unterstützung nutzen**: Alle nutzten unterstützende Beziehungen (professionell oder persönlich), um die Transformation zu begleiten.

7. **Mit Rückschlägen rechnen**: Sie akzeptierten Rückfälle als normal und entwickelten Strategien, um schnell zum neuen Narrativ zurückzufinden.

8. **Geduldige Beharrlichkeit**: Die Transformation erfolgte nicht über Nacht, sondern durch konsequente kleine Schritte über Monate hinweg.

Diese Fallbeispiele verdeutlichen, dass der Weg vom Opfer zum Gestalter nicht nur möglich, sondern auch konkret umsetzbar ist. Die Transformation unserer

Narrative erfordert zwar Mut, Ehrlichkeit und Ausdauer, bietet aber einen der wirksamsten Wege, um unsere Frustrationstoleranz nachhaltig zu stärken und ein selbstbestimmteres Leben zu führen.

2.3 Achtsamkeit und emotionale Regulation

Achtsamkeit als Schlüssel zur Gelassenheit

Achtsamkeit – die Fähigkeit, bewusst im gegenwärtigen Moment zu sein, ohne zu urteilen – ist ein mächtiges Werkzeug zur Stärkung der Frustrationstoleranz. Wenn wir lernen, unsere Aufmerksamkeit bewusst zu lenken und unsere Erfahrungen mit einer offenen, akzeptierenden Haltung wahrzunehmen, können wir auch in frustrierenden Situationen Gelassenheit bewahren und freier wählen, wie wir reagieren möchten.

Was ist Achtsamkeit?

Achtsamkeit lässt sich als eine bestimmte Art der Aufmerksamkeit beschreiben – eine bewusste, nicht-wertende Wahrnehmung dessen, was im gegenwärtigen Moment geschieht. Sie umfasst mehrere Kernelemente:

1. **Gegenwartsbezogenheit**: Die Aufmerksamkeit auf das Hier und Jetzt richten, statt in Gedanken über Vergangenheit oder Zukunft zu schweifen.

2. **Bewusstheit**: Sich der eigenen Erfahrung –
    Gedanken, Gefühle, Körperempfindungen,
    Sinneswahrnehmungen – vollständig bewusst sein.

3. **Akzeptanz**: Die gegenwärtige Erfahrung
    annehmen, wie sie ist, ohne sie sofort verändern,
    bewerten oder ablehnen zu wollen.

4. **Nicht-Identifikation**: Erkennen, dass man mehr
    ist als seine momentanen Gedanken und Gefühle –
    man "hat" sie, anstatt sie "zu sein".

5. **Absichtsvolle Aufmerksamkeitslenkung**: Die
    Fähigkeit, die Aufmerksamkeit bewusst zu lenken
    und bei Abschweifen sanft zurückzubringen.

Die Wissenschaft hinter Achtsamkeit und Frustrationstoleranz

Zahlreiche wissenschaftliche Studien belegen die
positiven Effekte von Achtsamkeitspraxis auf die
Frustrationstoleranz und emotionale Regulation:

- **Neurologische Veränderungen**: Regelmäßige
  Achtsamkeitspraxis führt zu messbaren
  Veränderungen in Gehirnregionen, die für
  Aufmerksamkeitskontrolle (präfrontaler Cortex)
  und emotionale Reaktivität (Amygdala) zuständig
  sind.

- **Verbesserte Impulskontrolle**: Achtsame
  Menschen können den Raum zwischen Reiz und
  Reaktion besser wahrnehmen und nutzen, was
  impulsives Reagieren bei Frustration reduziert.

- **Erhöhte emotionale Bewusstheit**: Die Fähigkeit,
  emotionale Zustände früher und differenzierter

wahrzunehmen, erlaubt eine frühere Intervention bei aufkommender Frustration.

- **Reduzierte Ruminationsneigung**: Achtsame Menschen neigen weniger dazu, über frustrierende Ereignisse zu grübeln, was die emotionale Belastung verringert.

- **Verringerte Stressreaktivität**: Regelmäßige Achtsamkeitspraxis senkt die physiologische Stressreaktion, inklusive Cortisol-Ausschüttung und erhöhter Herzfrequenz – Faktoren, die bei Frustration oft auftreten.

Eine Meta-Analyse von 209 Studien (Khoury et al., 2013) zeigte, dass Achtsamkeitsinterventionen mittlere bis starke Effekte auf Stress, Angst und negative Emotionen haben – allesamt relevante Faktoren für Frustrationstoleranz.

Warum Achtsamkeit besonders bei Frustration hilft

Achtsamkeit unterstützt die Frustrationstoleranz auf mehreren Ebenen:

1. **Früherkennung**: Sie hilft, Frustration bereits in frühen Stadien zu erkennen, bevor sie überwältigend wird.

2. **Entkopplung von Gedanken und Gefühlen**: Durch Achtsamkeit lernen wir, dass frustrierende Gedanken nicht automatisch zu überwältigenden Gefühlen führen müssen.

3. **Schaffung von Wahlfreiheit**: Sie öffnet einen Raum zwischen Reiz und Reaktion, in dem wir

bewusst entscheiden können, statt automatisch zu
reagieren.

4. **Verringerung von Grübeln**: Sie unterbricht den
    Teufelskreis von Gedanken, die Frustration
    aufrechterhalten und verstärken.

5. **Selbstmitgefühl**: Achtsamkeit fördert eine
    freundliche, nicht-urteilende Haltung gegenüber
    sich selbst, was den Umgang mit Frustration
    erleichtert.

**Fallbeispiel: Jana's Weg zur achtsamen
Frustrationsbewältigung**

Jana, eine 34-jährige Projektmanagerin, reagierte
typischerweise auf Arbeitsstress und Frustration mit
Anspannung, innerlichem Aufruhr und anschließenden
impulsiven Entscheidungen, die sie oft bereute. Nach
einem besonders belastenden Projekt mit zahlreichen
Rückschlägen beschloss sie, einen achtwöchigen
Achtsamkeitskurs zu besuchen.

Vor der Achtsamkeitspraxis: Wenn ein Projekt nicht
nach Plan lief, erlebte Jana typischerweise:

- Sofortige körperliche Reaktionen: Anspannung,
  schnellerer Herzschlag, flache Atmung

- Automatische Gedanken: "Das ist eine
  Katastrophe", "Ich bin überfordert", "Niemand
  unterstützt mich richtig"

- Emotionale Überflutung: Wut, Hilflosigkeit,
  Überforderung

- Reaktives Verhalten: Scharfe E-Mails, überhastete
  Entscheidungen, Konflikte mit Teammitgliedern

Der Teufelskreis aus Frustration, emotionaler Reaktion
und impulsivem Handeln verstärkte ihre Probleme und
führte zu weiterer Frustration.

Janas Achtsamkeitspraxis: Sie integrierte mehrere
Achtsamkeitspraktiken in ihren Alltag:

- 15 Minuten Meditation am Morgen

- Kurze Atemübungen (3 Minuten) mehrmals
  täglich, besonders vor herausfordernden Meetings

- Bewusste Pausen zwischen Aufgaben, um ihre
  momentane Erfahrung wahrzunehmen

- Ein "Achtsamkeits-Anker" auf ihrem Schreibtisch
  (ein kleiner Stein), der sie an Präsenz erinnerte

Nach sechs Monaten regelmäßiger Praxis: Jana
bemerkte signifikante Veränderungen im Umgang mit
Frustration:

- Früheres Erkennen von Frustrationssignalen: "Ich
  spüre jetzt, wenn Frustration aufkommt, bevor sie
  mich überwältigt."

- Mehr Distanz zu Gedanken: "Ich kann Gedanken
  wie 'Das ist eine Katastrophe' als Gedanken
  erkennen, nicht als absolute Wahrheiten."

- Verbesserte emotionale Regulation: "Ich fühle die
  Frustration immer noch, aber sie übernimmt nicht
  mehr die Kontrolle."

- Bewusstere Reaktionen: "Ich kann innehalten, durchatmen und dann überlegen, was wirklich hilfreich wäre, statt aus Impuls zu handeln."

Ein konkretes Beispiel: Als ein wichtiger Kunde kurzfristig Änderungen an einem fast fertigen Projekt verlangte, bemerkte Jana ihre aufkommende Frustration. Statt wie früher impulsiv zu reagieren, nahm sie sich einen Moment zum Atmen, beobachtete ihre Gedanken und Gefühle und entschied sich dann für eine ruhige, lösungsorientierte Antwort. Das Ergebnis war nicht nur ein besseres Projektergebnis, sondern auch eine gestärkte Kundenbeziehung.

Grundlegende Achtsamkeitsübungen für den Alltag

Im Folgenden findest du einige grundlegende Achtsamkeitspraktiken, die deine Frustrationstoleranz stärken können:

1. Der Achtsamkeits-Check-In (2-3 Minuten)

Diese Übung hilft dir, regelmäßig zu deiner gegenwärtigen Erfahrung zurückzukehren.

- Halte für einen Moment inne und richte deine Aufmerksamkeit nach innen.

- Frage dich: "Was nehme ich gerade wahr?" und beobachte nacheinander:

    o Körperempfindungen (Anspannung, Wärme, Kälte, Leichtigkeit, Schwere...)

    o Emotionen (angenehm, unangenehm, neutral)

- Gedanken (Sorgen, Pläne, Bewertungen, Erinnerungen...)

- Benenne deine Erfahrungen still für dich: "Ich spüre Anspannung in den Schultern", "Da ist Ungeduld", "Ich denke darüber nach, was noch zu tun ist"

- Erlaube allen Erfahrungen, da zu sein, ohne sie verändern zu wollen.

Diese Übung kannst du mehrmals täglich einbauen, besonders wenn du Anzeichen von Frustration bemerkst.

2. Achtsames Atmen (5-10 Minuten)

Das Beobachten des Atems ist eine der grundlegendsten und wirksamsten Achtsamkeitsübungen.

- Nimm eine bequeme, aufrechte Position ein.

- Lenke deine Aufmerksamkeit sanft auf deinen Atem, wie er natürlich ein- und ausströmt.

- Beobachte die Empfindungen beim Atmen: die Bewegung des Brustkorbs, das Gefühl der Luft in der Nase, das Heben und Senken des Bauches.

- Wenn deine Gedanken abschweifen (was ganz normal ist), bemerke es freundlich und bringe deine Aufmerksamkeit zurück zum Atem.

- Praktiziere dies für 5-10 Minuten täglich, idealerweise zu einer festen Zeit.

3. Die STOP-Technik für Frustrations-Momente

Diese Technik ist besonders hilfreich, wenn du bereits Anzeichen von Frustration spürst.

S = **Stop** - Halte für einen Moment inne, egal was du gerade tust. T = **Take a breath** - Nimm einen tiefen, bewussten Atemzug. O = **Observe** - Beobachte deine Gedanken, Gefühle und Körperempfindungen. P = **Proceed** - Setze deinen Weg bewusst und selbstbestimmt fort.

Diese einfache Sequenz unterbricht automatische Reaktionsmuster und schafft Raum für bewusste Entscheidungen.

4. Achtsames Gehen (10-15 Minuten)

Achtsamkeit muss nicht im Sitzen praktiziert werden – die bewusste Bewegung kann besonders hilfreich sein, wenn Frustration bereits körperliche Unruhe ausgelöst hat.

- Gehe langsamer als gewöhnlich, idealerweise an einem ruhigen Ort.

- Richte deine volle Aufmerksamkeit auf die Empfindungen des Gehens: das Abrollen der Füße, das Verlagern des Gewichts, die Bewegung der Beine.

- Nimm bewusst deine Umgebung wahr: Geräusche, Gerüche, visuelle Eindrücke.

- Wenn Gedanken oder Emotionen auftauchen, bemerke sie kurz und kehre dann zur Wahrnehmung des Gehens zurück.

5. Der Body-Scan (15-20 Minuten)

Diese Übung hilft, Körperempfindungen bewusster wahrzunehmen und Spannungen zu lösen, die oft mit Frustration einhergehen.

- Lege oder setze dich bequem hin und schließe die Augen.

- Beginne damit, deine Aufmerksamkeit auf den Atem zu richten und zur Ruhe zu kommen.

- Lenke dann deine Aufmerksamkeit systematisch durch deinen Körper, beginnend bei den Füßen.

- Beobachte die Empfindungen in jedem Körperteil: Wärme, Kälte, Leichtigkeit, Schwere, Spannung, Entspannung...

- Versuche nicht, Empfindungen zu verändern – nimm sie einfach wahr.

- Wandere langsam durch den ganzen Körper bis zum Kopf.

Diese Übung hilft, subtile Anzeichen von Stress und Frustration im Körper frühzeitig zu erkennen.

Achtsamkeit in frustrierenden Alltagssituationen

Achtsamkeit ist nicht nur eine formale Übung, sondern eine Haltung, die wir in alltäglichen frustrierenden Situationen kultivieren können:

Im Stau oder Warteschlangen:

- Statt innerlich zu rebellieren, nutze die Zeit für bewusste Atemzüge.

- Beobachte deine Gedanken der Ungeduld, ohne dich mit ihnen zu identifizieren.

- Nimm deine Umgebung bewusst wahr – Geräusche, Farben, Bewegungen.

Bei technischen Problemen:

- Bemerke die aufkommende Frustration in deinem Körper.

- Atme bewusst, bevor du weitermachst oder Hilfe suchst.

- Erinnere dich daran, dass dies ein normaler Teil des Umgangs mit Technologie ist, nicht ein persönlicher Angriff.

Bei Konflikten:

- Höre achtsam zu, ohne sofort zu reagieren oder zu urteilen.

- Nimm deine emotionale Reaktion wahr, bevor du antwortest.

- Bleibe beim gegenwärtigen Thema, statt alte Konflikte einzubeziehen.

Bei Rückschlägen:

- Beobachte die aufkommenden Gedanken und Emotionen mit freundlicher Neugierde.

- Praktiziere Selbstmitgefühl statt Selbstkritik.

- Frage dich: "Was brauche ich in diesem Moment wirklich?"

Die Integration von Achtsamkeit in den Alltag

Um Achtsamkeit als wirksames Werkzeug gegen Frustration zu nutzen, ist es wichtig, sie konsequent in deinen Alltag zu integrieren:

1. Mit kleinen Dosen beginnen Starte mit kurzen, regelmäßigen Übungen (3-5 Minuten) statt sofort lange Meditationen anzustreben. Kleine, konsequente Schritte sind nachhaltiger als ambitionierte Vorsätze, die schnell aufgegeben werden.

2. Alltagsanker nutzen Verbinde Achtsamkeit mit bestehenden Gewohnheiten:

- Der erste Schluck Kaffee/Tee am Morgen

- Das Warten an roten Ampeln

- Das Händewaschen

- Die ersten Minuten nach dem Heimkommen

- Der Weg zur Arbeit

3. Technologie sinnvoll einsetzen Zahlreiche Apps und Online-Ressourcen können deine Achtsamkeitspraxis unterstützen. Populäre Apps wie Headspace, Calm oder Insight Timer bieten geführte Meditationen speziell für Stressreduktion und Frustrationstoleranz.

4. Achtsame Momente bewusst schätzen Nimm dir Zeit, die positiven Auswirkungen deiner Achtsamkeitspraxis zu würdigen. Selbst kleine Momente, in denen du bewusst geatmet hast statt impulsiv zu reagieren, verdienen Anerkennung.

5. Geduld mit dir selbst üben Achtsamkeit ist eine Fähigkeit, die Zeit braucht, um sich zu entwickeln. Rückschläge und Tage, an denen du weniger achtsam bist, gehören zum Prozess. Betrachte sie mit der gleichen nicht-wertenden Aufmerksamkeit wie deine Erfolge.

Achtsamkeit und Selbstmitgefühl: Die kraftvolle Kombination

Eine besonders wirksame Ergänzung zur Achtsamkeitspraxis ist die Kultivierung von Selbstmitgefühl. Während Achtsamkeit uns hilft, unsere Erfahrungen klar wahrzunehmen, unterstützt uns Selbstmitgefühl dabei, freundlich und verständnisvoll mit uns selbst umzugehen, besonders in Momenten des Scheiterns oder der Frustration.

Selbstmitgefühl besteht nach der Psychologin Kristin Neff aus drei Komponenten:

1. **Freundlichkeit zu sich selbst** (statt Selbstkritik)

2. **Gemeinsame Menschlichkeit** (das Erkennen, dass Leiden und Unvollkommenheit Teil der gemeinsamen menschlichen Erfahrung sind)

3. **Achtsamkeit** (ein ausgewogenes Bewusstsein für negative Gedanken und Gefühle, ohne sie zu unterdrücken oder zu dramatisieren)

Übung für Selbstmitgefühl: Die selbstmitfühlende Pause

Wenn du Frustration erlebst:

1. **Erkenne das Leiden an**: "Dies ist ein Moment des Leidens/der Frustration"

2. **Erinnere dich an die gemeinsame Menschlichkeit**: "Ich bin nicht allein. Viele Menschen fühlen genau wie ich in solchen Situationen."

3. **Biete dir selbst Freundlichkeit an**: Lege eine Hand aufs Herz und sage dir: "Möge ich freundlich zu mir selbst sein. Möge ich mir die Unterstützung geben, die ich jetzt brauche."

Diese einfache Übung kann die Intensität von Frustration deutlich reduzieren und verhindert, dass wir uns in Selbstkritik und zusätzlichem Leiden verlieren.

Fazit: Achtsamkeit als lebenslange Praxis

Achtsamkeit ist kein schnelles Heilmittel gegen Frustration, sondern eine lebenslange Praxis, die mit der Zeit tiefgreifende Veränderungen bewirken kann. Die Fähigkeit, präsent zu bleiben und nicht-wertend zu beobachten, verändert grundlegend unsere Beziehung zu frustrierenden Erfahrungen.

Statt von Frustration überwältigt zu werden, entwickeln wir die Fähigkeit, sie als vorübergehenden Zustand zu erkennen, der kommen und gehen darf. Wir lernen, den Raum zwischen Reiz und Reaktion zu nutzen und bewusst zu wählen, wie wir mit Frustration umgehen wollen. Diese innere Freiheit ist vielleicht der wertvollste

Aspekt der Achtsamkeit – sie befreit uns von automatischen Reaktionsmustern und öffnet den Weg zu mehr Gelassenheit, selbst inmitten herausfordernder Situationen.

Atemtechniken, Bodyscan und andere Übungen

Die bewusste Arbeit mit dem Atem und dem Körper bietet uns kraftvolle Werkzeuge, um Frustration zu regulieren und unsere Toleranz dafür zu erhöhen. In diesem Abschnitt lernst du verschiedene praktische Techniken kennen, die dir helfen können, in frustrierenden Situationen die Ruhe zu bewahren und dein emotionales Gleichgewicht wiederzufinden.

Die Wissenschaft hinter Atem- und Körpertechniken

Bevor wir zu den konkreten Übungen kommen, lohnt es sich, einen kurzen Blick auf die wissenschaftlichen Grundlagen zu werfen:

Unser Nervensystem besteht aus zwei Hauptzweigen:

- Dem **sympathischen Nervensystem** (SNS), das unsere "Kampf-oder-Flucht"-Reaktion aktiviert und bei Stress oder Frustration dominiert

- Dem **parasympathischen Nervensystem** (PNS), das für "Ruhe und Verdauung" zuständig ist und Entspannung fördert

Während wir auf viele Körperfunktionen keinen direkten Einfluss haben, ist der Atem eine der wenigen, die wir sowohl automatisch als auch bewusst steuern können. Er bildet damit eine Brücke zwischen bewusster Kontrolle und unbewussten Körperprozessen.

Durch bewusstes Atmen können wir direkt das parasympathische Nervensystem aktivieren und so den Stresskreislauf durchbrechen, der mit Frustration einhergeht. Ebenso können wir durch gezielte Körperarbeit Spannungen lösen und das System wieder ins Gleichgewicht bringen.

Studien zeigen, dass regelmäßige Atem- und Körperübungen:

- Den Blutdruck senken

- Die Herzfrequenzvariabilität erhöhen (ein Marker für emotionale Resilienz)

- Die Aktivität im präfrontalen Cortex steigern (wichtig für Impulskontrolle)

- Den Cortisol-Spiegel reduzieren (das primäre Stresshormon)

- Die subjektive Wahrnehmung von Stress und Frustration verringern

Effektive Atemtechniken für akute Frustration

1. Die 4-7-8 Atemtechnik (nach Dr. Andrew Weil)

Diese Technik wirkt wie ein natürliches Beruhigungsmittel für das Nervensystem und ist ideal bei akuter Frustration.

- **Ausgangsposition**: Sitze aufrecht oder stehe mit geradem Rücken. Lege die Zungenspitze hinter deine oberen Schneidezähne.

- **Ausführung**:

1. Atme durch die Nase ein und zähle dabei leise bis 4

2. Halte den Atem und zähle bis 7

3. Atme durch den leicht geöffneten Mund aus, während du bis 8 zählst (dabei ein sanftes Rauschgeräusch erzeugen)

4. Wiederhole diesen Zyklus insgesamt viermal

Diese Technik kannst du praktisch überall anwenden – im Meeting, im Stau, vor einer schwierigen Unterhaltung oder wenn du spürst, dass Frustration aufkommt.

2. Die Wechselatmung (Nadi Shodhana)

Diese aus dem Yoga stammende Technik balanciert beide Gehirnhälften und beruhigt das Nervensystem. Sie ist besonders wirksam, um Klarheit bei mentaler Frustration zu schaffen.

- **Ausgangsposition**: Sitze bequem mit geradem Rücken. Lege deinen linken Handrücken auf den linken Oberschenkel. Hebe deine rechte Hand vor dein Gesicht.

- **Handposition**: Lege Zeigefinger und Mittelfinger der rechten Hand zwischen die Augenbrauen. Daumen und Ringfinger werden zum Schließen der Nasenlöcher verwendet.

- **Ausführung**:

1. Schließe mit dem rechten Daumen das rechte Nasenloch und atme ruhig durch das linke Nasenloch ein

2. Schließe nun beide Nasenlöcher (Daumen rechts, Ringfinger links) und halte den Atem kurz an

3. Löse den Daumen und atme durch das rechte Nasenloch aus

4. Atme durch das rechte Nasenloch ein

5. Schließe wieder beide Nasenlöcher und halte kurz

6. Löse den Ringfinger und atme durch das linke Nasenloch aus

7. Dies ist ein vollständiger Zyklus. Führe 5-10 Zyklen durch

Diese Übung ist ideal für eine kurze Auszeit, wenn du alleine bist und dich sammeln möchtest.

3. Die verlängerte Ausatmung

Diese einfache Technik ist besonders effektiv zur Aktivierung des parasympathischen Nervensystems und kann unauffällig in jeder Situation praktiziert werden.

- **Ausgangsposition**: Nimm eine bequeme Position ein, idealerweise mit geradem Rücken.

- **Ausführung**:

    1. Atme normal durch die Nase ein

2. Atme langsam durch die leicht geöffneten
    Lippen aus, wobei die Ausatmung etwa
    doppelt so lang sein sollte wie die
    Einatmung

3. Beispiel: 4 Sekunden einatmen, 8
    Sekunden ausatmen

4. Konzentriere dich darauf, die Ausatmung
    weich und gleichmäßig zu halten

5. Führe diese Atmung für 1-2 Minuten durch

Diese Technik ist besonders hilfreich in Situationen, in
denen du Frustration spürst, aber nicht offensichtlich
meditieren kannst, wie in einem Meeting oder während
eines Gesprächs.

4. Die 3-3-3 Atemmeditation

Diese Technik kombiniert bewusstes Atmen mit
Achtsamkeit und ist besonders hilfreich, um aus
Grübeleien und frustrierenden Gedankenspiralen
auszusteigen.

- **Ausgangsposition**: Sitze bequem mit
  geschlossenen oder leicht gesenkten Augen.

- **Ausführung**:

  1. **Drei Atemzüge für den Körper**: Richte
      deine Aufmerksamkeit auf körperliche
      Empfindungen während du atmest. Spüre,
      wie sich dein Brustkorb und Bauch heben
      und senken.

  2. **Drei Atemzüge für Entspannung**: Lass
      bei jedem Ausatmen bewusst Spannung

los. Stelle dir vor, wie Stress und
Frustration mit jedem Ausatmen abfließen.

3. **Drei Atemzüge für Präsenz**: Richte deine
   volle Aufmerksamkeit auf den
   gegenwärtigen Moment. Bemerke, dass du
   genau hier bist, genau jetzt, atmend und
   lebendig.

Diese Übung kannst du auf 3-3-3-3-3 erweitern, wenn du
mehr Zeit hast, oder auf 1-1-1 verkürzen, wenn du nur
einen Moment zur Verfügung hast.

Der Body-Scan

Eine tiefgehende Körperwahrnehmungsübung

Der Body-Scan ist eine systematische Übung zur
Körperwahrnehmung, die hilft, Spannungen zu
lokalisieren und zu lösen, die oft mit Frustration
einhergehen. Er kann in verschiedenen Varianten
praktiziert werden:

Klassischer Body-Scan (15-20 Minuten)

- **Ausgangsposition**: Lege dich auf den Rücken,
  Arme locker neben dem Körper, oder sitze
  aufrecht in einem bequemen Stuhl.

- **Ausführung**:

  1. Beginne mit einigen bewussten
     Atemzügen, um zur Ruhe zu kommen

2. Lenke deine Aufmerksamkeit zu deinen
    Füßen und nimm alle Empfindungen wahr:
    Druck, Temperatur, Kribbeln, Schwere...

3. Wandere langsam mit deiner
    Aufmerksamkeit durch den Körper
    aufwärts: Unterschenkel, Knie,
    Oberschenkel, Becken, Bauch, Brustkorb,
    Rücken, Schultern, Arme, Hände, Nacken,
    Kopf, Gesicht

4. Bei jedem Körperteil:

    - Nimm die Empfindungen wahr,
      ohne sie zu bewerten oder zu
      verändern

    - Bemerke Bereiche von Spannung
      oder Unbehagen

    - Atme bewusst in diese Bereiche
      hinein

    - Erlaube beim Ausatmen ein
      Loslassen der Spannung

5. Kehre am Ende zur Wahrnehmung des
    ganzen Körpers zurück

Schneller Body-Scan für den Alltag (3-5 Minuten)

Diese Kurzversion kann im Arbeitsalltag oder in
Momenten aufkommender Frustration angewendet
werden:

- **Ausführung:**

    1. Nimm drei tiefe, bewusste Atemzüge

2. Scanne schnell deinen Körper von Kopf bis Fuß oder umgekehrt

3. Identifiziere die drei Bereiche mit der größten Spannung (häufig Kiefer, Schultern, Bauch)

4. Atme bewusst in jeden dieser Bereiche und lasse beim Ausatmen Spannung los

5. Kehre zum normalen Atem zurück und spüre den gesamten Körper

Diese Kurzversion ist besonders nützlich, um Frustration frühzeitig zu erkennen, bevor sie sich verstärkt.

Fallbeispiel: Michaels Erfahrung mit dem Body-Scan

Michael, ein 45-jähriger Abteilungsleiter, bemerkte zunehmende Frustration und Reizbarkeit in seinem Arbeitsalltag. In stressigen Situationen reagierte er oft übermäßig gereizt, was seine Beziehung zu Kollegen belastete.

In einem Stressmanagement-Workshop lernte er den Body-Scan kennen. Anfangs skeptisch, begann er dennoch, einen kurzen morgendlichen Body-Scan und die schnelle Version mehrmals täglich durchzuführen.

Nach einigen Wochen bemerkte Michael signifikante Veränderungen:

- Er erkannte frühe Warnzeichen von Frustration in seinem Körper: Anspannung im Nacken, zusammengepresste Kiefer und flache Atmung

* Durch diese frühzeitige Erkennung konnte er
  gegensteuern, bevor die Frustration übermächtig
  wurde

* Er lernte, dass bestimmte Körperhaltungen
  (vorgebeugt, mit verschränkten Armen) seine
  Frustration verstärkten

* Seine Fähigkeit, zwischen Meetings oder
  herausfordernden Gesprächen "zurückzusetzen",
  verbesserte sich deutlich

Michael beschrieb seine Erfahrung so: "Früher merkte ich
oft erst, dass ich frustriert war, wenn ich bereits
unangemessen reagiert hatte. Jetzt erkenne ich die
Anzeichen viel früher in meinem Körper und kann
gegensteuern. Der Body-Scan hat mir geholfen, meinen
eigenen Körper als Frühwarnsystem zu nutzen."

Progressive Muskelentspannung (PME) für Frustrationsabbau

Die Progressive Muskelentspannung nach Jacobson ist
eine bewährte Technik, um körperliche Spannungen zu
lösen, die durch Frustration entstehen oder diese
verstärken.

Grundprinzip der PME: Durch bewusstes Anspannen
und anschließendes Entspannen von Muskelgruppen
lernst du, den Unterschied zwischen Anspannung und
Entspannung deutlicher wahrzunehmen und Spannungen
gezielt zu lösen.

Vollständige PME (15-20 Minuten)

* **Ausgangsposition**: Sitze in einem bequemen
  Stuhl oder lege dich hin.

- **Ausführung**: Arbeite systematisch durch folgende Muskelgruppen, wobei du jede Gruppe für 5-7 Sekunden anspannst und dann für 20-30 Sekunden entspannst:

  1. Hände: Fäuste ballen

  2. Unterarme: Hände gegen Widerstand nach oben biegen

  3. Oberarme: Bizeps anspannen

  4. Schultern: Zu den Ohren hochziehen

  5. Nacken: Kopf leicht nach hinten drücken

  6. Gesicht: Grimasse ziehen (Augen zusammenkneifen, Stirn runzeln, Lippen pressen)

  7. Kiefer: Zähne zusammenbeißen

  8. Brust und Rücken: Schulterblätter zusammenziehen

  9. Bauch: Anspannen wie bei einem Schlag

  10. Gesäß: Zusammenkneifen

  11. Oberschenkel: Gegen unsichtbaren Widerstand drücken

  12. Unterschenkel: Füße Richtung Gesicht ziehen

  13. Füße: Zehen krümmen

Kurzversion der PME für akute Frustration (2-3 Minuten)

Diese Version kannst du diskret am Arbeitsplatz oder in Situationen anwenden, in denen du frustriert bist:

- **Ausführung**:

    1. Atme tief ein und spanne dabei alle Muskeln gleichzeitig an (Fäuste ballen, Schultern hochziehen, Bauch anspannen, Zehen krümmen, Gesicht anspannen)

    2. Halte die Spannung für 5 Sekunden

    3. Atme aus und lasse alle Spannung gleichzeitig los

    4. Spüre für 10-15 Sekunden die Entspannung im ganzen Körper

    5. Wiederhole diesen Zyklus 3-5 Mal

Weitere körperbasierte Übungen für mehr Frustrationstoleranz

1. Die "Shake-it-off" Übung

Diese Übung nutzt die natürliche Tendenz des Körpers, Stress durch Zittern abzubauen – ein Mechanismus, der bei Tieren nach Stresssituationen zu beobachten ist.

- **Ausführung**:

    1. Stehe mit leicht gebeugten Knien

2. Beginne, deinen ganzen Körper sanft zu schütteln, beginnend mit den Händen und Armen

3. Lass die Bewegung größer werden und beziehe nach und nach den ganzen Körper ein

4. Schüttle dich für 1-2 Minuten

5. Komme langsam zur Ruhe und spüre nach, wie sich dein Körper anfühlt

Diese Übung ist besonders effektiv, wenn du allein bist und physische Frustration spürst, die sich in Bewegungsdrang oder Unruhe äußert.

2. Geerdete Haltung für emotionale Stabilität

Diese Übung nutzt die Verbindung zwischen Körperhaltung und emotionalem Zustand und ist diskret in fast jeder Situation anwendbar.

- **Ausführung**:

  1. Stelle dich oder sitze mit beiden Füßen fest auf dem Boden

  2. Spüre bewusst den Kontakt deiner Füße mit dem Boden

  3. Stelle dir vor, wie Wurzeln von deinen Füßen in die Erde wachsen

  4. Richte deinen Rücken auf, lasse die Schultern entspannt

5. Atme tief in den Bauch und stelle dir vor, wie die Atemenergie dich stabilisiert und aufrichtet

6. Halte diese geerdete Haltung für 1-2 Minuten

Diese Übung ist besonders hilfreich in Situationen, in denen du dich emotional destabilisiert oder überwältigt fühlst.

3. Die Havening-Technik für emotionale Beruhigung

Havening ist eine neurosensorische Technik, die beruhigende Berührungen nutzt, um emotionalen Stress zu reduzieren. Sie basiert auf der stimulierenden Wirkung bestimmter Berührungen auf Delta-Wellen im Gehirn.

- **Ausführung**:

    1. Verschränke die Arme vor der Brust

    2. Streiche mit den Händen sanft die Außenseiten der Oberarme von den Schultern zu den Ellbogen

    3. Führe diese streichenden Bewegungen 20-30 Sekunden lang aus

    4. Atme dabei tief und regelmäßig

    5. Wenn möglich, füge beruhigende Selbstaussagen hinzu, wie "Ich kann damit umgehen" oder "Dies geht vorüber"

Diese Technik ist diskret anwendbar und besonders wirksam bei emotionaler Überwältigung oder akuter Frustration.

4. Die 5-4-3-2-1 Sinneswahrnehmungsübung

Diese Übung nutzt bewusste Sinneswahrnehmung, um dich aus frustrierenden Gedankenspiralen zu lösen und in den gegenwärtigen Moment zurückzubringen.

- **Ausführung**: Benenne nacheinander:

    o 5 Dinge, die du siehst

    o 4 Dinge, die du spürst/fühlst (körperliche Empfindungen)

    o 3 Dinge, die du hörst

    o 2 Dinge, die du riechst (oder riechen könntest)

    o 1 Ding, das du schmeckst (oder schmecken könntest)

Diese Übung verankert dich im Hier und Jetzt und unterbricht den Kreislauf frustrierender Gedanken.

Integration der Techniken in den Alltag

Die Wirksamkeit dieser Techniken hängt davon ab, wie gut du sie in deinen Alltag integrieren kannst. Hier sind einige praktische Tipps:

1. Etabliere eine tägliche Grundpraxis Wähle eine der längeren Übungen (klassischer Body-Scan oder vollständige PME) und praktiziere sie täglich für 10-20 Minuten. Dies schafft eine solide Basis und macht die Kurzversionen in akuten Situationen effektiver.

2. Identifiziere deine persönlichen Frustrations-Trigger Führe für eine Woche ein kurzes

Protokoll über Situationen, die bei dir Frustration auslösen, und die körperlichen Signale, die damit einhergehen. Dies schärft deine Wahrnehmung und hilft dir, frühzeitig zu intervenieren.

3. Schaffe Erinnerungshilfen Platziere visuelle Hinweise an strategischen Orten (z.B. ein kleiner Aufkleber am Computer, eine bestimmte App auf dem Startbildschirm deines Smartphones), die dich an deine Übungen erinnern.

4. Verbinde die Übungen mit bestehenden Routinen Integriere kurze Techniken in deinen Alltag, indem du sie mit bestehenden Gewohnheiten verbindest:

- Body-Scan beim morgendlichen Aufwachen

- 4-7-8 Atmung vor jedem Meeting

- Progressive Muskelentspannung vor dem Schlafengehen

- Havening-Technik während der Mittagspause

5. Schaffe eine unterstützende Umgebung Informiere vertraute Kollegen oder Familienmitglieder über deine Praxis. Sie können dich unterstützen oder sogar gemeinsam mit dir üben.

Fallbeispiel: Anna's Weg zur körperbasierten Frustrationstoleranz

Anna, eine 38-jährige Einzelhandelsleiterin und Mutter zweier Kinder, fühlte sich oft zwischen beruflichen Anforderungen und Familienverantwortung aufgerieben. Ihre Frustrationsschwelle sank stetig, und kleine

Ärgernisse führten zunehmend zu emotionalen Ausbrüchen.

Nach einem besonders belastenden Tag, an dem sie sowohl im Geschäft als auch zu Hause die Geduld verloren hatte, entschied sie sich, an ihrer Frustrationstoleranz zu arbeiten. Sie begann mit einfachen Atemtechniken und dem Body-Scan.

Anna entwickelte folgende persönliche Routine:

- Morgens: 5 Minuten 4-7-8 Atmung und kurzer Body-Scan, bevor die Kinder aufwachen

- Im Arbeitsalltag: 3-3-3 Atemmeditation vor herausfordernden Gesprächen oder wenn sie Frustration spürte

- Nachmittags: Kurze "Shake-it-off" Übung im Büro oder im Bad, um angestaute Spannungen zu lösen

- Abends: Progressive Muskelentspannung nach dem Zubettbringen der Kinder

Nach sechs Wochen konsequenter Praxis bemerkte Anna signifikante Veränderungen:

- Sie erkannte Frustration, bevor sie überwältigend wurde

- Ihre Reaktionen wurden gemessener und bewusster

- Sie konnte Stress körperlich abbauen, bevor er sich in emotionalen Ausbrüchen entlud

- Ihre Kinder bemerkten, dass "Mama nicht mehr so schnell wütend wird"

- Ihre Konzentration und Präsenz sowohl bei der Arbeit als auch mit der Familie verbesserten sich

Anna beschrieb ihre Erfahrung so: "Diese Übungen haben mir einen Werkzeugkasten gegeben, mit dem ich Frustration bewältigen kann, bevor sie mich und meine Beziehungen beeinträchtigt. Ich spüre jetzt, wie sich Frustration in meinem Körper aufbaut, und habe Wege gelernt, sie zu regulieren, statt von ihr kontrolliert zu werden."

Fazit: Der Körper als Ressource bei Frustration

Die vorgestellten Atem- und Körpertechniken bieten wirksame Wege, um Frustration zu regulieren und unsere Toleranz dafür zu erhöhen. Sie nutzen die Verbindung zwischen Körper und Geist, um emotionale Zustände positiv zu beeinflussen.

Der Schlüssel zum Erfolg liegt in der regelmäßigen Praxis und der Integration in den Alltag. Wie jede Fähigkeit entwickelt sich auch die körperbasierte Frustrationstoleranz durch konsequentes Training. Mit der Zeit werden die Techniken natürlicher und können in immer herausfordenderen Situationen eingesetzt werden.

Denke daran: Dein Körper ist nicht nur ein passiver Empfänger von Frustrationsgefühlen, sondern eine aktive

Ressource zu ihrer Bewältigung. Durch bewusste Arbeit mit Atem und Körper kannst du einen direkten Einfluss auf deine emotionalen Reaktionen nehmen und mehr Gelassenheit in frustrierenden Situationen entwickeln.

Umgang mit intensiven Emotionen im Moment

Frustration geht oft mit intensiven Emotionen einher – Wut, Ärger, Verzweiflung, Scham oder Hilflosigkeit können uns regelrecht überwältigen. In solchen Momenten fühlt es sich an, als würden die Emotionen uns kontrollieren, nicht umgekehrt. Doch mit den richtigen Strategien können wir lernen, auch starke Gefühle im Moment zu regulieren, ohne von ihnen fortgerissen zu werden.

Die Neurobiologie intensiver Emotionen

Um effektive Strategien entwickeln zu können, hilft es zunächst, zu verstehen, was im Gehirn bei intensiven Emotionen geschieht:

Wenn wir frustriert sind, wird unser **limbisches System** aktiviert – insbesondere die Amygdala, unser emotionales Alarmsystem. Diese Aktivierung löst eine Kaskade physiologischer Reaktionen aus: erhöhter Herzschlag, flachere Atmung, Muskelanspannung, Ausschüttung von Stresshormonen.

Gleichzeitig wird die Aktivität im **präfrontalen Cortex** – unserem "Vernunftzentrum" zuständig für rationales Denken und Impulskontrolle – vorübergehend reduziert. Dieses Phänomen wird oft als "emotionale Entführung" bezeichnet: Die Emotionen übernehmen das Steuer, während unsere rationalen Fähigkeiten in den Hintergrund treten.

Die gute Nachricht: Durch gezielte Strategien können wir diesen neuronalen Hijack unterbrechen und den präfrontalen Cortex wieder "online" bringen, um die Kontrolle zurückzugewinnen.

Erste-Hilfe-Strategien für emotionale Hochs

Die folgenden Techniken sind speziell dafür entwickelt, in Momenten intensiver Emotion schnell und effektiv zu wirken. Sie zielen darauf ab, die akute emotionale Reaktion zu dämpfen und den Raum für bewusstere Reaktionen zu schaffen.

1. Die STOPP-Technik

Eine erweiterte Version der im vorherigen Kapitel vorgestellten STOP-Technik:

S = **Stop** – Halte inne, egal was du gerade tust oder sagen willst T = **Take a breath** – Nimm einen tiefen Atemzug O = **Observe** – Beobachte, was in dir vorgeht (Gedanken, Gefühle, Körperempfindungen) P = **Perspective** – Gewinne Perspektive (Wie wichtig wird dies in einer Woche sein? Was wäre eine reifere Reaktion?) P = **Proceed** – Fahre mit Bedacht fort, entsprechend deinen Werten und langfristigen Zielen

Diese Sequenz unterbricht den automatischen Reaktionszyklus und führt dich in einen Zustand bewussterer Handlungsfähigkeit.

2. Die 5-4-3-2-1 Notfall-Erdung

Diese Technik nutzt die Sinne, um dich aus dem emotionalen Wirbelsturm in die Gegenwart zurückzuholen:

- Benenne **5 Dinge, die du siehst**

- Benenne **4 Dinge, die du spüren** kannst (physische Berührung)

- Benenne **3 Dinge, die du hörst**

- Benenne **2 Dinge, die du riechst** (oder riechen könntest)

- Benenne **1 Ding, das du schmeckst** (oder schmecken könntest)

Diese Übung verankert dich im Hier und Jetzt und aktiviert den präfrontalen Cortex durch die bewusste Aufmerksamkeitslenkung.

3. Die physiologische Reset-Technik

Diese Technik nutzt die Verbindung zwischen Körper und Gehirn, um den emotionalen Zustand zu beeinflussen:

- **Kühle dein Gesicht** mit kaltem Wasser oder einem kalten Tuch (besonders Stirn und Augenpartie)

- Alternativ kannst du einen **Eiswürfel oder etwas Kaltes in der Hand halten** und dich auf die Empfindung konzentrieren

- Praktiziere die **verlängerte Ausatmung**: Atme 4 Sekunden ein und 8 Sekunden aus

Diese Interventionen aktivieren den Vagusnerv und fördern den parasympathischen Zustand ("Ruhe und Verdauung"), der intensive Emotionen dämpft.

4. Die Emotionen-Benennen-Technik

Forschungen zeigen, dass das bloße Benennen von Emotionen ihre Intensität reduzieren kann. Dieser Effekt wird "Affektlabeling" genannt und aktiviert den präfrontalen Cortex.

- Benenne deine Emotion so präzise wie möglich: "Ich fühle Frustration", "Ich spüre Wut und Enttäuschung", "Da ist Scham und Versagensangst"

- Vermeide Formulierungen wie "Ich bin wütend", die die Emotion mit deiner Identität verschmelzen, und nutze stattdessen Formulierungen wie "Ich bemerke Wut in mir"

- Vertiefe das Benennen, indem du die Emotion lokalisierst: "Ich spüre Anspannung in meiner Brust", "Die Wut sitzt in meinen geballten Fäusten"

5. Die 90-Sekunden-Regel

Die Neurowissenschaftlerin Dr. Jill Bolte Taylor hat beschrieben, dass die chemische Reaktion einer Emotion im Körper etwa 90 Sekunden dauert. Wenn wir die Emotion darüber hinaus erleben, ist es oft, weil wir sie durch unsere Gedanken aufrechterhalten.

- Sage dir: "Diese intensive Emotion wird in etwa 90 Sekunden abklingen, wenn ich sie nicht durch meine Gedanken verstärke"

- Beobachte die Emotion wie eine Welle, die anschwillt, einen Höhepunkt erreicht und wieder abebbt

- Konzentriere dich in dieser Zeit auf deinen Atem oder eine neutrale Körperempfindung

- Nach 90 Sekunden prüfe, ob die emotionale Intensität nachgelassen hat

Fallbeispiel: Markus und die 90-Sekunden-Regel

Markus, ein Vertriebsleiter, reagierte typischerweise mit intensiver Wut und Frustration, wenn Kunden in letzter Minute Aufträge stornierten. Eines Tages erhielt er eine besonders ärgerliche Stornierung eines Großauftrags, an dem sein Team wochenlang gearbeitet hatte.

Als die Wut aufstieg, erinnerte er sich an die 90-Sekunden-Regel. Statt sofort zu reagieren, ging er zu seinem Schreibtisch, schloss kurz die Augen und sagte sich innerlich: "Dies ist eine chemische Reaktion in meinem Körper. Sie wird in 90 Sekunden abklingen, wenn ich sie nicht durch meine Gedanken verstärke."

Er konzentrierte sich auf seinen Atem und beobachtete, wie die Wut wie eine Welle durch seinen Körper strömte. Tatsächlich bemerkte er nach etwa einer Minute, dass die extreme Intensität nachließ, obwohl die Frustration noch da war.

Mit einem klareren Kopf konnte er nun das Gespräch mit dem Kunden ruhiger führen, die Gründe für die Stornierung verstehen und sogar eine Alternative vorschlagen, die letztendlich zu einem kleineren, aber dennoch profitablen Auftrag führte.

Markus reflektierte später: "Früher hätte ich wütend zurückgerufen, mich möglicherweise unprofessionell verhalten und die Geschäftsbeziehung gefährdet. Die 90-Sekunden-Regel gab mir den Raum, meine anfängliche emotionale Reaktion abklingen zu lassen und dann bewusster zu reagieren."

Mittelfristige Strategien für emotionale Regulation

Nachdem die erste Welle intensiver Emotion durch die Erste-Hilfe-Strategien gedämpft wurde, können folgende Techniken helfen, die emotionale Regulation fortzusetzen und einen ausgeglicheneren Zustand zu erreichen.

1. Die S.I.F.T.-Methode zur Emotionsregulation

Entwickelt von Daniel Siegel, hilft diese Methode, innere Erfahrungen systematisch zu untersuchen und regulieren:

S = **Sensations** – Welche körperlichen Empfindungen nimmst du wahr? I = **Images** – Welche Bilder oder Erinnerungen tauchen auf? F = **Feelings** – Welche Gefühle sind präsent? T = **Thoughts** – Welche Gedanken begleiten deine Erfahrung?

Diese strukturierte Selbsterkundung führt zu mehr Klarheit und ermöglicht bewusstere Entscheidungen über den Umgang mit der Emotion.

2. Die Emotional Surfing-Technik

Diese Technik nutzt die Metapher des Surfens, um einen konstruktiven Umgang mit emotionalen Wellen zu fördern:

- Stelle dir deine Emotion als Welle vor – sie baut sich auf, erreicht einen Höhepunkt und ebbt wieder ab

- Statt gegen die Welle anzukämpfen (Unterdrückung) oder von ihr überwältigt zu

werden (Überidentifikation), lernst du, auf ihr zu
"surfen"

- Praktisch bedeutet dies:

  1. Die Emotion bewusst wahrnehmen: "Ah,
     da ist Frustration"

  2. Sie annehmen: "Diese Frustration darf jetzt
     da sein"

  3. Mit ihr atmen: Bei der Einatmung die
     Emotion spüren, bei der Ausatmung etwas
     Raum um sie herum schaffen

  4. Beobachten, wie sie sich verändert,
     intensiviert, wieder nachlässt

Diese Technik fördert emotionale Akzeptanz und
verhindert sowohl Überidentifikation als auch
Verdrängung.

3. Die Werteklärung in emotionalen Momenten

Diese Strategie nutzt persönliche Werte als inneren
Kompass, wenn Emotionen uns verwirren:

- Frage dich: "Was ist mir in dieser Situation
  wirklich wichtig?"

- "Welcher meiner Werte wurde verletzt, dass ich so
  stark reagiere?"

- "Wie möchte ich als Person sein, unabhängig von
  diesem momentanen Gefühl?"

- "Welche Reaktion würde meinen tiefsten Werten
  entsprechen?"

Diese Fragen aktivieren den präfrontalen Cortex und helfen, emotionale Reaktionen in einen größeren Sinnzusammenhang einzuordnen.

4. Die kognitive Umrahmung (Reframing)

Diese Technik verändert die Interpretation der frustrierenden Situation und damit auch die emotionale Reaktion:

- Frage dich: "Gibt es eine andere Perspektive auf diese Situation?"

- "Welche alternative Erklärung könnte es für das Verhalten der anderen Person geben?"

- "Was könnte ich aus dieser Situation lernen?"

- "Wird dies in einem Monat/Jahr noch wichtig sein?"

- "Wenn mein bester Freund in dieser Situation wäre, welchen Rat würde ich ihm geben?"

Das Reframing zielt nicht darauf ab, negative Emotionen zu leugnen, sondern sie in einen breiteren, konstruktiveren Kontext zu stellen.

Langfristige emotionale Regulation durch Aufbau innerer Ressourcen

Über konkrete Techniken für akute Situationen hinaus ist es wichtig, langfristig innere Ressourcen aufzubauen, die deine allgemeine emotionale Regulationsfähigkeit stärken.

1. Entwicklung emotionaler Intelligenz

Emotionale Intelligenz umfasst vier Kernkompetenzen, die alle trainiert werden können:

- **Selbstwahrnehmung**: Die Fähigkeit, eigene Emotionen zu erkennen und zu benennen

    o Übung: Führe ein Emotionstagebuch, in dem du täglich deine Gefühle notierst und ihre Auslöser identifizierst

- **Selbstregulation**: Die Fähigkeit, Emotionen angemessen zu steuern

    o Übung: Entwickle einen persönlichen "Notfallplan" für verschiedene intensive Emotionen

- **Soziales Bewusstsein**: Die Fähigkeit, Emotionen anderer zu erkennen und zu verstehen

    o Übung: Übe aktives Zuhören ohne sofortige Reaktion oder Bewertung

- **Beziehungsmanagement**: Die Fähigkeit, Emotionen in Beziehungen konstruktiv einzusetzen

    o Übung: Praktiziere die "Ich-Botschaften" Kommunikation bei emotionalen Themen

2. Aufbau emotionaler Widerstandsfähigkeit

Diese langfristigen Praktiken stärken deine Fähigkeit, mit emotionalen Herausforderungen umzugehen:

- **Regelmäßige Achtsamkeitspraxis**: Etabliere eine tägliche Meditationsroutine (auch 5-10 Minuten täglich machen einen Unterschied)

- **Selbstmitgefühl kultivieren**: Übe, dir selbst in schwierigen Momenten mit derselben Freundlichkeit zu begegnen, die du einem guten Freund entgegenbringen würdest

- **Dankbarkeit praktizieren**: Notiere regelmäßig drei Dinge, für die du dankbar bist, um eine positive emotionale Grundhaltung zu stärken

- **Körperliche Gesundheit pflegen**: Ausreichend Schlaf, regelmäßige Bewegung und ausgewogene Ernährung schaffen die physiologische Basis für emotionale Stabilität

3. Das emotionale Immunsystem stärken

So wie unser körperliches Immunsystem uns vor Krankheiten schützt, können wir ein emotionales Immunsystem entwickeln, das uns widerstandsfähiger gegen emotionale "Infektionen" macht:

- **Exposition**: Setze dich bewusst kleinen emotionalen Herausforderungen aus, um Toleranz aufzubauen (z.B. bewusst Situationen mit kleinen Frustrationen aufsuchen und durchstehen)

- **Repertoire erweitern**: Entwickle verschiedene Strategien für unterschiedliche emotionale Situationen

- **Grenzen setzen**: Lerne, dich von übermäßigen emotionalen Belastungen zu schützen, ohne in Vermeidung zu verfallen

- **Unterstützungsnetzwerk**: Baue Beziehungen auf, die dir in emotionalen Krisen Stabilität geben

Fallbeispiel: Claudias Weg zur emotionalen Selbstregulation

Claudia, eine 40-jährige Ärztin, hatte seit langem Schwierigkeiten, ihre intensive emotionale Reaktion auf Kritik zu regulieren. Kleinste Hinweise von Kollegen oder Vorgesetzten lösten in ihr eine Kaskade von Scham, Angst und Wut aus, die sie tagelang beschäftigten und ihre Arbeitsleistung beeinträchtigten.

Nach einem besonders belastenden Feedback-Gespräch, das sie emotional völlig aus der Bahn geworfen hatte, entschied sie sich, systematisch an ihrer emotionalen Regulation zu arbeiten.

Akute Strategien, die Claudia implementierte:

- Die STOPP-Technik bei ersten Anzeichen emotionaler Überflutung

- Die Emotionen-Benennen-Technik: "Ich spüre Scham und Angst, nicht gut genug zu sein"

- Die physiologische Reset-Technik: Ein kaltes Tuch für das Gesicht in ihrer Büroschublade

Mittelfristige Strategien:

- Die Emotional Surfing-Technik: Lernen, die emotionale Welle zu reiten, statt von ihr überwältigt zu werden

- Kognitive Umrahmung: "Feedback ist eine Möglichkeit zu wachsen, nicht ein Beweis für Versagen"

Langfristige Ressourcenentwicklung:

- Tägliche 10-minütige Achtsamkeitsmeditation

- Führen eines Emotionstagebuchs zur Stärkung ihrer emotionalen Intelligenz

- Arbeiten mit einer Therapeutin an den Wurzeln ihrer intensiven Schamreaktion

- Aufbau eines unterstützenden Kollegennetzwerks, mit dem sie offen über berufliche Herausforderungen sprechen konnte

Nach sechs Monaten intensiver Arbeit berichtete Claudia von signifikanten Verbesserungen:

- Sie konnte Kritik anhören, ohne sofort emotional zu überreagieren

- Die Intensität ihrer Scham- und Angstreaktionen hatte deutlich abgenommen

- Die Dauer emotionaler Nachwirkungen verkürzte sich von Tagen auf Stunden oder Minuten

- Sie begann, Feedback tatsächlich als wertvolle Information zu schätzen, nicht als Bedrohung

Claudia reflektierte: "Früher fühlte sich Kritik an wie ein Angriff auf mein ganzes Sein. Ich wurde von Scham überflutet und konnte tagelang an nichts anderes denken. Heute kann ich den emotionalen Sturm kommen sehen und habe Werkzeuge, um nicht von ihm fortgerissen zu werden. Ich fühle immer noch Unbehagen bei Kritik, aber es kontrolliert mich nicht mehr."

Umgang mit spezifischen intensiven Emotionen bei Frustration

Frustration kann verschiedene intensive Emotionen auslösen. Hier sind spezifische Strategien für häufige emotionale Reaktionen:

Umgang mit intensiver Wut

Wut ist eine der häufigsten Begleiterscheinungen von Frustration. Sie entsteht oft, wenn wir uns blockiert, missverstanden oder ungerecht behandelt fühlen.

Akute Strategien:

- **Physische Entladung**: 20 Kniebeugen, fest in ein Kissen boxen, intensives Ausschütteln der Arme für 30 Sekunden

- **Atemtechnik**: Zähle während des Ausatmens langsam bis 10, was den Parasympathikus aktiviert

- **Abstand nehmen**: Verlasse kurz die Situation mit einer neutralen Aussage: "Ich brauche einen Moment, bin gleich zurück"

Mittelfristige Strategien:

- **Wut als Information nutzen**: Frage dich, welche Bedürfnisse oder Grenzen verletzt wurden

- **Konstruktive Kommunikation**: Nutze "Ich-Botschaften" statt Vorwürfe: "Ich fühle mich frustriert, wenn..., weil..."

Umgang mit intensiver Angst/Panik

Frustration kann auch Angst auslösen, besonders wenn wir uns überfordert fühlen oder wichtige Ziele gefährdet sehen.

Akute Strategien:

- **Boden unter den Füßen spüren**: Fest mit beiden Füßen auf den Boden stampfen; die physische Erdung hilft gegen das "schwebende" Gefühl der Angst

- **4-4-4-4 Atmung**: 4 Sekunden einatmen, 4 Sekunden halten, 4 Sekunden ausatmen, 4 Sekunden Pause

- **Realitätscheck**: Benenne 5 konkrete, beobachtbare Fakten in deiner aktuellen Umgebung

Mittelfristige Strategien:

- **Worst-Case-Szenario durchdenken**: Was wäre wirklich das Schlimmste, das passieren könnte? Wie würdest du damit umgehen?

- **Kontrollierbares identifizieren**: Unterscheide bewusst zwischen Aspekten, die du kontrollieren kannst, und solchen, die außerhalb deiner Kontrolle liegen

Umgang mit intensiver Scham

Scham kann auftreten, wenn Frustration mit dem Gefühl von persönlichem Versagen verbunden ist.

Akute Strategien:

- **Körperhaltung verändern**: Richte dich bewusst auf, öffne die Schultern, hebe den Blick – die typische Schamhaltung (zusammengesunken, Blick gesenkt) verstärkt das Gefühl

- **Selbstmitgefühl aktivieren**: Lege eine Hand aufs Herz und sage dir: "Dies ist ein schwieriger Moment. Ich bin nicht allein mit diesem Gefühl."

- **Universalität erkennen**: Erinnere dich, dass Misserfolge und Fehler zur universellen menschlichen Erfahrung gehören

Mittelfristige Strategien:

- **Scham von Schuld unterscheiden**: Schuld bezieht sich auf ein Verhalten ("Ich habe etwas falsch gemacht"), Scham auf die Person ("Ich bin falsch"). Wandle Scham in konstruktive Schuld um.

- **Mit einem Vertrauten teilen**: Scham verliert oft an Macht, wenn wir sie aussprechen und Akzeptanz erfahren

Schlüsselprinzipien für den Umgang mit allen intensiven Emotionen

Unabhängig von der spezifischen Emotion gelten einige universelle Prinzipien:

1. **Normalisierung**: Intensive Emotionen sind normale menschliche Erfahrungen, keine Zeichen von Schwäche oder Versagen.

2. **Nicht-Vermeidung**: Versuche nicht, intensive Emotionen zu unterdrücken oder zu vermeiden – dies verstärkt sie langfristig.

3. **Nicht-Identifikation**: Du bist nicht deine Emotion. Sage nicht "Ich bin wütend", sondern "Ich bemerke Wut in mir".

4. **Vorübergehende Natur**: Jede Emotion, egal wie intensiv, ist vorübergehend und wird wieder abklingen.

5. **Selbstmitgefühl statt Selbstkritik**: Begegne dir selbst in emotionalen Momenten mit Freundlichkeit statt mit Verurteilung.

6. **Erfahrungsbasiertes Lernen**: Jede bewältigte emotionale Herausforderung stärkt deine Fähigkeiten für zukünftige Situationen.

Fazit: Vom Reagieren zum Antworten

Der Weg vom automatischen Reagieren auf intensive Emotionen zum bewussten Antworten ist eine der wichtigsten Entwicklungen für erhöhte Frustrationstoleranz. Mit den vorgestellten Strategien – von Erste-Hilfe-Techniken über mittelfristige Ansätze bis hin zum langfristigen Ressourcenaufbau – kannst du lernen, auch in den stürmischsten emotionalen Gewässern das Steuer in der Hand zu behalten.

Das Ziel ist nicht, intensive Emotionen zu eliminieren – sie sind ein wertvoller Teil unseres menschlichen Erlebens und liefern wichtige Informationen. Vielmehr geht es darum, sie nicht länger als überwältigende Bedrohung, sondern als vorübergehende Erfahrung zu erleben, die wir navigieren können, ohne von ihr kontrolliert zu werden.

Mit Übung und Geduld wirst du feststellen, dass der Raum zwischen Reiz und Reaktion – jener kostbare Moment der Wahlfreiheit – sich erweitert. In diesem Raum liegt die wahre Freiheit: die Fähigkeit, bewusst zu

wählen, wie wir auf Frustration und die damit
verbundenen intensiven Emotionen antworten möchten.

2.4 Selbstwirksamkeit stärken

Kleine Schritte, große Wirkung: Ziele setzen und umsetzen

Frustrationstoleranz und Selbstwirksamkeit – der Glaube
an die eigene Fähigkeit, Herausforderungen bewältigen zu
können – stehen in einer engen wechselseitigen
Beziehung. Je mehr wir an unsere Fähigkeit glauben,
Hindernisse zu überwinden, desto besser können wir
Frustration aushalten. Und je besser wir Frustration
tolerieren können, desto mehr Erfolge erleben wir, die
wiederum unsere Selbstwirksamkeit stärken.

In diesem Abschnitt geht es darum, wie du durch kleine,
erreichbare Schritte und kluge Zielstrategien deine
Selbstwirksamkeit aufbauen und dadurch deine
Frustrationstoleranz maßgeblich stärken kannst.

Das Konzept der Selbstwirksamkeit

Der Begriff der Selbstwirksamkeit wurde vom
Psychologen Albert Bandura geprägt und beschreibt die
Überzeugung einer Person, dass sie die Fähigkeit besitzt,
bestimmte Handlungen durchführen zu können, um
gewünschte Ergebnisse zu erzielen. Selbstwirksamkeit ist
nicht dasselbe wie Selbstwertgefühl oder Optimismus – es
geht spezifisch um den Glauben an die eigene
Handlungsfähigkeit.

Menschen mit hoher Selbstwirksamkeit:

- Sehen Herausforderungen als zu bewältigende
  Aufgaben, nicht als zu vermeidende Bedrohungen

- Erholen sich schneller von Rückschlägen und Enttäuschungen

- Entwickeln tieferes Interesse an den Aktivitäten, die sie ausführen

- Setzen sich anspruchsvollere Ziele und halten stärker an ihnen fest

Für die Frustrationstoleranz ist Selbstwirksamkeit entscheidend, denn sie bestimmt, ob wir Frustration als vorübergehendes Hindernis oder als unüberwindbare Barriere wahrnehmen.

Warum "kleine Schritte" so mächtig sind

Viele Menschen scheitern an großen Zielen, weil sie versuchen, zu viel auf einmal zu erreichen. Der daraus resultierende Frust kann die Selbstwirksamkeit untergraben und zu Aufgeben führen. Die "Kleine-Schritte-Strategie" bietet mehrere wesentliche Vorteile:

1. **Reduzierung von Überforderung**: Kleine Schritte fühlen sich machbar an und lösen weniger Angst und Vermeidung aus.

2. **Häufigere Erfolgserlebnisse**: Jeder abgeschlossene kleine Schritt ist ein Erfolg, der die Selbstwirksamkeit stärkt.

3. **Unmittelbares Feedback**: Kleine Schritte liefern schnelles Feedback, das Anpassungen ermöglicht, bevor zu viel investiert wurde.

4. **Aufbau von Momentum**: Erfolgreiche kleine Schritte erzeugen Schwung und motivieren zu weiteren Schritten.

5. **Neurobiologische Verstärkung**: Jeder Erfolg, auch ein kleiner, führt zur Ausschüttung von Dopamin, was positive Verknüpfungen im Gehirn stärkt.

Die Wissenschaft der effektiven Zielsetzung

Nicht alle Ziele sind gleich geschaffen. Die Forschung zeigt, dass bestimmte Arten von Zielen die Selbstwirksamkeit besonders fördern und Frustration reduzieren:

1. SMART-Ziele

Das SMART-Modell bietet eine bewährte Struktur für effektive Ziele:

- **S**pezifisch: Klar und eindeutig definiert (statt vage)

- **M**essbar: Mit klaren Kriterien zur Erfolgsmessung

- **A**ttraktiv: Persönlich bedeutsam und motivierend

- **R**ealistisch: Anspruchsvoll, aber erreichbar

- **T**erminiert: Mit klarem zeitlichen Rahmen

Beispiel: Vages Ziel: "Ich will geduldiger werden." SMART-Ziel: "Ich werde in der nächsten Woche täglich 10 Minuten Achtsamkeitsmeditation praktizieren, um meine Reaktion auf frustrierende Situationen zu verbessern."

2. Prozessziele vs. Ergebnisziele

Forschungen zeigen, dass Prozessziele (fokussiert auf Handlungen) oft effektiver sind als reine Ergebnisziele (fokussiert auf Resultate):

- **Ergebnisziel**:

- **Ergebnisziel**: "Ich will 5 kg abnehmen."

- **Prozessziel**: "Ich werde fünfmal pro Woche 30 Minuten trainieren und täglich meine Mahlzeiten planen."

Prozessziele haben mehrere Vorteile für die Frustrationstoleranz:

- Sie liegen stärker in unserer Kontrolle

- Sie bieten häufigere Erfolgserlebnisse

- Sie lenken den Fokus auf das Handeln statt auf die (möglicherweise ausbleibenden) Ergebnisse

3. Approach-Ziele vs. Avoidance-Ziele

Die Forschung unterscheidet zwischen:

- **Approach-Zielen**: Ausgerichtet auf das Erreichen positiver Ergebnisse

- **Avoidance-Zielen**: Ausgerichtet auf das Vermeiden negativer Ergebnisse

Beispiel:

- Avoidance-Ziel: "Ich will nicht mehr so schnell wütend werden."

- Approach-Ziel: "Ich will in herausfordernden Situationen ruhig und besonnen reagieren."

Approach-Ziele fördern positivere Emotionen, höhere Motivation und besseren Umgang mit Frustration.

4. Die optimale Herausforderungszone

Die Flow-Theorie von Mihály Csíkszentmihályi zeigt, dass wir am besten lernen und wachsen, wenn wir in der "optimalen Herausforderungszone" arbeiten:

- Herausforderung leicht über dem aktuellen Fähigkeitsniveau

- Nicht so leicht, dass es langweilig wird

- Nicht so schwer, dass es überwältigend wird

Für maximale Selbstwirksamkeit sollten Ziele:

- Dich aus deiner Komfortzone bringen, aber nicht in die Panikzone treiben

- Mit zunehmender Fähigkeit systematisch anspruchsvoller werden

- In kleinere "Stretch-Ziele" unterteilt werden, die progressiv aufeinander aufbauen

Praktische Strategien zur Umsetzung der Kleine-Schritte-Methode

1. Die 1% Verbesserungsstrategie

Inspiriert vom Konzept der "marginalen Gewinne", das vom britischen Radsportteam erfolgreich angewendet wurde:

- Strebe täglich eine 1%ige Verbesserung an, statt dramatische Fortschritte zu erwarten

- Über ein Jahr summieren sich 1% tägliche Verbesserungen zu einer 37-fachen Steigerung

- Fokussiere auf konsistente kleine Optimierungen statt auf drastische Veränderungen

Praktische Umsetzung:

1. Identifiziere einen Bereich, in dem du Frustration erlebst

2. Definiere, wie eine 1%ige Verbesserung aussehen könnte

3. Setze diese kleine Verbesserung täglich um

4. Dokumentiere die kumulativen Effekte

Beispiel: Anna will ihre Frustrationstoleranz beim Erlernen einer neuen Software erhöhen. Statt zu erwarten, sofort alles zu beherrschen, setzt sie sich das Ziel, täglich nur ein neues Feature zu erlernen und 10 Minuten zu üben. Nach 30 Tagen beherrscht sie 30 Funktionen und ihre Frustrationsschwelle bei technischen Problemen ist deutlich gestiegen.

2. Die Mikro-Gewohnheits-Methode

Diese Methode, populär gemacht durch BJ Fogg's "Tiny Habits", nutzt die Kraft der Gewohnheitsbildung:

- Beginne mit einer "lächerlich kleinen" Version der gewünschten Gewohnheit

- So klein, dass sie praktisch keine Willenskraft erfordert

- Verknüpfe sie mit einem bestehenden Auslöser (Trigger) in deiner Routine

- Feiere jeden Abschluss, um positive Emotionen zu verankern

Beispiel:

- Volles Ziel: "Täglich 30 Minuten meditieren, um Frustrationstoleranz zu verbessern"

- Mikro-Gewohnheit: "Nach dem Zähneputzen eine Minute lang bewusst atmen"

- Trigger: Zähneputzen

- Feier: Ein kleiner Freudenhüpfer oder ein innerliches "Gut gemacht!"

3. Die "Wenn-Dann"-Planungsstrategie

Die Forschung zeigt, dass "Wenn-Dann"-Pläne (Implementation Intentions) die Erfolgswahrscheinlichkeit erheblich steigern:

- Formuliere präzise, wann, wo und wie du handeln wirst

- Schaffe automatische Verbindungen zwischen situativen Hinweisen und Zielverhalten

- Struktur: "Wenn Situation X eintritt, dann führe ich Verhalten Y aus"

Beispiele für Frustrationstoleranz:

- "Wenn ich spüre, dass ich bei der Arbeit frustriert werde, dann mache ich drei tiefe Atemzüge."

- "Wenn ich im Stau stehe, dann höre ich einen interessanten Podcast statt mich zu ärgern."

- "Wenn mein Kind nicht hört, dann zähle ich innerlich bis 5, bevor ich reagiere."

4. Die Sandwich-Technik für schwierige Aufgaben

Diese Technik hilft, Aufgaben anzugehen, die typischerweise Frustration auslösen:

- Beginne mit einer leichten, angenehmen Aufgabe (erstes Brot)

- Gehe dann zur schwierigen, potenziell frustrierenden Aufgabe über (Belag)

- Schließe mit einer weiteren angenehmen Aufgabe ab (zweites Brot)

Dieses "Sandwichen" schafft Momentum und positive Assoziationen vor und nach der herausfordernden Aufgabe.

Beispiel: Martin hat Schwierigkeiten, seine Steuererklärung zu machen, was regelmäßig zu Frust führt. Er beginnt mit 10 Minuten seines Lieblingshobbys, arbeitet dann 20 Minuten an der Steuererklärung und belohnt sich danach mit einem kurzen Spaziergang an der frischen Luft.

5. Die Fortschritts-Sichtbarkeits-Strategie

Sichtbarer Fortschritt ist ein starker Motivator und Selbstwirksamkeits-Verstärker:

- Visualisiere deinen Fortschritt durch Tracking-Systeme

- Feiere kleine Meilensteine explizit

- Mache Fortschritte physisch sichtbar

Praktische Umsetzungen:

- Fortschrittsbalken für größere Ziele

- Kalendermethode (X für jeden Tag, an dem du dein Prozessziel erfüllt hast)

- Fotodokumentation von Fortschritten

- Erreichte Meilensteine auf einer visuellen "Erfolgsleiter" markieren

Fallbeispiel: Andreas Weg zu besserer Frustrationstoleranz

Andreas, ein 37-jähriger Programmierer, hatte große Schwierigkeiten mit seiner Frustrationstoleranz, besonders wenn Code nicht funktionierte oder Projekte komplexer wurden als erwartet. Seine typische Reaktion war, entweder aufzugeben oder stundenlang verbissen an einem Problem festzuhalten, was zu Burnout-Symptomen führte.

Er entschied sich, die Kleine-Schritte-Methode anzuwenden:

1. Zieldefinition mit SMART-Kriterien:

- Spezifisch: Frustrationstoleranz bei der Programmierung verbessern

- Messbar: Frustrationsniveau auf einer Skala von 1-10 täglich bewerten

- Attraktiv: Mehr Arbeitsfreude und weniger Stress erleben

- Realistisch: Nicht "nie mehr frustriert sein", sondern besser damit umgehen

- Terminiert: Erste Evaluierung nach 30 Tagen

2. Anwendung der Prozessziel-Strategie: Statt "Ich will weniger frustriert sein" (Ergebnis) formulierte er:

- "Ich werde täglich 2 fünfminütige Achtsamkeitspausen einlegen"

- "Ich werde Probleme in kleinere, 30-minütige Arbeitseinheiten aufteilen"

- "Ich werde ein Frustrationsprotokoll führen"

3. Mikro-Gewohnheiten einführen:

- Trigger: Kaffeetasse füllen → 3 bewusste Atemzüge nehmen

- Trigger: Computer hochfahren → 1 Minute Prioritäten setzen

- Trigger: Fehlermeldung sehen → 10 Sekunden innehalten vor der Reaktion

4. Wenn-Dann-Pläne etablieren:

- "Wenn ich merke, dass mein Frustrationslevel über 7 steigt, dann mache ich eine 5-minütige Pause und gehe einmal um den Block."

- "Wenn ich länger als eine Stunde an einem Problem feststecke, dann bitte ich einen Kollegen um Perspektive."

5. Fortschritte sichtbar machen:

- Andreas führte ein einfaches Tagebuch mit täglichen Frustrationsbewertungen

- Er erstellte ein Dashboard an seiner Wand mit "Tagen unter Kontrolle"

- Er dokumentierte Lösungen für frühere frustrierende Probleme als Nachschlagewerk

Ergebnisse nach drei Monaten:

- Seine durchschnittliche Frustrationsbewertung sank von 8,2 auf 4,7

- Er konnte Probleme früher erkennen und in kleinere Schritte zerlegen

- Seine Produktivität stieg, da er weniger Zeit in emotionaler Aufgewühltheit verbrachte

- Kollegen bemerkten seine ruhigere, methodischere Herangehensweise

Andreas reflektierte: "Der Schlüssel war zu erkennen, dass ich nicht über Nacht eine komplett andere Person werden musste. Die kleinen, täglichen Schritte fühlten sich machbar an und bauten langsam mein Vertrauen auf, dass ich mit Frustration umgehen kann. Heute sehe ich Probleme mehr als Puzzle, nicht als persönliche Niederlagen."

Potenzielle Hindernisse und wie du sie überwindest

Beim Umsetzen der Kleine-Schritte-Methode können
verschiedene Herausforderungen auftreten:

1. Ungeduld und Wunsch nach schnellen Ergebnissen

Wir leben in einer Kultur der sofortigen Befriedigung,
was die Kleine-Schritte-Methode kontraintuitiv
erscheinen lässt.

Lösungsansätze:

- Visualisiere den kumulativen Effekt kleiner
  Schritte (z.B. mit Diagrammen)

- Studiere Erfolgsgeschichten, die auf
  kontinuierlichen kleinen Verbesserungen basieren

- Halte ein "Erfolgsjournal", um auch kleinste
  Fortschritte festzuhalten

- Erinnere dich daran, dass nachhaltige Veränderung
  Zeit braucht

2. Unterforderung und Langeweile

Manchmal können sehr kleine Schritte zu einfach
erscheinen und nicht genug Herausforderung bieten.

Lösungsansätze:

- Baue systematisch auf frühere Erfolge auf

- Erhöhe schrittweise die Schwierigkeit, sobald du
  dich sicherer fühlst

- Verbinde kleine Schritte mit einer größeren,
  inspirierenden Vision

- Variiere Aufgaben, um Langeweile zu vermeiden

3. Vergessen und mangelnde Konsistenz

Kleine Schritte können leicht vergessen werden, besonders am Anfang, wenn sie noch keine Gewohnheit sind.

Lösungsansätze:

- Nutze Erinnerungen und Auslöser in deiner Umgebung

- Verwende Habit-Tracking-Apps oder physische Tracker

- Praktiziere "Habit Stacking" (neue Gewohnheit an bestehende ankoppeln)

- Schaffe Verantwortlichkeit durch einen Partner oder Coach

4. Der "Zu-klein-um-wichtig-zu-sein"-Irrtum

Unser Gehirn neigt dazu, die Bedeutung kleiner Handlungen zu unterschätzen.

Lösungsansätze:

- Berechne die kumulative Wirkung über Zeit (z.B. "10 Minuten täglich = 60 Stunden pro Jahr")

- Erinnere dich an die "Zinseszins-Wirkung" kleiner Verbesserungen

- Feiere kleine Erfolge bewusst, um ihre Bedeutung zu unterstreichen

- Halte dir das Gesamtbild vor Augen: Große
  Veränderungen bestehen aus vielen kleinen

5. Soziale Vergleiche und externe Erwartungen

Wir vergleichen unsere kleinen Schritte oft mit den
scheinbar großen Sprüngen anderer.

Lösungsansätze:

- Beschränke den Konsum von sozialen Medien, die
  unrealistische Erfolgsgeschichten präsentieren

- Suche dir Vorbilder, die den Wert kontinuierlicher
  kleiner Verbesserungen verstehen

- Entwickle innere Maßstäbe für Erfolg statt
  externer Vergleiche

- Kommuniziere deine Strategie der kleinen Schritte
  mit wichtigen Bezugspersonen

Fazit: Der nachhaltige Weg zur Selbstwirksamkeit

Die Methode der kleinen Schritte mag unspektakulär
erscheinen, ist aber der nachhaltigste Weg zur Stärkung
der Selbstwirksamkeit und damit zur Verbesserung der
Frustrationstoleranz. Sie nutzt psychologische Prinzipien
wie Gewohnheitsbildung, Erfolgserlebnisse und
progressive Herausforderung, um kontinuierliche
Fortschritte zu ermöglichen.

Der Schlüssel liegt nicht in dramatischen Veränderungen
oder heroischen Anstrengungen, sondern in der
konsequenten Umsetzung machbarer Schritte, die sich
über Zeit zu bedeutsamen Ergebnissen summieren. Wie
der chinesische Philosoph Laozi sagte: "Eine Reise von

tausend Meilen beginnt mit einem einzelnen Schritt" –
und wird fortgesetzt mit vielen weiteren kleinen Schritten.

Indem du die Strategien in diesem Kapitel anwendest,
baust du nicht nur spezifische Fähigkeiten auf, sondern
entwickelst eine grundlegende Überzeugung, die dich
durch alle Lebensbereiche trägt: das Vertrauen, dass du
Hindernisse überwinden und Frustration aushalten kannst,
um deine Ziele zu erreichen – einen kleinen Schritt nach
dem anderen.

Umgang mit Rückschlägen: Scheitern als Lernchance

Rückschläge und Scheitern sind unvermeidliche
Bestandteile jedes bedeutsamen Lebensprozesses. Sie sind
nicht die Ausnahme, sondern die Regel auf dem Weg zu
persönlichem Wachstum und Erfolg. Doch unsere
Einstellung zum Scheitern – wie wir es interpretieren und
darauf reagieren – entscheidet maßgeblich darüber, ob es
uns zurückwirft oder voranbringt.

In diesem Abschnitt lernst du, wie du Rückschläge und
Scheitern als wertvolle Lernchancen nutzen kannst, um
nicht nur deine Frustrationstoleranz, sondern auch deine
Resilienz und letztendlich deinen Erfolg zu steigern.

Die Psychologie des Scheiterns verstehen

Warum erleben wir Scheitern oft als so schmerzhaft und
bedrohlich? Die Antwort liegt teilweise in unserer
Evolution und teilweise in unserer Sozialisation:

Evolutionäre Perspektive: Unser Gehirn ist darauf
programmiert, Bedrohungen und negative Erfahrungen
stärker zu gewichten als positive (Negativitätsbias). In
frühen menschlichen Gemeinschaften konnte soziales
Scheitern Ausschluss bedeuten – eine potenzielle

Todesbedrohung. Diese tief verwurzelte Angst vor dem Scheitern ist noch immer in uns aktiv, auch wenn die konkreten Bedrohungen heute meist weit weniger existenziell sind.

Soziale und kulturelle Faktoren: Viele Bildungssysteme und familiäre Umgebungen vermitteln implizit, dass Scheitern vermieden werden sollte. Perfektion wird belohnt, Fehler werden korrigiert oder bestraft. Medien präsentieren oft nur die Erfolgsgeschichten, nicht die unvermeidlichen Misserfolge auf dem Weg dorthin.

Die zwei Mindsets: Fixed vs. Growth

Die Psychologin Carol Dweck hat in ihrer bahnbrechenden Forschung zwei grundlegende Einstellungen identifiziert, die bestimmen, wie wir mit Scheitern umgehen:

Fixed Mindset (statische Denkweise):

- Talent und Fähigkeiten sind angeboren und unveränderlich

- Anstrengung wird als Zeichen mangelnder Begabung gesehen

- Scheitern wird als Bedrohung für den Selbstwert erlebt

- Feedback wird als persönliche Kritik wahrgenommen

- Herausforderungen werden gemieden, um Versagen zu vermeiden

- Der Erfolg anderer wird als Bedrohung empfunden

182

Growth Mindset (Wachstumsdenken):

- Fähigkeiten können durch Anstrengung und Lernen entwickelt werden

- Anstrengung wird als Weg zur Meisterschaft gesehen

- Scheitern wird als wertvolle Information und Lernchance betrachtet

- Feedback wird als Chance zur Verbesserung gesehen

- Herausforderungen werden aktiv gesucht, um zu wachsen

- Der Erfolg anderer inspiriert und liefert Lernmöglichkeiten

Menschen mit einem Growth Mindset zeigen eine deutlich höhere Frustrationstoleranz und erholen sich schneller von Rückschlägen. Die gute Nachricht: Ein Growth Mindset kann entwickelt werden – es ist selbst keine angeborene Eigenschaft, sondern eine erlernte Einstellung.

Warum Scheitern wertvoll ist: Die verborgenen Vorteile

Wenn wir Scheitern neu bewerten, erkennen wir zahlreiche wertvolle Aspekte:

1. Scheitern als Informationsquelle Jedes Scheitern liefert präzise Daten darüber, was nicht funktioniert hat und warum. Diese Informationen sind für den Lernprozess unerlässlich und oft wertvoller als Erfolg, der manchmal auf Zufall oder externen Faktoren basieren kann.

2. Scheitern als Resilienz-Training Jeder überwundene Rückschlag stärkt unsere psychische Widerstandsfähigkeit – ähnlich wie ein Muskel durch Belastung wächst. Diese erhöhte Resilienz hilft nicht nur beim aktuellen Ziel, sondern in allen Lebensbereichen.

3. Scheitern als Kreativitätskatalysator Wenn bewährte Ansätze scheitern, werden wir gezwungen, neue Wege zu finden. Viele bahnbrechende Innovationen entstanden als Antwort auf Misserfolge oder "glückliche Unfälle".

4. Scheitern als Authentizitätsfilter Rückschläge helfen uns zu erkennen, welche Ziele uns wirklich wichtig sind. Wofür sind wir bereit, trotz Scheiterns weiterzumachen? Diese Klärung führt oft zu mehr Authentizität und Zufriedenheit.

5. Scheitern als Demutlehrer Scheitern erinnert uns an unsere Menschlichkeit und schützt vor Überheblichkeit. Diese Demut verbessert nicht nur unsere Selbsterkenntnis, sondern auch unsere Beziehungen zu anderen.

Fallbeispiel: Julias Transformation nach beruflichem Scheitern

Julia, eine 34-jährige Marketingmanagerin, hatte eine große Produkteinführung geleitet, die trotz monatelanger Vorbereitung spektakulär scheiterte. Das Produkt fand kaum Anklang, die Verkaufszahlen blieben weit hinter den Erwartungen zurück, und in den sozialen Medien gab es negative Reaktionen.

Julias erste Reaktion entsprach einem Fixed Mindset:

- Sie fühlte sich persönlich als Versagerin

- Sie vermied Gespräche über das Projekt

- Sie begann, an ihren beruflichen Fähigkeiten zu zweifeln

- Sie erwog sogar einen Jobwechsel, um dem "Makel" zu entkommen

Mit Unterstützung eines Mentors begann Julia, eine Growth-Mindset-Perspektive zu entwickeln:

Schritt 1: Emotionale Akzeptanz Julia erlaubte sich, die Enttäuschung und Frustration zu fühlen, ohne sich dafür zu verurteilen. Sie erkannte an, dass diese Gefühle normal und Teil des Prozesses sind.

Schritt 2: Objektive Analyse Sie führte eine gründliche, faktische Analyse durch:

- Was genau ist schiefgelaufen?

- Welche Faktoren lagen in ihrer Kontrolle, welche nicht?

- Welche Annahmen hatten sich als falsch erwiesen?

Schritt 3: Lernorientierte Reflexion Julia fragte sich systematisch:

- Welche spezifischen Fähigkeiten muss ich entwickeln?

- Welche Einsichten kann ich aus diesem Erlebnis gewinnen?

- Wie kann ich diese Erkenntnisse in zukünftige Projekte einbringen?

Schritt 4: Aktive Kurskorrektur Sie entwickelte einen konkreten Plan:

- Verbesserte Marktforschungsmethoden implementieren

- Intensiveres Stakeholder-Management praktizieren

- Frühere Feedback-Schleifen einbauen

Schritt 5: Öffentliches Lernen Als letzten, mutigen Schritt teilte Julia ihre Erkenntnisse in einem Team-Meeting, was zu einer offeneren Fehlerkultur in der gesamten Abteilung führte.

Ein Jahr später leitete Julia eine neue Produkteinführung, die zum erfolgreichsten Launch in der Unternehmensgeschichte wurde. Sie betonte, dass dies ohne die Lehren aus dem vorherigen Scheitern nicht möglich gewesen wäre. Ihre Frustrationstoleranz und Selbstwirksamkeit waren durch die Erfahrung erheblich gewachsen.

Praktische Strategien für den Umgang mit Rückschlägen

1. Die AREA-Methode für konstruktive Fehleranalyse

Ein strukturierter Ansatz, um aus Rückschlägen zu lernen:

A = Anerkennen

- Erkenne den Rückschlag ohne Verharmlosung oder Überdramatisierung an

- Benenne die damit verbundenen Gefühle, ohne dich von ihnen überwältigen zu lassen

- Akzeptiere, dass Rückschläge Teil des Prozesses sind

R = Reflektieren

- Analysiere objektiv, was geschehen ist

- Identifiziere sowohl interne als auch externe Faktoren

- Suche nach Mustern oder wiederkehrenden Elementen

E = Erkenntnisse gewinnen

- Stelle dir Fragen wie: "Was kann ich hieraus lernen?"

- "Welche Annahmen haben sich als falsch erwiesen?"

- "Welche neue Perspektive gewinne ich durch diesen Rückschlag?"

A = Anpassen und Anwenden

- Entwickle konkrete Strategien basierend auf deinen Erkenntnissen

- Plane spezifische Änderungen für den nächsten Versuch

- Setze die Lehren in die Praxis um

Beispiel: Jan scheitert bei einem wichtigen Vorstellungsgespräch.

Anerkennen: "Ich habe die Stelle nicht bekommen, und das ist enttäuschend. Ich fühle mich frustriert und unsicher, aber das ist eine normale Reaktion."

Reflektieren: "Bei den technischen Fragen war ich gut vorbereitet, aber bei Fragen zur Teamarbeit habe ich zu vage geantwortet. Außerdem war ich sehr nervös, was meine Kommunikation beeinträchtigt hat."

Erkenntnisse gewinnen: "Ich muss konkrete Beispiele für meine Soft Skills vorbereiten und Strategien gegen Nervosität entwickeln. Die Stellenbeschreibung hat auch Hinweise gegeben, auf welche Teamfähigkeiten besonders Wert gelegt wird, die ich übersehen habe."

Anpassen und Anwenden: "Für das nächste Gespräch werde ich 5-7 konkrete Beispiele für Teamarbeit vorbereiten, Entspannungstechniken üben und ein Mock-Interview mit einem Freund durchführen."

2. Die Post-Failure-Routine entwickeln

Eine persönliche Routine nach Rückschlägen kann helfen, schneller in einen konstruktiven Modus zurückzufinden:

Sofortmaßnahmen (erste 24 Stunden):

- Emotionale Erste Hilfe: Selbstmitgefühl praktizieren, gesunde Ablenkung suchen

- Physische Regeneration: Bewegung, ausreichend Schlaf, gesunde Ernährung

- Soziale Unterstützung: Mit einem vertrauten Menschen sprechen, der zuhören kann

Kurzfristige Verarbeitung (2-7 Tage):

- Strukturierte Reflexion mit der AREA-Methode

- Neuorientierung: Ziele überprüfen und ggf. anpassen

- Kleine Erfolge schaffen, um Momentum zurückzugewinnen

Langfristige Integration (Wochen/Monate):

- Die Geschichte des Scheiterns in die persönliche Narrative integrieren

- Erkenntnisse in neue Projekte einfließen lassen

- Die Erfahrung mit anderen teilen, wo angemessen

3. Das Scheiterns-Reframing: Neue Perspektiven entwickeln

Wie wir über Scheitern denken, bestimmt maßgeblich unsere emotionale Reaktion. Hier sind Techniken zum kognitiven Reframing:

Sprachliches Reframing:

- Statt "Ich bin gescheitert" → "Dieser spezifische Ansatz hat nicht funktioniert"

- Statt "Zeitverschwendung" → "Wertvolle Lernerfahrung"

- Statt "Beweis meiner Unfähigkeit" → "Feedback für Verbesserung"

Perspektivisches Reframing:

- Zeitliche Perspektive: "Wie werde ich dies in einem Jahr sehen?"

- Ratgeber-Perspektive: "Was würde ich einem Freund in dieser Situation raten?"

- Wissenschaftliche Perspektive: "Dies ist ein Experiment, das Daten liefert"

Kontextuelles Reframing:

- Historische Einordnung: "Viele erfolgreiche Menschen sind durch ähnliche Phasen gegangen"

- Größenordnung: "Auf einer Skala von 1-10, wie bedeutsam ist dieser Rückschlag wirklich?"

- Lernkurven-Bewusstsein: "Dies ist ein typischer Teil der Lernkurve in diesem Bereich"

4. Die strategische Risikoanalyse: Aus Scheitern vorausschauend lernen

Um die Angst vor zukünftigem Scheitern zu reduzieren und proaktiv zu lernen:

Schritt 1: Erfolgs- und Scheiternsszenarien definieren

- Was genau würde Erfolg bedeuten?

- Was sind mögliche Scheiternsszenarien?

- Wie wahrscheinlich ist jedes Szenario?

Schritt 2: Pre-Mortem durchführen

- Stelle dir vor, das Projekt ist bereits gescheitert

- Überlege im Detail, was schiefgegangen sein könnte

- Identifiziere die kritischsten Risikofaktoren

Schritt 3: Präventivmaßnahmen entwickeln

- Für jedes identifizierte Risiko einen Präventivplan entwickeln

- Frühindikatoren für Probleme definieren

- Kontingenspläne für den Fall des Scheiterns vorbereiten

Schritt 4: Lernziele definieren

- Unabhängig vom Erfolg oder Scheitern: Was willst du lernen?

- Welche Fähigkeiten willst du entwickeln?

- Welche Erkenntnisse suchst du?

Mit diesem proaktiven Ansatz wird selbst ein Scheitern zu einem antizipierten, wertvollen Teil des Prozesses, was die Frustrationstoleranz erheblich erhöht.

5. Die Scheiternsbilanz: Erfolge aus Misserfolgen dokumentieren

Ein systematisches Tracking deiner "erfolgreichen Fehlschläge":

Führe ein "Failure Resume" (Scheiterns-Lebenslauf):

- Dokumentiere bedeutsame Rückschläge und Misserfolge

- Halte die wichtigsten Lehren fest

- Notiere, welche Stärken du durch diese Erfahrungen entwickelt hast

- Verfolge, wie frühere Fehlschläge zu späteren Erfolgen beigetragen haben

Erstelle ein "Lesson Learned"-Archiv:

- Kategorisiere Erkenntnisse aus Rückschlägen (z.B. Kommunikation, Planung, technische Aspekte)

- Mache diese Erkenntnisse regelmäßig zum Gegenstand deiner Reflexion

- Überprüfe vor neuen Projekten, ob relevante frühere Lehren anwendbar sind

Diese Bilanzierung hilft, die kumulative Weisheit zu erkennen, die aus Scheitern erwächst, und stärkt das Vertrauen in die eigene Fähigkeit, aus Rückschlägen zu lernen.

Die neurobiologische Verankerung positiver Scheiternsverarbeitung

Um neue Denkmuster zum Scheitern langfristig zu verankern, können wir die Neuroplastizität unseres Gehirns nutzen:

1. Bewusste Aufmerksamkeitslenkung

- Richte deine Aufmerksamkeit bewusst auf die Lern- und Wachstumsaspekte von Scheitern

- Das regelmäßige Fokussieren stärkt die entsprechenden neuronalen Verbindungen

2. Emotionale Verknüpfung

- Verbinde die Lehren aus dem Scheitern mit positiven Emotionen durch Erfolgserlebnisse

- Feiere explizit, wenn du eine Erkenntnis aus einem früheren Scheitern erfolgreich angewendet hast

3. Wiederholung und Konsistenz

- Nutze regelmäßige Reflexionsrituale, um deine neue Haltung zum Scheitern zu festigen

- Praktiziere Growth-Mindset-Aussagen als tägliche Affirmationen

4. Soziale Verstärkung

- Umgib dich mit Menschen, die eine konstruktive Haltung zum Scheitern haben

- Teile deine Lernprozesse mit anderen, um sie durch Verbalisierung zu stärken

Mit der Zeit wird diese neue Haltung zum Scheitern weniger bewusste Anstrengung erfordern und zunehmend zu deiner natürlichen Reaktion werden.

Kulturelle und soziale Aspekte des Scheiterns

Unser Umgang mit Scheitern wird stark durch unser soziales Umfeld beeinflusst:

Die Bedeutung einer gesunden "Scheiternskultur"

- In Organisationen mit einer psychologisch sicheren Atmosphäre werden Fehler als Lernchancen gesehen

- Teams, die offen über Misserfolge sprechen, innovieren schneller und effektiver

- Eine "Fail Forward"-Kultur ermutigt zum kalkulierten Risiko und experimentellen Lernen

Praktische Maßnahmen zur Förderung einer konstruktiven Scheiternskultur:

- "Failure Fridays" oder ähnliche Formate einführen, bei denen Teammitglieder Misserfolge und Lehren teilen

- "Most Valuable Failure" Awards für besonders lehrreiche Fehlschläge

- Post-Projekt-Reviews, die explizit auch Fehler und Verbesserungspotenziale analysieren

Fallbeispiel: Team-Transformation durch neue Scheiternskultur

Ein Produktentwicklungsteam eines Technologieunternehmens litt unter einer "Blame Culture" (Schuldzuweisungskultur), in der Fehler versteckt oder anderen zugeschoben wurden. Dies führte zu wiederholten Problemen, da die gleichen Fehler immer wieder auftraten und niemand offen über Schwierigkeiten sprach.

Die neue Teamleiterin Sophia führte mehrere Veränderungen ein:

1. Sie startete jedes Team-Meeting mit einer kurzen Runde "Was habe ich diese Woche gelernt?", wobei sie selbst oft mit einem eigenen Fehler und der daraus gewonnenen Erkenntnis begann

2. Sie führte monatliche "Failure Retrospectives" ein, bei denen das Team in einem sicheren Raum Rückschläge analysierte – mit dem expliziten Fokus auf Systeme und Prozesse, nicht Schuldzuweisungen an Einzelpersonen

3. Sie schuf ein digitales "Lessons Learned"-Wiki, in dem das Team Erkenntnisse aus Fehlern dokumentierte

4. Sie änderte die Bewertungskriterien für Teammitglieder, indem sie "Lernfähigkeit" und "Beitrag zum Team-Wissen" als wichtige Erfolgsfaktoren definierte

Nach sechs Monaten hatte sich die Team-Dynamik grundlegend verändert:

- Probleme wurden früher angesprochen, bevor sie eskalierten

- Die Innovationsrate stieg um 40%, da mehr experimentiert wurde

- Die Qualität der Produkte verbesserte sich, da bekannte Fehler nicht wiederholt wurden

- Die Teammitglieder berichteten von höherer Arbeitszufriedenheit und weniger Stress

Diese Transformation illustriert, wie eine konstruktive Haltung zum Scheitern nicht nur individuell, sondern auch kollektiv zu mehr Resilienz, Innovation und Zufriedenheit führen kann.

Fazit: Scheitern als Sprungbrett statt Stolperstein

Scheitern ist keine Unterbrechung auf dem Weg zum Erfolg – es ist ein wesentlicher Bestandteil dieses Weges. Wer lernt, Rückschläge als wertvolle Feedback- und Wachstumschancen zu sehen, erhöht nicht nur seine Frustrationstoleranz, sondern auch seine langfristigen Erfolgsaussichten erheblich.

Die in diesem Kapitel vorgestellten Strategien – von der AREA-Methode über Scheiternsreframing bis hin zur Entwicklung einer konstruktiven Scheiternskultur – bieten konkrete Werkzeuge, um aus dem unvermeidlichen Scheitern maximalen Nutzen zu ziehen.

Letztendlich geht es nicht darum, Scheitern zu vermeiden, sondern es klug zu nutzen. Wie der Basketballspieler Michael Jordan sagte: "Ich habe in meiner Karriere mehr als 9.000 Würfe vergeben. Ich habe fast 300 Spiele verloren. 26 Mal wurde mir der spielentscheidende Wurf anvertraut, und ich habe versagt. Ich bin in meinem Leben immer und immer wieder gescheitert. Und genau deshalb bin ich erfolgreich."

Diese Haltung – das Scheitern als Teil des Erfolgsweges zu akzeptieren und aus ihm zu lernen – ist vielleicht die wertvollste Fähigkeit, die wir entwickeln können, um

unsere Frustrationstoleranz und letztlich unser gesamtes
Leben zu bereichern.

Praktische Tipps für mehr Durchhaltevermögen

Durchhaltevermögen – die Fähigkeit, trotz Hindernissen,
Verzögerungen und Frustrationen an Zielen festzuhalten –
ist ein Schlüsselelement der Frustrationstoleranz. Es ist
die praktische Manifestation innerer Stärke, die uns hilft,
aus dem Tal der Frustration wieder aufzusteigen und
weiterzumachen. In diesem Abschnitt lernst du konkrete,
alltagstaugliche Strategien kennen, um dein
Durchhaltevermögen systematisch zu stärken.

Die Wissenschaft des Durchhaltevermögens

Bevor wir zu den praktischen Tipps kommen, lohnt sich
ein kurzer Blick auf die wissenschaftlichen Grundlagen
des Durchhaltevermögens:

Psychologische Forschung zu "Grit" Die Psychologin
Angela Duckworth hat mit ihrem Konzept der "Grit"
(Beharrlichkeit und Leidenschaft für langfristige Ziele)
aufgezeigt, dass Durchhaltevermögen oft ein besserer
Prädiktor für Erfolg ist als Talent oder IQ. Ihre
Forschungen deuten darauf hin, dass "Grit" durch
bestimmte Praktiken und Umgebungsfaktoren entwickelt
werden kann.

Die Marshmallow-Studie und Belohnungsaufschub
Walter Mischels berühmte "Marshmallow-Experimente"
zeigten, dass die Fähigkeit zum Belohnungsaufschub –
ein wichtiger Aspekt des Durchhaltevermögens – früh im
Leben erhebliche Auswirkungen auf spätere Erfolge hat.
Doch auch diese Fähigkeit kann zu jedem Zeitpunkt im
Leben trainiert werden.

Neurobiologische Grundlagen Durchhaltevermögen hängt eng mit Funktionen des präfrontalen Cortex zusammen, insbesondere mit exekutiven Funktionen wie Impulskontrolle, Arbeitsgedächtnis und kognitiver Flexibilität. Diese neuronalen Netzwerke können durch gezielte Übung gestärkt werden – ähnlich wie Muskeln durch Training.

Mit diesem Hintergrundwissen können wir nun konkrete Strategien betrachten, die dein Durchhaltevermögen in alltäglichen Situationen systematisch stärken.

Strategie 1: Energiemanagement statt Zeitmanagement

Traditionelles Zeitmanagement konzentriert sich darauf, mehr in weniger Zeit zu erledigen. Für Durchhaltevermögen ist jedoch Energiemanagement oft wichtiger – denn Frustration entsteht häufig nicht aus Zeitmangel, sondern aus Energiemangel.

Praktische Tipps zum Energiemanagement:

Identifiziere deine Energie-Spitzenzeiten:

- Führe eine Woche lang ein Energie-Tagebuch: Bewerte stündlich dein Energielevel (1-10)

- Plane anspruchsvolle, frustrationsanfällige Aufgaben für deine Hochenergie-Zeiten

- Reserviere Niedrigenergie-Phasen für Routineaufgaben oder Erholung

Implementiere strategische Erholungspausen:

- Nutze die "Pomodoro-Technik": 25 Minuten konzentrierte Arbeit, 5 Minuten Pause

- Praktiziere "Microbreaks": 30-60 Sekunden Dehnen, tiefes Atmen oder Blick aus dem Fenster zwischen Aufgaben

- Plane vollständige Abschaltzeiten in deinen Tag ein (z.B. Mittagspause ohne digitale Geräte)

Optimiere deine physischen Energiequellen:

- Sorge für ausreichend qualitativ hochwertigen Schlaf (7-9 Stunden)

- Integriere kurze Bewegungseinheiten in deinen Arbeitstag (z.B. 5-Minuten-Spaziergang nach jeder Stunde)

- Achte auf gleichmäßige Energiezufuhr durch ausgewogene Ernährung und ausreichend Wasser

Fallbeispiel: Davids Energierevolution

David, ein 41-jähriger Projektmanager, kämpfte mit abnehmender Frustrationstoleranz und Durchhaltevermögen über den Tag hinweg. Er bemerkte, dass er morgens noch konstruktiv mit Hindernissen umgehen konnte, während ihn am Nachmittag kleinste Probleme aus der Bahn warfen.

Nach dem Führen eines Energie-Tagebuchs stellte er fest:

- Sein Energielevel erreichte Spitzen zwischen 8:30 und 11:00 Uhr sowie von 16:00 bis 17:30 Uhr

- Ein deutliches Energietief trat regelmäßig zwischen 14:00 und 15:30 Uhr auf

- An Tagen mit Bewegung am Morgen blieb sein Energieniveau stabiler

David implementierte folgende Änderungen:

- Er plante komplexe, potenziell frustrierende Aufgaben bewusst in seine Hochenergiephasen

- Er führte eine heilige "Downtime" von 14:00 bis 14:30 Uhr ein, in der er entweder einen kurzen Spaziergang machte oder einen Power-Nap hielt

- Er integrierte drei 5-minütige Bewegungspausen in seinen Arbeitstag

Nach vier Wochen berichtete David von einer signifikanten Verbesserung seiner Frustrationstoleranz. Besonders bemerkenswert: Probleme, die ihn früher am Nachmittag zur Verzweiflung gebracht hätten, konnte er nun viel gelassener angehen. Seine Produktivität stieg, während sein Stresslevel sank.

Strategie 2: Das psychologische Kapital aufbauen

Psychologisches Kapital – bestehend aus Hoffnung, Optimismus, Resilienz und Selbstwirksamkeit – bildet die innere Ressourcenbasis für Durchhaltevermögen. Wie finanzielles Kapital kann es bewusst aufgebaut und in schwierigen Zeiten "ausgegeben" werden.

Praktische Tipps zum Aufbau psychologischen Kapitals:

Hoffnung stärken durch Zielpfad-Denken:

- Entwickle für wichtige Ziele immer mehrere Wege (Plan A, B, C)

- Übe mentale Flexibilität, indem du regelmäßig "Was wäre, wenn"-Szenarien durchspielst

- Halte ein "Hoffnungsjournal", in dem du frühere Situationen dokumentierst, in denen du trotz Hindernissen erfolgreich warst

Realistischen Optimismus kultivieren:

- Praktiziere die "3 gute Dinge"-Übung: Notiere täglich drei positive Erlebnisse und deinen Anteil daran

- Übe bei Rückschlägen bewusst die "Es ist temporär, spezifisch und nicht allumfassend"-Perspektive

- Umgib dich mit realistisch optimistischen Menschen und Inhalten

Resilienz durch kontrollierte Herausforderungen stärken:

- Suche bewusst kleine, manageable Herausforderungen auf

- Reflektiere nach überwundenen Schwierigkeiten: "Was hat mir geholfen durchzuhalten?"

- Entwickle einen persönlichen "Resilienz-Notfallplan" für besonders schwierige Phasen

Selbstwirksamkeit durch Erfolgsleiter-Ansatz aufbauen:

- Zerlege große Herausforderungen in kleine, sichere Erfolgsschritte

- Dokumentiere auch kleinste Erfolge und Fortschritte

- Umgib dich mit "Beweisen" deiner Fähigkeiten (z.B. Zertifikate, Dankesschreiben, Projekterfolge)

Fallbeispiel: Annas psychologisches Kapital-Investment

Anna, eine 37-jährige Unternehmerin, stand vor der Herausforderung, ihr Geschäft nach einem schwierigen Jahr neu auszurichten. Ihre anfängliche Motivation schwand angesichts zahlreicher bürokratischer Hürden und Marktungewissheiten. Sie begann systematisch, ihr psychologisches Kapital aufzubauen:

Für ihre **Hoffnung** entwickelte sie:

- Drei unterschiedliche Geschäftsmodelle als parallele Pfade

- Eine Visualisierung ihrer "Erfolgsgeschichte" mit konkreten Meilensteinen

- Einen Mentorschaftskreis für alternativen Input bei Blockaden

Zur Stärkung ihres **Optimismus**:

- Führte sie ein "Erfolgsarchiv" mit früheren beruflichen Erfolgen ein

- Implementierte ein Morgenritual mit Fokus auf Dankbarkeit und Möglichkeiten

- Reduzierte den Konsum negativer Nachrichten und Wirtschaftsprognosen

Für ihre **Resilienz**:

- Schuf sie eine "Selbstfürsorge-Checkliste" für stressige Phasen

- Bildete eine Unternehmerinnen-Gruppe für gegenseitige Unterstützung

- Entwickelte klare Grenzen zwischen Arbeit und Erholung

Zur Stärkung ihrer **Selbstwirksamkeit**:

- Teilte sie den Neustart in 20 kleine, erreichbare Meilensteine

- Feierte jeden kleinen Fortschritt bewusst

- Schuf ein "Kompetenz-Portfolio" ihrer relevanten Fähigkeiten und Erfahrungen

Sechs Monate später hatte Anna nicht nur ihr Unternehmen erfolgreich neu positioniert, sondern berichtete auch von einer deutlich höheren Frustrationstoleranz gegenüber unvermeidlichen geschäftlichen Herausforderungen. Das bewusste "Investment" in ihr psychologisches Kapital hatte sich mehrfach ausgezahlt.

Strategie 3: Die Kraft der Implementierungsintentionen nutzen

Implementierungsintentionen sind spezifische "Wenn-Dann"-Pläne, die automatische Reaktionen auf vorhersehbare Hindernisse und Frustrationen programmieren. Forschungen zeigen, dass sie die Wahrscheinlichkeit des Durchhaltens signifikant erhöhen.

Praktische Tipps zur Nutzung von Implementierungsintentionen:

Identifiziere typische Frustrationspunkte:

- Analysiere vergangene Erfahrungen: Wo gibst du typischerweise auf?

- Reflektiere: Welche spezifischen Gefühle, Gedanken oder äußeren Umstände führen zum Aufgeben?

- Kategorisiere diese Trigger (z.B. Langeweile, Unsicherheit, unerwartete Hindernisse)

Entwickle spezifische Wenn-Dann-Pläne:

- Formuliere konkrete Auslöser: "Wenn X passiert..." oder "Wenn ich mich Y fühle..."

- Definiere automatische Reaktionen: "...dann werde ich Z tun"

- Achte darauf, dass die Reaktionen spezifisch, machbar und hilfreich sind

Verinnerliche deine Wenn-Dann-Pläne:

- Schreibe deine wichtigsten Implementierungsintentionen auf

- Visualisiere ihre Umsetzung in spezifischen Situationen

- Übe sie mental durch, bis sie automatisch abrufbar werden

Beispiele für frustrationsreduzierende Implementierungsintentionen:

- "Wenn ich bei einer schwierigen Aufgabe das Gefühl habe, nicht weiterzukommen, dann mache ich eine 5-minütige Pause und kehre mit einer spezifischen Frage zurück."

- "Wenn ich spüre, dass meine Motivation nachlässt, dann erinnere ich mich an meinen tieferen Zweck, indem ich mir folgende Frage stelle: 'Warum ist dies langfristig wichtig für mich?'"

- "Wenn unerwartete Hindernisse auftauchen, dann frage ich mich: 'Welche Aspekte dieser Situation kann ich kontrollieren?', bevor ich weitermache."

- "Wenn ich mich überfordert fühle, dann teile ich die Aufgabe in drei kleinere Teile und beginne mit dem einfachsten."

- "Wenn ich negative Selbstgespräche bemerke ('Ich schaffe das nie'), dann ersetze ich sie bewusst durch: 'Ich lerne gerade, wie man damit umgeht.'"

Fallbeispiel: Michaels Implementations-Revolution

Michael, ein 29-jähriger Grafikdesign-Student, kämpfte mit dem Durchhalten bei längeren Kreativprojekten. Er identifizierte drei kritische Frustrationspunkte:

1. Die "Leere-Seite-Angst" am Anfang eines Projekts

2. Das "Mittelloch" - ein Motivationstief etwa in der Mitte des Prozesses

3. Die "Perfektionismus-Schleife" kurz vor dem Abschluss

Für jeden dieser Punkte entwickelte er spezifische Implementierungsintentionen:

Für die "Leere-Seite-Angst": "Wenn ich vor einem leeren Dokument sitze und nicht beginnen kann, dann werde ich genau 10 Minuten lang wilde Skizzen ohne jeglichen Anspruch machen, nur um die Seite zu füllen."

Für das "Mittelloch": "Wenn ich spüre, dass meine Begeisterung in der Mitte des Projekts nachlässt, dann werde ich einen 15-minütigen Spaziergang machen und dabei drei Aspekte identifizieren, die mich ursprünglich an der Idee begeistert haben."

Für die "Perfektionismus-Schleife": "Wenn ich merke, dass ich endlos an Details feile, ohne voranzukommen, dann setze ich einen 30-Minuten-Timer und entscheide am Ende dieser Zeit, das Projekt als 'gut genug für jetzt' zu deklarieren."

Michael trainierte diese Pläne durch Visualisierung und indem er sie auf Karten notierte, die er an seinem Arbeitsplatz anbrachte. Nach zwei Monaten berichtete er von einer deutlichen Verbesserung seiner Projektabschlussrate und einer erheblichen Reduktion projektzeitschädigender Frusterlebnisse.

Strategie 4: Die Dopamin-Belohnungsarchitektur optimieren

Unser Belohnungssystem im Gehirn, maßgeblich gesteuert durch den Neurotransmitter Dopamin, spielt eine entscheidende Rolle für Motivation und Durchhaltevermögen. Durch bewusste

"Neurohacking"-Strategien können wir dieses System optimieren.

Praktische Tipps zur Optimierung des Belohnungssystems:

Den Dopamin-Detox praktizieren:

- Reduziere zeitweise hochstimulierenden "leichten" Dopaminquellen (soziale Medien, Videospiele, Zucker)

- Schaffe "Dopamin-Fasten"-Perioden (z.B. Wochenenden ohne digitale Ablenkungen)

- Erhöhe so die Sensitivität deines Belohnungssystems für subtilere Erfolge

Systematische Belohnungsstrukturen schaffen:

- Teile lange Prozesse in klar definierte Etappen mit spezifischen Belohnungen

- Variiere Belohnungsarten (materielle Belohnungen, soziale Anerkennung, Erlebnisbelohnungen, Selbstanerkennung)

- Experimentiere mit variablen Belohnungsplänen für erhöhte Motivation

Progress-Tracking implementieren:

- Nutze visuelle Fortschrittsanzeigen (Diagramme, Fortschrittsbalken, ausgefüllte Checkboxen)

- Feiere "Streaks" (ununterbrochene Erfolgsserien) mit aufsteigenden Belohnungen

- Schaffe öffentliche Commitments, die sozialen Reward ermöglichen

Die "Temptation Bundling"-Technik anwenden:

- Verbinde herausfordernde Aufgaben mit angenehmen Aktivitäten (z.B. Lieblingsmusik nur beim Laufen hören)

- Schaffe "nur-wenn"-Regeln: "Ich darf X (angenehm) nur, wenn ich vorher Y (herausfordernd) gemacht habe"

- Kombiniere dies mit Umgebungsdesign, das Ablenkungen minimiert

Fallbeispiel: Sarahs Dopamin-Strategie beim Sprachenlernen

Sarah, eine 31-jährige Ärztin, wollte Spanisch lernen, verlor aber regelmäßig nach einigen Wochen die Motivation. Nach mehreren gescheiterten Anläufen entwickelte sie eine dopaminoptimierte Strategie:

Dopamin-Reset: Sarah bemerkte, dass sie viel Zeit mit endlosem Social-Media-Scrollen verbrachte, was ihre Dopaminrezeptoren abstumpfte. Sie implementierte eine "Digital Detox"-Woche und reduzierte danach ihre Social-Media-Nutzung auf zweimal täglich 15 Minuten.

Belohnungsstruktur:

- Tägliche Mini-Belohnungen: Nach 20 Minuten Sprachlernen durfte sie sich einen kurzen lustigen Video-Clip ansehen

- Wöchentliche Belohnungen: Nach Erreichen des Wochenziels gönnte sie sich ein spanisches Dessert

- Monatliche Belohnungen: Nach konsistentem Lernen über einen Monat kaufte sie sich ein spanisches Buch/Film

- 3-Monats-Meilensteine: Buchte sie einen Online-Kochkurs für spanische Gerichte

Progress-Tracking: Sarah erstellte eine große visuelle "Sprachreise-Karte" von Deutschland nach Südamerika, auf der jeder Lerntag sie ein Stück weiterbrachte. Sie teilte wöchentliche Updates in einer Lerngruppe, was soziale Anerkennung brachte.

Temptation Bundling: Sie erlaubte sich, ihre Lieblingsserie nur anzusehen, während sie auf ihrem Laufband ging – und nur auf Spanisch mit Untertiteln. So verband sie drei Aktivitäten: Fitness, Unterhaltung und Sprachlernen.

Nach sechs Monaten hatte Sarah nicht nur länger durchgehalten als bei allen vorherigen Versuchen, sondern berichtete auch von deutlich mehr Freude am Lernprozess. Ihr Frustrationstoleranzlevel bei Lernplateaus war signifikant höher, und sie konnte diese Strategien auch auf andere Herausforderungen übertragen.

Strategie 5: Die soziale Architektur des Durchhaltens gestalten

Menschen sind soziale Wesen, und unser soziales Umfeld hat enormen Einfluss auf unser Durchhaltevermögen. Durch bewusste Gestaltung unserer sozialen Umgebung können wir unsere Frustrationstoleranz erheblich stärken.

Praktische Tipps zur sozialen Unterstützung:

Umgib dich mit "Hochhaltern", nicht mit "Runterziehern":

- Identifiziere Menschen, die deine Bemühungen positiv unterstützen

- Reduziere Zeit mit Personen, die Negativität, Zynismus oder Aufgeben fördern

- Suche aktiv Vorbilder, die Durchhaltevermögen vorleben

Schaffe Verantwortlichkeitsstrukturen:

- Finde einen Accountability-Partner für regelmäßiges Check-in

- Nutze öffentliche Commitments (z.B. Ziele in sozialen Medien oder im Kollegenkreis teilen)

- Erwäge finanzielle "Stakes" (z.B. Apps, bei denen du Geld verlierst, wenn du nicht durchhältst)

Baue supportive Gemeinschaften auf:

- Tritt Gruppen mit ähnlichen Zielen bei (Online oder offline)

- Schaffe regelmäßige Austauschformate (z.B. wöchentliche Fortschrittstreffen)

- Übernimm Mentorenrollen für andere, um deine eigenen Standards zu festigen

Entwickle konstruktive Feedback-Mechanismen:

- Bitte um spezifisches, handlungsorientiertes Feedback statt allgemeiner Bewertungen

- Schaffe sichere Räume für ehrliches Feedback ohne persönliche Kränkung

- Übe, Feedback als Information, nicht als Urteil zu sehen

Fallbeispiel: Toms soziale Durchhaltestrategie

Tom, ein 45-jähriger Angestellter, wollte sich selbstständig machen, scheiterte aber immer wieder an seiner mangelnden Frustrationstoleranz in der Planungsphase. Als er das Muster erkannte, entwickelte er eine umfassende soziale Unterstützungsstrategie:

Er gründete eine kleine "Unternehmergruppe" mit vier anderen angehenden Selbstständigen. Sie vereinbarten:

- Wöchentliche Zoom-Calls mit strukturiertem Format:

    o Erfolge der Woche

    o Aktuelle Herausforderungen

    o Konkrete nächste Schritte

    o Benötigte Unterstützung

- Ein Buddy-System:

    o Jeweils zwei Teilnehmer bildeten ein engeres Unterstützungspaar

    o Täglicher kurzer Check-in via Messaging

- Unmittelbarer Zugang bei akuten Frustrationsmomenten

- "Skin in the Game"-Mechanismus:

    - Jeder hinterlegte 500 Euro

    - Geld wurde nur zurückerstattet, wenn vereinbarte Meilensteine erreicht wurden

    - Nicht abgeholtes Geld floss in ein gemeinsames Lern-Event

- Gemeinsame Lernkultur:

    - Monatlicher Buchclub zu Themen wie Resilienz und Unternehmertum

    - Gemeinsamer Online-Ordner für hilfreiche Ressourcen

    - Regelmäßiger Austausch von Erfolgsstrategien bei Frustration

Nach einem Jahr hatten vier der fünf Gruppenmitglieder, darunter Tom, erfolgreich ihre Selbstständigkeit gestartet. Tom reflektierte, dass es ohne die Gruppe "absolut unmöglich" gewesen wäre, die zahlreichen Frustrationspunkte zu überwinden. Besonders wertvoll sei der unmittelbare Zugang zu Menschen gewesen, die ähnliche Herausforderungen verstanden und konstruktive Perspektiven anbieten konnten.

Strategie 6: Die Umgebung auf Durchhaltevermögen optimieren

Unsere physische und digitale Umgebung sendet ständig Signale an unser Gehirn, die entweder

Durchhaltevermögen fördern oder unterminieren können. Durch bewusstes Umgebungsdesign können wir uns "Reibungspunkte" schaffen, die Aufgeben erschweren und Weitermachen erleichtern.

Praktische Tipps zum Umgebungsdesign:

Reibungsreduktion für positive Gewohnheiten:

- Reduziere die Anzahl der Schritte zwischen Absicht und Handlung

- Stelle Equipment/Material bereits am Vorabend bereit

- Automatisiere Startroutinen (z.B. Kalenderblockaden, automatische Erinnerungen)

Reibungserhöhung für Ablenkungen und Aufgeben:

- Schaffe bewusste Barrieren für Ablenkungen (Website-Blocker, Handy in anderem Raum)

- Implementiere "Cooling-Off-Perioden" vor dem Aufgeben (z.B. 24-Stunden-Regel)

- Gestalte Exit-Prozesse bewusst komplizierter (z.B. schriftliche Begründung für Aufgeben)

Visuelle Umgebungssignale integrieren:

- Platziere Erinnerungen an deine "Warum"-Motivation im Sichtfeld

- Nutze visuelle Fortschrittsanzeigen als Motivatoren

- Schaffe physische Symbole für überwundene Hindernisse

Nutze Architektur und Raumgestaltung:

- Schaffe dedizierte Räume oder Bereiche für fokussierte Arbeit

- Gestalte physische Umgebungen, die deine Kernwerte widerspiegeln

- Optimiere Faktoren wie Licht, Luftqualität und Ergonomie für mentale Ausdauer

Fallbeispiel: Lauras Umgebungsrevolution

Laura, eine 36-jährige freiberufliche Webdesignerin, kämpfte mit dem Durchhalten bei längeren Projekten, besonders wenn technische Schwierigkeiten auftraten. Nach wiederholten Frustrationserlebnissen entschied sie sich für eine komplette Umgestaltung ihrer Arbeitsumgebung:

Reibungsreduktion für fokussierte Arbeit:

- Sie schuf einen strukturierten Morgen-Workflow: Vorbereitung am Vorabend (Notizblatt mit Top-3-Aufgaben), automatischer Kaffeebrüher mit Timer, Arbeitskleidung griffbereit

- Sie implementierte einen "Projektstart-Ritualbox" mit allen notwendigen Materialien und einer kurzen Checkliste

- Sie programmierte ihren Computer so, dass er beim Hochfahren automatisch die relevanten Programme öffnete und inspirierenden Content zeigte

Reibungserhöhung für Ablenkungen:

- Sie installierte Website-Blocker, die während
  fokussierter Arbeitsphasen aktiviert wurden

- Sie schuf eine "Digitale Garage" für ihr
  Smartphone während der Arbeitszeit

- Sie implementierte eine
  "Frustrations-Abkühlphase": Vor dem Aufgeben
  bei einem Problem musste sie einen strukturierten
  Fragebogen ausfüllen

Visuelle Umgebungsgestaltung:

- Sie erstellte eine "Erfolgsstraße" an ihrer Wand:
  Für jedes erfolgreich abgeschlossene Projekt oder
  überwundene technische Herausforderung kam ein
  Element hinzu

- Sie platzierte Zitate zu Durchhaltevermögen
  strategisch in ihrem Arbeitsbereich

- Sie schuf ein physisches "Lösungsbuch", in dem
  sie überwundene technische Probleme
  dokumentierte

Räumliche Umgestaltung:

- Sie teilte ihren Arbeitsraum in drei Bereiche:
  Kreativzone, Technikzone und Reflexionszone

- Sie gestaltete einen speziellen "Frustrationseck"
  mit bequemem Sitzkissen, Stressbällen und
  Atemübungsanleitung

- Sie optimierte Licht (natürliches Licht plus
  spezielle Beleuchtung für lange Arbeitsphasen)
  und Luftqualität (Pflanzen, regelmäßiges Lüften)

Nach drei Monaten berichtete Laura von einer deutlichen Verbesserung ihrer Frustrationstoleranz und Projektabschlussrate. Besonders effektiv sei die Kombination aus niedrigerer Startbarriere und höheren Barrieren fürs Aufgeben gewesen. Ihre Umgebung funktioniere nun als "externer Willensverstärker", der sie durch schwierige Phasen trage.

Strategie 7: Das mentale Kontrollzentrum stärken

Die exekutiven Funktionen unseres Gehirns – Impulskontrolle, Arbeitsgedächtnis, kognitive Flexibilität – bilden das "Kontrollzentrum" für Durchhaltevermögen. Diese Funktionen sind trainierbar und können systematisch gestärkt werden.

Praktische Übungen zur Stärkung exekutiver Funktionen:

Trainingsprogramm für Impulskontrolle:

- Praktiziere regelmäßige Meditation (beginne mit 5 Minuten täglich)

- Übe bewusstes Pausieren vor Reaktionen (z.B. 5-Sekunden-Regel vor Antworten)

- Implementiere kurze tägliche Willenskraft-Herausforderungen (z.B. 30 Tage ohne Zucker)

Arbeitsgedächtnis-Stärkung:

- Übe Techniken wie "chunking" (Informationen in sinnvolle Gruppen ordnen)

216

- Praktiziere Visualisierungsübungen mit zunehmender Komplexität

- Nutze spezifische Gedächtnistrainings-Apps oder Dual-N-Back-Übungen

Kognitive Flexibilität fördern:

- Suche regelmäßig neue Perspektiven zu vertrauten Themen

- Übe bewusste Umkehrung gewohnter Denkmuster ("Was wäre, wenn das Gegenteil wahr wäre?")

- Experimentiere mit kreativen Problemlösungstechniken wie lateralem Denken

Deep Work trainieren:

- Steigere schrittweise deine Fähigkeit zur tiefen Konzentration

- Beginne mit 25 Minuten und erweitere kontinuierlich

- Reduziere systematisch Ablenkungen während dieser Fokuszeiten

Fallbeispiel: Markos mentales Fitness-Programm

Marko, ein 33-jähriger Lehrer, bemerkte, dass seine Frustrationstoleranz besonders in stressigen Schulphasen rapide sank. Er entwickelte ein systematisches Trainingsprogramm für seine exekutiven Funktionen:

Impulskontroll-Training:

- Tägliche 10-minütige Achtsamkeitsmeditation morgens

- "Reiz-Reaktions-Lücke"-Übung: Bei Schülerfragen zählte er innerlich bis 3 vor jeder Antwort

- Graduelle Exposition: Er setzte sich bewusst frustrierenden Situationen aus, beginnend mit leichten, und steigerte schrittweise den Schwierigkeitsgrad

Arbeitsgedächtnis-Stärkung:

- Tägliches 5-minütiges Training mit einer Dual-N-Back-App

- "Mentales Schachspiel": Visualisieren verschiedener Unterrichtssituationen und möglicher Reaktionen

- Strukturierte Reflexion: Tägliches Aufschreiben von drei Lernerfahrungen aus dem Unterricht

Kognitive Flexibilitätsübungen:

- Wöchentlicher "Perspektivenwechsel": Bewusste Betrachtung einer Unterrichtssituation aus Sicht verschiedener Schüler

- "Was wäre wenn"-Szenarien für Unterrichtsplanung

- Regelmäßiger Austausch mit Kollegen aus völlig anderen Fachbereichen

Nach einem Semester konsequenten Trainings berichtete Marko von signifikanten Verbesserungen:

- Seine Reaktion auf unerwartete Unterrichtsstörungen war deutlich gelassener

- Er konnte Frustration früher erkennen und regulieren

- Seine Fähigkeit, mehrere komplexe Anforderungen gleichzeitig zu jonglieren, hatte sich verbessert

- Selbst in der stressigen Prüfungsphase blieb seine Frustrationstoleranz stabiler

Besonders interessant war Markos Beobachtung, dass die Übungen zunächst anstrengend waren, mit der Zeit aber zu einer Art "mentaler Grundstabilität" führten, die ihm in vielen Lebensbereichen zugutekam.

Strategie 8: Den tieferen Sinn aktivieren - Die Zweck-Strategie

Menschen können unglaubliche Frustrationen ertragen, wenn sie mit einem übergeordneten Sinn oder Zweck verbunden sind. Die bewusste Aktivierung und Verankerung dieses tieferen "Warum" ist eine der mächtigsten Strategien für Durchhaltevermögen.

Praktische Techniken zur Sinnaktivierung:

Die persönliche Sinn-Kaskade entwickeln:

- Identifiziere dein übergeordnetes "Warum" hinter spezifischen Zielen

- Schaffe eine explizite Verbindung zwischen alltäglichen Aufgaben und höheren Werten

- Entwickle eine klare Formulierung dieser Verbindung (z.B. "Ich tue X, weil es zu Y beiträgt, was mir wichtig ist, weil Z")

Werte-basierte Entscheidungsfilter nutzen:

- Definiere 3-5 Kernwerte, die dein Leben leiten

- Prüfe Entscheidungen zum Aufgeben explizit gegen diese Werte

- Frage bei Frustration: "Welcher meiner Werte wird durch Durchhalten gestärkt?"

Transzendenz-Momente kultivieren:

- Schaffe regelmäßige Momente der Verbindung mit etwas Größerem als dir selbst

- Nutze Inspiration durch Vorbilder, Natur, Spiritualität oder Gemeinschaft

- Halte Erfahrungen fest, in denen du selbstüberschreitende Verbundenheit erlebt hast

Die Vermächtnis-Perspektive einnehmen:

- Stell dir vor, wie du in 10, 20 oder 50 Jahren auf deine heutige Herausforderung zurückblicken wirst

- Reflektiere, welche Spuren dein heutiges Handeln bei anderen hinterlassen könnte

- Schreibe einen Brief aus der Zukunft an dein heutiges Selbst

Fallbeispiel: Katrins Sinn-Revolution

Katrin, eine 52-jährige Krankenschwester, fühlte sich ausgebrannt und hatte zunehmend Schwierigkeiten, mit den Frustrationen ihres anspruchsvollen Berufs umzugehen. Statt den Job zu wechseln, entschied sie sich für eine tiefgreifende Neubewertung durch Sinnaktivierung:

Persönliche Sinn-Kaskade: Katrin reflektierte ihre tieferen Motivationen und erkannte, dass hinter ihrer Berufswahl der Wert "Menschen in verletzlichen Momenten beistehen" stand. Sie erstellte eine konkrete Kaskade:

- Alltägliche Aufgabe: Medikamente verteilen → Patienten bekommen notwendige Behandlung → trägt bei zu ihrer Genesung → ermöglicht ihnen Rückkehr zu ihren Familien → stärkt menschliche Verbindungen, die mir wichtig sind

Sie erstellte ähnliche Kaskaden für verschiedene, auch frustrierende Aspekte ihrer Arbeit und hielt sie in einem kleinen Notizbuch fest, das sie bei sich trug.

Werte-Filter: Katrin identifizierte ihre Kernwerte:

- Mitgefühl

- Kompetenz

- Authentizität

- Wachstum

Bei frustrierenden Situationen (z.B. schwierige Patienten, bürokratische Hürden) fragte sie sich explizit: "Welcher meiner Werte wird gestärkt, wenn ich durchhalte?" Dies half ihr, selbst in herausfordernden Momenten eine Verbindung zu ihren tieferen Motivationen zu halten.

Transzendenz-Praktiken:

- Wöchentliche "Heilende Hände"-Meditation: Reflexion über die tiefere Bedeutung ihrer Berührungen für Patienten

- Sammlung von Dankesbriefen früherer Patienten, die sie in schwierigen Momenten las

- Regelmäßige Naturaufenthalte, um sich mit etwas Größerem verbunden zu fühlen

Vermächtnis-Perspektive: Katrin schrieb einen imaginären Brief ihres 80-jährigen Selbst, in dem sie auf ihre Karriere zurückblickte und die vielen Leben reflektierte, die sie berührt hatte - auch durch die schwierigen Phasen hindurch. Sie las diesen Brief monatlich und aktualisierte ihn jährlich.

Nach sechs Monaten berichtete Katrin von einer tiefgreifenden Transformation:

- Frustrierende Situationen aktivierten nun automatisch die Verbindung zum tieferen Sinn

- Ihre emotionale Erschöpfung hatte signifikant abgenommen

- Sie fühlte sich weniger als "Opfer der Umstände" und mehr als bewusste Gestalterin

- Kolleginnen bemerkten ihre veränderte Präsenz und Resilienz

Am bedeutsamsten war für Katrin die Erkenntnis, dass nicht die äußeren Umstände, sondern ihre Verbindung zum tieferen Sinn den Unterschied machte: "Die Frustrationen sind noch da, aber sie können mich nicht mehr so leicht von meinem inneren Kompass trennen."

Integration der Strategien im Alltag

Die vorgestellten Strategien entfalten ihre volle Wirkung, wenn sie nicht isoliert, sondern als integriertes System angewendet werden. Hier ist ein Rahmenwerk zur praxisnahen Integration:

Der 3-3-3-Ansatz für nachhaltiges Durchhaltevermögen:

3 tägliche Mikro-Praktiken (je 3-5 Minuten):

- Morgens: Sinn-Aktivierung und Tagesabsicht

- Mittags: Kurze Energiereset-Praktik

- Abends: Reflexion und Erfolgsnotierung

3 wöchentliche Mini-Praktiken (je 15-20 Minuten):

- Eine gezielte exekutive Funktionsübung

- Eine soziale Unterstützungsinteraktion

- Eine umgebungsoptimierende Maßnahme

3 monatliche Makro-Praktiken (je 60-90 Minuten):

- Umfassende Fortschrittsreflexion und Strategieanpassung

- Tiefere Sinnreflexion und -aktualisierung

- Belohnungs- und Feierritual für Durchhalteerfolge

Diese gestaffelte Herangehensweise macht die Integration machbar und nachhaltig, ohne überwältigend zu wirken.

Die Kunst des kultivierten Durchhaltens

Durchhaltevermögen ist keine angeborene Charaktereigenschaft, sondern eine kultivierbare Fähigkeit, die durch bewusste Praxis und intelligente Strategien entwickelt werden kann. Die in diesem Kapitel vorgestellten Ansätze – vom Energiemanagement über psychologisches Kapital bis hin zur Sinnaktivierung – bieten ein umfassendes Instrumentarium, um deine Frustrationstoleranz systematisch zu stärken.

Der Schlüssel liegt nicht in heroischer Willenskraft oder "Zähne zusammenbeißen", sondern in der klugen Integration verschiedener Hebel: biologischer (Energie, Dopamin), psychologischer (Gedächtnis, Impulskontrolle), sozialer (Unterstützung, Verantwortlichkeit), umgebungsbezogener (Raumgestaltung, Reibung) und existenzieller (Sinn, Werte).

Mit diesen Werkzeugen kann Frustration von einem Stoppsignal zu einem Wachstumskatalysator werden. Wie der Philosoph Friedrich Nietzsche schrieb: "Man muss noch Chaos in sich haben, um einen tanzenden Stern gebären zu können." Mit den richtigen Strategien wird das Chaos der Frustration zum fruchtbaren Boden für die tanzenden Sterne deiner größten Leistungen.

2.5 Soziale Unterstützung nutzen

Wie Beziehungen Frustrationstoleranz fördern

Der Mensch ist ein soziales Wesen. Unsere Fähigkeit, mit Frustration umzugehen, wird maßgeblich von unseren Beziehungen beeinflusst. In diesem Abschnitt erkunden wir, wie soziale Verbindungen als Ressource für erhöhte Frustrationstoleranz dienen können und wie wir diese Ressource optimal nutzen können.

Die Wissenschaft hinter sozialer Unterstützung und Frustrationstoleranz

Zahlreiche Forschungen belegen den Zusammenhang zwischen sozialer Unterstützung und psychischer Widerstandsfähigkeit:

Neurobiologische Grundlagen:

- Bei sozialem Kontakt wird das "Bindungshormon" Oxytocin ausgeschüttet, das Stress und Angst reduziert

- Unterstützende soziale Interaktionen aktivieren das parasympathische Nervensystem, das Beruhigung fördert

- Gespräche mit vertrauten Personen können die Aktivität im präfrontalen Cortex erhöhen, was rationales Denken in frustrierenden Situationen fördert

Psychologische Mechanismen:

- Soziale Unterstützung bietet emotionale Entlastung durch Teilen von Frustrationserlebnissen

- Perspektiven anderer helfen bei kognitiver Neubewertung frustrierender Situationen

- Das Gefühl der Zugehörigkeit stärkt Selbstwert und Identität, was die Frustrationstoleranz erhöht

- Beziehungen bieten Modellfunktion für konstruktiven Umgang mit Frustration

Die Harvard-Studie zu Langlebigkeit und Zufriedenheit, die über 80 Jahre lief, identifizierte soziale Beziehungen als wichtigsten Prädiktor für langfristiges Wohlbefinden und Resilienz – sogar noch vor Gesundheit oder finanzieller Sicherheit. Menschen mit starken sozialen Bindungen bewältigten Krisen und Frustrationen nachweislich besser.

Verschiedene Arten sozialer Unterstützung und ihre Wirkung

Soziale Unterstützung ist nicht eindimensional. Verschiedene Arten können unterschiedliche Wirkungen haben:

1. Emotionale Unterstützung

- **Wesen:** Einfühlsames Zuhören, Mitgefühl, Ermutigung

- **Wirkung auf Frustrationstoleranz:** Reduziert emotionale Belastung, schafft Raum zum Verarbeiten

- **Beispiel:** Ein Freund, der deine Enttäuschung über eine abgelehnte Bewerbung anerkennt, ohne sofort Lösungen anzubieten

2. Informationelle Unterstützung

- **Wesen:** Rat, Anleitung, relevante Informationen

- **Wirkung auf Frustrationstoleranz:** Bietet neue Perspektiven und Lösungswege

- **Beispiel:** Ein Kollege, der dir bei einem technischen Problem hilft und dir einen neuen Ansatz zeigt

3. Instrumentelle Unterstützung

- **Wesen:** Praktische Hilfe, materielle Unterstützung, Zeitinvestition

- **Wirkung auf Frustrationstoleranz:** Reduziert konkrete Belastungen und Hindernisse

- **Beispiel:** Ein Nachbar, der deine Kinder betreut, während du eine wichtige Aufgabe fertigstellst

4. Bewertende Unterstützung

- **Wesen:** Feedback, Bestätigung, konstruktive Kritik

- **Wirkung auf Frustrationstoleranz:** Fördert Selbstreflexion und realistische Selbsteinschätzung

- **Beispiel:** Ein Mentor, der deine Arbeit kritisch, aber wohlwollend beurteilt

5. Zugehörigkeitsunterstützung

- **Wesen:** Gemeinschaftsgefühl, Zusammengehörigkeit, gemeinsame Identität

- **Wirkung auf Frustrationstoleranz:** Schafft Sinnhaftigkeit und kontextualisiert individuelle Erfahrungen

- **Beispiel:** Eine Gruppe von Gleichgesinnten, die ähnliche Herausforderungen meistern

Wichtig ist, dass die Art der Unterstützung zur spezifischen Situation und den individuellen Bedürfnissen passt. Manchmal suchen wir emotionale Unterstützung, erhalten aber unwillkommene Ratschläge (informationelle Unterstützung), was die Frustration sogar verstärken kann.

Fallbeispiel: Andreas soziales Unterstützungsnetzwerk

Andrea, eine 38-jährige Projektmanagerin, stand vor der Herausforderung, ein komplexes internationales Projekt zu leiten. Nach anfänglicher Begeisterung sah sie sich mit zahlreichen Frustrationen konfrontiert: kulturelle Missverständnisse, technische Schwierigkeiten und unerwartete Verzögerungen. Früher hätte sie versucht, alles allein zu bewältigen, was oft zu Überforderung und Zusammenbrüchen führte.

Diesmal entwickelte sie bewusst ein differenziertes Unterstützungsnetzwerk:

Emotionale Unterstützung: Ihre Freundin Sara, die selbst keine Projektmanagerin war, diente als empathische Zuhörerin. Bei wöchentlichen Treffen konnte Andrea offen ihre Frustrationen ausdrücken, ohne sofort Lösungen zu brauchen.

Informationelle Unterstützung: Ein ehemaliger Kollege, Michael, mit Erfahrung in internationalen Projekten, stand für fachliche Fragen zur Verfügung. Sein Wissen half Andrea, Probleme neu einzuordnen und alternative Lösungswege zu erkennen.

Instrumentelle Unterstützung: Andrea organisierte einen regelmäßigen Haushaltsservice und vereinbarte mit ihrem Partner eine neue Aufgabenverteilung, um praktische Belastungen zu reduzieren und mehr Regenerationszeit zu haben.

Bewertende Unterstützung: Ihr offizieller Mentor im Unternehmen, Dr. Klein, traf sich monatlich mit ihr, um Fortschritte zu evaluieren und konstruktives Feedback zu geben.

Zugehörigkeitsunterstützung: Andrea trat einer Online-Community für internationale Projektmanager bei, wo sie erfuhr, dass ihre Herausforderungen typisch waren.

Das Ergebnis: Andrea konnte das Projekt erfolgreich abschließen, obwohl die objektiven Schwierigkeiten nicht geringer waren als in früheren Projekten. Der Unterschied lag in ihrer gestärkten Frustrationstoleranz durch das bewusst gestaltete soziale Unterstützungsnetzwerk. Sie berichtete: "Früher fühlte ich mich in schwierigen Projektphasen isoliert, als ob ich die Einzige wäre, die mit solchen Problemen kämpft. Mein Unterstützungsnetzwerk hat mir nicht nur praktisch geholfen, sondern auch meine

Perspektive verändert. Ich sehe Frustration jetzt als normalen Teil des Prozesses, nicht als Zeichen meines Versagens."

Die Balance zwischen Unabhängigkeit und Verbundenheit

Ein häufiges Missverständnis ist, dass Frustrationstoleranz bedeutet, alles allein bewältigen zu müssen. Tatsächlich zeigt die Forschung, dass die gesündeste Form der Resilienz eine Balance zwischen Autonomie und Verbundenheit beinhaltet:

Das Konzept der "interdependenten Resilienz"

- Anerkennung sowohl der eigenen Fähigkeiten als auch des Wertes sozialer Unterstützung

- Fähigkeit zu entscheiden, wann Selbstständigkeit und wann Unterstützung angemessen ist

- Bereitschaft, sowohl Hilfe anzunehmen als auch zu geben

Kulturelle Dimensionen von Unterstützung und Frustrationstoleranz

Unser Umgang mit Unterstützung und Frustration wird stark von kulturellen Faktoren geprägt:

Individualistische vs. kollektivistische Kulturen:

- In individualistischen Kulturen (z.B. Nordamerika, Westeuropa) wird oft persönliche Autonomie betont

- In kollektivistischen Kulturen (z.B. Ostasien, viele afrikanische Kulturen) wird Unterstützung durch die Gemeinschaft als selbstverständlich angesehen

Geschlechtsspezifische Sozialisation:

- Männer werden in vielen Kulturen zur Selbstständigkeit erzogen, was das Suchen nach Unterstützung erschweren kann

- Frauen werden oft zur Beziehungsorientierung sozialisiert, was manchmal zu Abhängigkeit führen kann

Die Bewusstheit für diese kulturellen Prägungen hilft uns, einschränkende Muster zu erkennen und bewusste Entscheidungen über den Umgang mit sozialer Unterstützung zu treffen.

Wie soziale Unterstützung auf verschiedenen Ebenen wirkt

Soziale Unterstützung beeinflusst unsere Frustrationstoleranz auf mehreren Ebenen:

1. Prävention von Frustration Unterstützende Beziehungen können helfen, Frustration zu reduzieren, bevor sie übermächtig wird:

- Geteilte Verantwortung reduziert Überlastung

- Rechtzeitige Beratung hilft, Fehler zu vermeiden

- Emotionale Unterstützung verhindert das Aufstauen von Stress

2. Abfederung akuter Frustration Im Moment der Frustration können Beziehungen als Puffer wirken:

- Präsenz unterstützender Personen reduziert die Stressreaktion

- Gespräche helfen, Emotionen zu regulieren

- Perspektivenwechsel durch Austausch fördert kognitive Umstrukturierung

3. Langfristige Resilienzentwicklung Über Zeit tragen gesunde Beziehungen zur Entwicklung innerer Ressourcen bei:

- Internalisierende positive Stimmen als Gegenmittel zum inneren Kritiker

- Entwicklung von Selbstwirksamkeit durch ermutigende Beziehungen

- Aufbau einer positiven Identität durch wertschätzende Spiegelung

4. Sinnstiftung und Kontextualisierung Beziehungen helfen, Frustrationserlebnisse in einen größeren Zusammenhang zu stellen:

- Teilen ähnlicher Erfahrungen normalisiert Frustration

- Gemeinsame Werte geben Durchhalten eine tiefere Bedeutung

- Kollektive Narrative bieten Rahmen für die Interpretation von Schwierigkeiten

Praktische Strategien zur Nutzung sozialer Unterstützung

Um das Potenzial sozialer Unterstützung für deine Frustrationstoleranz optimal zu nutzen, kannst du folgende Strategien anwenden:

1. Dein Unterstützungsnetzwerk kartieren und entwickeln

Ein erster wichtiger Schritt ist, dein bestehendes Netzwerk bewusst zu erfassen und gezielt zu erweitern:

- **Netzwerk-Mapping-Übung:** Zeichne einen Kreis mit vier Quadranten (emotionale, informationelle, instrumentelle und bewertende Unterstützung). Trage in jeden Quadranten Menschen ein, die dir diese Art von Unterstützung bieten können.

- **Lückenanalyse:** Identifiziere unterentwickelte Bereiche in deinem Netzwerk. Fehlt dir beispielsweise jemand für fachliche Beratung oder emotionale Unterstützung?

- **Strategische Netzwerkerweiterung:** Überlege, wie du gezielt Beziehungen aufbauen kannst, um identifizierte Lücken zu schließen (z.B. Mentorenprogramme, Interessengruppen, professionelle Netzwerke).

2. Unterstützung bewusst und effektiv anfragen

Das Bitten um Unterstützung ist eine Fähigkeit, die entwickelt werden kann:

- **Konkrete Anfragen stellen:** Spezifiziere genau, welche Art von Unterstützung du brauchst. Statt "Ich brauche Hilfe bei meinem Projekt" sage "Könntest du dir 20 Minuten Zeit nehmen, um mir Feedback zu diesem Abschnitt zu geben?"

- **Die passende Person ansprechen:** Wähle bewusst, an wen du dich für welche Art von Unterstützung wendest. Nicht jeder Freund ist für jede Art von Unterstützung der Richtige.

- **Timing beachten:** Wähle einen günstigen Moment für deine Anfrage, wenn die andere Person aufnahmefähig ist und Zeit hat.

- **Reziprozität anbieten:** Zeige Bereitschaft, ebenfalls zu unterstützen. Unterstützung funktioniert am besten als Austausch, nicht als Einbahnstraße.

3. Unterstützung bewusst annehmen und integrieren

Unterstützung annehmen zu können ist ebenso wichtig wie darum zu bitten:

- **Aktives Zuhören praktizieren:** Höre wirklich zu, wenn andere Rat oder Perspektiven anbieten, statt sofort zu widersprechen oder zu rechtfertigen.

- **Dankbarkeit ausdrücken:** Bedanke dich spezifisch für die erhaltene Unterstützung, was die Beziehung stärkt und weitere Unterstützung fördert.

- **Reflexion nach Unterstützung:** Nimm dir Zeit, das Erhaltene zu verarbeiten. Was war besonders hilfreich? Wie kannst du es integrieren?

4. Eine Kultur gegenseitiger Unterstützung schaffen

Über individuelle Beziehungen hinaus kannst du aktiv an einer unterstützenden Umgebung arbeiten:

- **Modellverhalten zeigen:** Biete selbst verschiedene Arten von Unterstützung an und modelliere gesunde Formen des Gebens und Nehmens.

- **Unterstützungsroutinen etablieren:** Schaffe regelmäßige Gelegenheiten für Austausch und Unterstützung (z.B. wöchentliche Check-ins, monatliche Mentorengespräche).

- **Psychologische Sicherheit fördern:** Trage zu einer Atmosphäre bei, in der es sicher ist, Schwierigkeiten zu teilen und um Hilfe zu bitten, ohne Verurteilung befürchten zu müssen.

Fallbeispiel: Toms Transformation durch soziale Unterstützung

Tom, ein 44-jähriger Selbstständiger, hatte sich jahrelang als "Einzelkämpfer" definiert. In schwierigen beruflichen Phasen isolierte er sich zunehmend, was seine Frustrationstoleranz erheblich senkte. Nach einer besonders belastenden Projektphase, die fast zum Burnout führte, entschied er sich, sein Verhältnis zu sozialer Unterstützung grundlegend zu überdenken.

Er begann mit einem ehrlichen Netzwerk-Mapping und stellte fest, dass seine Unterstützungsstruktur erhebliche Lücken aufwies:

- Emotionale Unterstützung: stark unterentwickelt

- Informationelle Unterstützung: punktuell vorhanden durch lose Fachkontakte

- Instrumentelle Unterstützung: fast nicht existent

- Bewertende Unterstützung: fehlte vollständig

Tom erkannte, dass sein "Einzelkämpfer"-Selbstbild nicht nur berufliche, sondern auch persönliche Kosten hatte. Er entwickelte einen systematischen Plan:

1. Netzwerkerweiterung:

- Er trat einer Intervisionsgruppe für Selbstständige bei, die sich monatlich traf

- Er kontaktierte einen früheren Mentor für quartalsweise Reflexionsgespräche

- Er intensivierte den Kontakt zu zwei langjährigen Freunden für emotionale Unterstützung

2. Unterstützung anfragen: Tom überwand seine Hemmungen, um Hilfe zu bitten, indem er:

- Kleine, spezifische Anfragen als Übung startete

- Eine Liste mit "erlaubten" Unterstützungsanfragen erstellte

- Seine Erfahrungen mit Unterstützungsanfragen reflektierte und positive Erlebnisse bewusst verstärkte

3. Unterstützung annehmen:

- Er praktizierte aktives Zuhören ohne sofortige Abwehr

- Er führte ein "Unterstützungsjournal", in dem er erhaltene Hilfe und deren Wirkung dokumentierte

- Er entwickelte Rituale des Dankens für erhaltene Unterstützung

4. Unterstützungskultur schaffen:

- Er bot selbst regelmäßig Unterstützung an, was die Reziprozität förderte

- Er teilte offener Herausforderungen und normalisierte das Thema "Unterstützung brauchen" in seinem Umfeld

- Er initiierte ein informelles monatliches "Mastermind"-Treffen mit anderen Selbstständigen

Nach einem Jahr berichtete Tom von tiefgreifenden Veränderungen:

- Seine Fähigkeit, mit beruflichen Frustrationen umzugehen, hatte sich deutlich verbessert

- Er konnte Rückschläge schneller verarbeiten und produktive Lösungen finden

- Die Qualität seiner Arbeit hatte sich durch regelmäßiges Feedback erhöht

- Er fühlte sich weniger isoliert und insgesamt zufriedener

Tom reflektierte: "Ich habe jahrelang geglaubt, dass Stärke bedeutet, alles allein zu schaffen. Heute verstehe ich, dass wahre Stärke darin liegt, zu wissen, wann und wie man Unterstützung sucht und annimmt. Meine Frustrationstoleranz ist nicht deshalb gestiegen, weil ich unverwundbar geworden bin, sondern weil ich gelernt habe, Ressourcen zu aktivieren – in mir und um mich herum."

Hindernisse bei der Nutzung sozialer Unterstützung

Trotz der evidenten Vorteile gibt es zahlreiche Hindernisse, die Menschen davon abhalten, soziale Unterstützung effektiv zu nutzen:

Innere Hindernisse:

1. Vulnerabilitätsangst Die Angst, als schwach oder inkompetent zu erscheinen, wenn man Unterstützung sucht.

Überwindungsstrategie:

- Unterscheide zwischen "Schwäche" und "menschlicher Begrenztheit"

- Erinnere dich an Vorbilder, die offen um Hilfe bitten

- Beginne mit "sicheren" Personen, bei denen das Risiko der Verurteilung gering ist

2. Unrealistische Autonomie-Ideale Die Überzeugung, dass man "alles allein schaffen sollte" oder "niemandem zur Last fallen darf".

Überwindungsstrategie:

- Hinterfrage die Herkunft dieser Überzeugungen

- Entwickle ein neues Narrativ von "interdependenter Stärke"

- Übe dich in Selbstmitgefühl für menschliche Begrenzungen

3. Negative Unterstützungserfahrungen Frühere
Erlebnisse, in denen Unterstützung zu Abhängigkeit,
Verpflichtungsgefühlen oder Enttäuschungen führte.

Überwindungsstrategie:

- Unterscheide zwischen vergangenen Erfahrungen
  und gegenwärtigen Möglichkeiten

- Beginne mit kleinen, begrenzten
  Unterstützungsanfragen

- Entwickle klare Grenzen und Kommunikation in
  Unterstützungsbeziehungen

Äußere Hindernisse:

1. Mangel an verfügbaren Unterstützungsquellen
Besonders in neuen Umgebungen, nach Umzügen oder
Lebenswechseln kann das soziale Netzwerk dünn sein.

Überwindungsstrategie:

- Nutze strukturierte Wege zur
  Netzwerkentwicklung (Gruppen, Vereine,
  Online-Communities)

- Investiere konsequent in den Aufbau neuer
  Beziehungen

- Nutze vorübergehend professionelle
  Unterstützung (Coaching, Therapie)

2. Dysfunktionale Unterstützungskulturen
Umgebungen, in denen Unterstützungssuche als
Schwäche gilt oder toxische Unterstützungsformen
vorherrschen.

Überwindungsstrategie:

- Identifiziere gesündere Teilumgebungen oder Nischen

- Sei Vorreiter für konstruktive Unterstützungskultur

- Suche gezielt nach Gleichgesinnten außerhalb des unmittelbaren Umfelds

Digitale vs. analoge Unterstützung

In der digitalen Ära hat sich die Landschaft sozialer Unterstützung grundlegend verändert. Online-Communities, soziale Medien und Messaging-Dienste bieten neue Möglichkeiten, aber auch Herausforderungen:

Vorteile digitaler Unterstützung:

- Überwindung geografischer Barrieren

- Zugang zu spezialisierten Communities mit ähnlichen Herausforderungen

- Niedrigschwellige Kontaktmöglichkeiten

- Zeitliche Flexibilität

Herausforderungen digitaler Unterstützung:

- Risiko oberflächlicher Verbindungen

- Fehlen nonverbaler Hinweise und Tiefe

- Potenzial für Missverständnisse

- Mögliche soziale Medien-induzierte Vergleichseffekte

Integrativer Ansatz: Die Forschung deutet darauf hin, dass ein hybrider Ansatz optimal ist:

- Digitale Kanäle für initiale Kontakte, Informationsaustausch und kontinuierliche Verbindung

- Persönliche Treffen für tiefere emotionale Unterstützung und komplexere Problemlösung

- Bewusste Wahl des Kanals je nach Unterstützungsart und Bedürfnis

Fallbeispiel: Laras hybrides Unterstützungsnetzwerk

Lara, eine 29-jährige UX-Designerin, kämpfte mit Frustration in ihrem kreativen Prozess. Als Freelancerin arbeitete sie größtenteils allein und vermisste konstruktives Feedback und emotionale Unterstützung.

Sie entwickelte ein hybrides Unterstützungssystem:

Digital:

- Eine Slack-Gruppe mit fünf anderen Designerinnen für täglichen Austausch und schnelle Fragen

- Eine monatliche Zoom-Mastermind-Gruppe für tiefere Projektbesprechungen

- Ein Online-Forum für technische Herausforderungen ihres Designprogramms

Analog:

- Ein zweimonatliches Treffen mit lokalen Kreativschaffenden in einem Café

- Eine "Kreativ-Krise-Hotline" mit ihrer ehemaligen Studienkollegin für Video-Calls bei akuten Frustrationsmomenten

- Quartalsweise "Design-Retreats" mit zwei engen Kolleginnen für intensive Arbeit und Reflexion

Diese Kombination ermöglichte ihr sowohl die Unmittelbarkeit digitaler Unterstützung als auch die Tiefe persönlicher Begegnungen. Ihre Frustrationstoleranz in kreativen Blockaden stieg deutlich, da sie stets passende Unterstützungsformen aktivieren konnte.

Soziale Unterstützung als gegenseitiger Prozess

Ein oft übersehener Aspekt sozialer Unterstützung ist ihre inhärente Gegenseitigkeit. Unterstützung zu geben kann ebenso kraftvoll für die Frustrationstoleranz sein wie sie zu empfangen:

Vorteile des Unterstützung-Gebens:

- Stärkung des Selbstwirksamkeitsgefühls

- Perspektivenwechsel und Distanz zu eigenen Problemen

- Entwicklung von Empathie und emotionaler Intelligenz

- Vertiefung von Beziehungen durch Reziprozität

Strategien für gegenseitige Unterstützungsbeziehungen:

1. Unterstützungskapazitäten kommunizieren Offene Gespräche darüber, welche Art von Unterstützung du geben kannst und möchtest:

- "Ich bin gut darin, zuzuhören, ohne sofort Lösungen anzubieten."

- "Ich kann besonders gut bei technischen Problemen unterstützen."

- "Ich habe derzeit begrenzte Kapazitäten, kann aber X anbieten."

2. Balanced-Support-Praktiken entwickeln Bewusste Praktiken, die ein gesundes Gleichgewicht fördern:

- Regelmäßige Check-ins zu Unterstützungsbedürfnissen beider Seiten

- Abwechselnde Fokuszeiten für die Themen beider Personen

- Explizite Anerkennung und Dank für erhaltene Unterstützung

3. Unterstützungskompetenzen entwickeln Gezielte Entwicklung von Fähigkeiten, die qualitätsvolle Unterstützung ermöglichen:

- Aktives Zuhören ohne sofortige Ratschläge

- Unterscheidung zwischen verschiedenen Unterstützungsformen und deren angemessener Einsatz

- Eigene Grenzen erkennen und kommunizieren

Fazit: Beziehungen als Ressource für Frustrationstoleranz

Soziale Unterstützung ist nicht nur ein angenehmer Zusatz, sondern eine fundamentale Ressource für erhöhte Frustrationstoleranz. Die Fähigkeit, Unterstützung zu suchen, anzunehmen und zu geben, ist ein wesentlicher Bestandteil emotionaler Resilienz.

Die in diesem Abschnitt vorgestellten Konzepte und Strategien – von der bewussten Netzwerkentwicklung über effektives Bitten um Hilfe bis hin zur Überwindung von Unterstützungshindernissen – bieten einen Rahmen, um das volle Potenzial deiner sozialen Beziehungen für deine Frustrationstoleranz zu erschließen.

Indem du soziale Unterstützung nicht als Zeichen von Schwäche, sondern als intelligente Nutzung verfügbarer Ressourcen betrachtest, öffnest du dir einen mächtigen Weg zu größerer Widerstandsfähigkeit. Wie der afrikanische Spruch sagt: "Wenn du schnell gehen willst, geh allein. Wenn du weit gehen willst, geh mit anderen."

Kommunikationstechniken für schwierige Situationen

Konflikte und schwierige Gespräche gehören zu den häufigsten Quellen von Frustration im Alltag. Die Art und Weise, wie wir in solchen Situationen kommunizieren, kann den Unterschied zwischen eskalierender Frustration und konstruktiver Lösung ausmachen. In diesem Abschnitt lernst du wirksame Kommunikationstechniken kennen, die dir helfen, auch in anspruchsvollen Situationen handlungsfähig zu bleiben und deine Frustrationstoleranz zu stärken.

Die Psychologie der Kommunikation unter Frustration

Bevor wir konkrete Techniken betrachten, ist es hilfreich zu verstehen, was in frustrierenden Gesprächssituationen psychologisch geschieht:

Das "Triggered Brain" Phänomen Wenn wir frustriert sind, geschieht Folgendes:

- Der präfrontale Cortex (verantwortlich für rationales Denken und Impulskontrolle) wird weniger aktiv

- Das limbische System (emotionales Zentrum) wird dominant

- Die Amygdala löst eine Kampf-oder-Flucht-Reaktion aus

- Die Wahrnehmung verengt sich auf wahrgenommene Bedrohungen

In diesem Zustand:

- Hören wir weniger genau zu

- Interpretieren wir Aussagen negativer

- Werden defensiver und reaktiver

- Verlieren Zugang zu unserem "besten Selbst"

Das Four Horsemen-Konzept nach John Gottman

Der Beziehungsforscher identifizierte vier besonders schädliche Kommunikationsmuster, die in frustrierenden Situationen oft auftreten:

1. **Kritik**: Persönliche Angriffe statt spezifischer Problembenennung

2. **Verteidigung**: Abwehr von Verantwortung statt Zuhören

3. **Verachtung**: Abwertende Kommunikation (Sarkasmus, Augenbollen etc.)

4. **Mauern**: Emotionaler und kommunikativer Rückzug

Diese Muster treten nicht nur in romantischen Beziehungen auf, sondern in allen Formen zwischenmenschlicher Kommunikation und verstärken Frustration erheblich.

Das "Ladder of Inference" Modell

Dieses von Chris Argyris entwickelte Modell zeigt, wie wir in sekundenschnelle von objektiven Fakten zu subjektiven Schlussfolgerungen gelangen:

1. Wir nehmen selektiv Daten wahr (beeinflußt durch Frustration)

2. Wir interpretieren diese Daten gemäß unserer mentalen Modelle

3. Wir ziehen Schlussfolgerungen basierend auf diesen Interpretationen

4. Wir handeln entsprechend dieser Schlussfolgerungen

In frustrierenden Situationen beschleunigt sich dieser Prozess, und wir "springen" schneller zu negativen Schlussfolgerungen.

Mit diesem Verständnis können wir nun konkrete Kommunikationsstrategien betrachten, die helfen, trotz Frustration effektiv zu kommunizieren.

Die Prinzipien der gewaltfreien Kommunikation (GFK)

Die von Marshall Rosenberg entwickelte Gewaltfreie Kommunikation bietet einen kraftvollen Rahmen für Gespräche in frustrierenden Situationen. Sie besteht aus vier Komponenten:

1. Beobachtung ohne Bewertung

- **Konventionell**: "Du kommst immer zu spät."

- **GFK**: "Bei den letzten drei Treffen bist du 15-20 Minuten nach der vereinbarten Zeit gekommen."

2. Gefühle ausdrücken ohne Schuldzuweisungen

- **Konventionell**: "Du machst mich wahnsinnig mit deiner Unzuverlässigkeit."

- **GFK**: "Ich fühle mich frustriert und nicht wertgeschätzt."

3. Bedürfnisse artikulieren ohne Forderungen

- **Konventionell**: "Du musst endlich lernen, pünktlich zu sein."

- **GFK**: "Mir sind Verlässlichkeit und gegenseitiger Respekt für unsere Zeit wichtig."

4. Bitten formulieren ohne zu befehlen

- **Konventionell**: "Komm gefälligst pünktlich, oder wir können das gleich lassen."

- **GFK**: "Wärst du bereit, mir Bescheid zu geben, wenn du siehst, dass du dich verspätest?"

Die GFK hilft besonders in frustrierenden Situationen, weil sie:

- Einen Raum zwischen Gefühl und Reaktion schafft

- Verbindung statt Trennung fördert

- Die Verantwortung für eigene Gefühle übernimmt

- Konkrete, umsetzbare Bitten formuliert

Fallbeispiel: Sven und die GFK im beruflichen Kontext

Sven, ein Teamleiter, war zunehmend frustriert über einen Mitarbeiter, der wiederholt Deadlines verpasste. Seine typische Reaktion war, passiv-aggressiv zu werden oder den Mitarbeiter vor anderen bloßzustellen, was die Situation nur verschlechterte.

Nach einem GFK-Workshop begann er, anders zu kommunizieren:

Beobachtung: "Ich sehe, dass die letzten drei Projektberichte jeweils 4-7 Tage nach der vereinbarten Frist eingereicht wurden."

Gefühle: "Ich bin besorgt und frustriert, weil ich dadurch in Erklärungsnot gegenüber der Geschäftsleitung gerate."

Bedürfnisse: "Mir ist wichtig, dass wir als Team zuverlässig arbeiten und ich meinen Berichtspflichten nachkommen kann."

Bitte: "Könntest du mir sagen, was du brauchst, um die Berichte pünktlich einzureichen? Und falls du siehst, dass du eine Deadline nicht einhalten kannst, würdest du mich bitte frühzeitig informieren?"

Das Ergebnis: Der Mitarbeiter, der sich zuvor defensiv und angegriffen gefühlt hatte, öffnete sich und erklärte, dass er mit der Analyse der Daten überfordert war. Gemeinsam fanden sie eine Lösung (zusätzliche Schulung und Zwischenchecks), die das Problem nachhaltig löste.

Sven reflektierte: "Früher hat meine Frustration die Kommunikation vergiftet. Mit der GFK konnte ich klar und gleichzeitig respektvoll bleiben. Der entscheidende Unterschied war, dass ich meine Bedürfnisse ausdrückte, statt den anderen anzugreifen."

Aktives Zuhören in frustrierenden Situationen

Eine der mächtigsten Fähigkeiten in schwierigen Gesprächen ist paradoxerweise nicht das Sprechen, sondern das Zuhören. Aktives Zuhören kann Frustrationen entschärfen und den Weg für echte Lösungen öffnen.

Die Technik des aktiven Zuhörens:

1. Vollständige Aufmerksamkeit geben

- Ablenkungen minimieren (Handy weglegen, Tür schließen)

- Angemessenen Blickkontakt halten

- Offene Körperhaltung einnehmen

- Unterbrechungen vermeiden

2. Verstehen vor Antworten priorisieren

- Den Impuls unterdrücken, sofort zu reagieren oder zu widersprechen

- Bewusst auf Verständnis ausrichten, nicht auf Vorbereitung der eigenen Antwort

- Neugierig bleiben, auch wenn man anderer Meinung ist

3. Paraphrasieren des Gehörten

- Das Gesagte in eigenen Worten wiedergeben: "Wenn ich dich richtig verstehe, sagst du..."

- Sowohl den Inhalt als auch die emotionale Komponente spiegeln

- Um Bestätigung oder Korrektur bitten: "Habe ich das so richtig erfasst?"

4. Klärende Fragen stellen

- Offene Fragen nutzen, die tiefer gehen: "Kannst du mir mehr darüber erzählen?"

- Spezifische Aspekte klären: "Was genau meinst du mit...?"

- Vermutungen prüfen: "Bedeutet das für dich...?"

5. Empathische Bestätigung geben

- Die Gefühle und Perspektive des anderen anerkennen, ohne unbedingt zuzustimmen

- Verständnis ausdrücken: "Ich kann verstehen, warum du das so siehst."

- Wertschätzung für die Offenheit zeigen

Warum aktives Zuhören die Frustrationstoleranz stärkt:

- Es unterbricht die Eskalationsspirale

- Es verlangsamt die Interaktion und schafft Raum für Reflexion

- Es ermöglicht tieferes Verständnis der zugrundeliegenden Bedürfnisse

- Es baut Verbindung auf, selbst in konfliktreichen Situationen

Fallbeispiel: Martina's Transformation durch aktives Zuhören

Martina, eine Einzelhändlerin, erlebte regelmäßig frustrierende Kundengespräche bei Reklamationen. Ihre typische Reaktion war, defensiv zu werden und die Unternehmensrichtlinien zu zitieren, was oft zu eskalierenden Konflikten führte.

Sie begann, aktives Zuhören bewusst zu praktizieren:

Vollständige Aufmerksamkeit: Sie verließ bei Reklamationsgesprächen die Kasse und führte das Gespräch in einer ruhigeren Ecke des Ladens.

Verstehen vor Antworten: Sie verzichtete auf sofortige Lösungsvorschläge und hörte zunächst die komplette Geschichte des Kunden an.

Paraphrasieren: "Wenn ich Sie richtig verstehe, haben Sie das Produkt gekauft, um X zu tun, und es hat nicht wie erwartet funktioniert, was besonders ärgerlich war, weil Sie es für ein wichtiges Ereignis brauchten."

Klärende Fragen: "Können Sie mir genau beschreiben, wie das Produkt versagt hat? Was wäre für Sie jetzt die ideale Lösung?"

Empathische Bestätigung: "Ich verstehe Ihre Enttäuschung. Es ist frustrierend, wenn ein Produkt nicht das hält, was es verspricht, besonders in so einer wichtigen Situation."

Das Ergebnis war bemerkenswert: Die Kunden fühlten sich verstanden, wurden kooperativer, und Martina konnte in den meisten Fällen eine für beide Seiten akzeptable Lösung finden. Ihre eigene Frustration nahm deutlich ab, da sie nicht mehr jeden Konflikt als persönlichen Angriff erlebte.

Martina reflektierte: "Früher sah ich verärgerte Kunden als Gegner. Durch aktives Zuhören erkenne ich jetzt, dass hinter dem Ärger meist ein legitimes Bedürfnis steht. Das hat meine gesamte Einstellung zu schwierigen Gesprächen verändert."

Die Kunst des konstruktiven Feedbacks

Eine häufige Quelle von Frustration sind Feedback-Situationen – sowohl beim Geben als auch beim Empfangen von Kritik. Mit den richtigen Techniken kannst du Feedback so gestalten, dass es konstruktiv statt frustrierend wirkt.

Beim Geben von Feedback:

1. Das Sandwich-Prinzip überdenken Das klassische "Lob-Kritik-Lob"-Sandwich kann als manipulativ empfunden werden. Alternative:

- **Spezifisches Feedback** zu konkretem Verhalten oder Ergebnis

- **Auswirkung benennen** (auf dich, das Team, das Projekt)

- **Konstruktiven Vorschlag** anbieten

2. Die SBI-Methode (Situation-Behavior-Impact)

- **Situation**: Den spezifischen Kontext benennen

- **Behavior**: Das beobachtbare Verhalten beschreiben

- **Impact**: Die Auswirkung dieses Verhaltens erklären

Beispiel: "In der Teambesprechung gestern (Situation), als du dreimal deinen Kollegen unterbrochen hast (Behavior), hat das dazu geführt, dass er sich zurückgezogen hat und sein wichtiger Beitrag verloren ging (Impact)."

3. Ich-Botschaften statt Du-Botschaften

- **Statt**: "Du bist zu unorganisiert."

- **Besser**: "Ich fühle mich verunsichert, wenn ich kurz vor der Deadline noch keine Informationen zum Projektstand habe."

4. Lösungsorientiertes Feedback

- **Konkrete, umsetzbare Vorschläge** statt vager Kritik

- **Zukunftsorientierung** statt Vergangenheitsfixierung

- **Gemeinsame Lösungsfindung** anbieten

Beim Empfangen von Feedback:

1. Die SARAH-Methode zum Verarbeiten von Kritik
Ein hilfreiches Akronym für den emotionalen Prozess
beim Feedback-Empfangen:

- **S**hock: Die initiale Überraschung anerkennen

- **A**nger: Die aufkommende Frustration oder
  Defensive wahrnehmen

- **R**ejection: Den Impuls zur Ablehnung des
  Feedbacks bemerken

- **A**cceptance: Zu einer neutraleren Betrachtung
  übergehen

- **H**elp: Das Feedback als Unterstützung zur
  Verbesserung sehen

2. Aktive Rezeptionstechniken

- **Dankbarkeit ausdrücken**, unabhängig vom
  Inhalt des Feedbacks

- **Klärende Fragen stellen**, um das Feedback
  vollständig zu verstehen

- **Paraphrasieren**, um sicherzustellen, dass du das
  Feedback richtig verstanden hast

- **Reflexion ankündigen**: "Ich werde darüber
  nachdenken und ggf. auf dich zurückkommen."

3. Selektives Verarbeiten

- Zwischen **hilfreichem und unhilfreichem
  Feedback** unterscheiden

- **Pattern erkennen**: Wiederholt auftauchendes Feedback ernst nehmen

- **Eigene Werte und Ziele** als Filter nutzen

Fallbeispiel: Karim's Feedback-Revolution

Karim, ein Teamleiter in einem Softwareunternehmen, kämpfte mit zwei Feedback-Herausforderungen: Seine eigenen Rückmeldungen wurden oft defensiv aufgenommen, und er selbst reagierte frustriert auf Kritik von oben.

Er implementierte neue Ansätze:

Beim Feedback-Geben:

- Er ersetzte sein übliches "Du solltest..." durch die SBI-Methode: "Im letzten Kundengespräch (S), als du die technischen Details sehr ausführlich erklärt hast (B), wirkte der Kunde zunehmend ungeduldig und wir verloren seine Aufmerksamkeit (I)."

- Er ergänzte stets einen konstruktiven Vorschlag: "Vielleicht könnten wir vor dem nächsten Kundengespräch überlegen, welche Informationen für diesen spezifischen Kunden wirklich relevant sind?"

- Er schuf einen Kontext der Entwicklung statt der Beurteilung: "Mein Ziel ist, dass wir als Team erfolgreicher werden. Dieses Feedback soll uns dabei helfen."

Beim Feedback-Empfangen:

- Er praktizierte die SARAH-Methode bewusst:
  Wenn sein Chef Kritik äußerte, erlaubte er sich
  innerlich, den Prozess zu durchlaufen, ohne sofort
  zu reagieren.

- Er führte aktive Rezeptionstechniken ein: "Danke
  für dein Feedback. Wenn ich dich richtig verstehe,
  wünschst du dir detailliertere Projektberichte.
  Könntest du mir ein Beispiel geben, was genau du
  dir vorstellst?"

- Er separierte Inhalt von Überbringung: Selbst
  wenn das Feedback unsensibel übermittelt wurde,
  versuchte er, den wertvollen Kern zu extrahieren.

Die Ergebnisse waren transformativ:

- Die Defensivität in seinem Team nahm deutlich ab

- Feedback-Gespräche wurden produktiver und
  lösungsorientierter

- Seine eigene Frustrationstoleranz bei Kritik
  erhöhte sich merklich

- Die allgemeine Kommunikationskultur im Team
  verbesserte sich

Karim reflektierte: "Ich habe erkannt, dass Feedback
weniger mit 'Korrektur' und mehr mit 'Verbindung' zu tun
hat. Wenn ich Feedback als Chance zur Verbindung und
zum gemeinsamen Wachstum sehe, verschwindet ein
Großteil der Frustration."

**Deeskalationsstrategien für
Hochspannungssituationen**

Manchmal eskalieren Gespräche trotz bester Absichten, und wir finden uns in hochfrustrativen Konfliktsituationen wieder. Hier sind Techniken, die helfen können:

1. Die Pause-Taste aktivieren

- **Timeouts vereinbaren**: Vorher festlegen, dass jeder eine Auszeit nehmen kann

- **Physische Distanz schaffen**: "Ich brauche einen Moment" und den Raum kurz verlassen

- **Meta-Kommunikation**: "Ich merke, dass dieses Gespräch gerade hitzig wird. Können wir kurz innehalten?"

2. Physiologische Beruhigungstechniken

- **Tiefe Bauchatmung**: 4 Sekunden einatmen, 6 Sekunden ausatmen

- **Progressive Muskelentspannung**: Bewusstes Entspannen angespannter Muskelgruppen

- **Sensorische Umleitung**: Bewusst etwas im Raum beobachten oder einen Gegenstand berühren

3. Die LEAP-Methode für emotionale Eskalation
Entwickelt für den Umgang mit Menschen in emotionaler Krise:

- Listen: Zuhören ohne Unterbrechung

- Empathize: Empathie zeigen ohne Zustimmung

- Agree: Punkte finden, denen du zustimmen kannst

- Partner: Gemeinsam nach Lösungen suchen

4. Kognitive Entschärfungstechniken

- **Depersonalisierung**: "Dies ist nicht gegen

- **Depersonalisierung**: "Dies ist nicht gegen mich persönlich gerichtet, sondern Ausdruck einer Frustration oder eines unerfüllten Bedürfnisses."

- **Nachrichtenfokus**: Zwischen der Nachricht selbst und der Art der Übermittlung unterscheiden

- **Perspektivwechsel**: "Wie würde eine neutrale dritte Person diese Situation sehen?"

5. Verbale Deeskalationstechniken

- **Spiegeln ohne Eskalation**: Emotionale Intensität leicht reduzieren ("Du bist wütend" statt "Du bist außer dir vor Wut")

- **Validierung der Gefühle**: "Es ist verständlich, dass du verärgert bist."

- **Gemeinsamen Boden suchen**: "Wir beide wollen eine Lösung finden."

- **Von Positionen zu Interessen wechseln**: "Was ist dir dabei besonders wichtig?"

Fallbeispiel: Karin's Deeskalation im Familiengespräch

Karin, 46, erlebte regelmäßig eskalierende Auseinandersetzungen mit ihrem Teenager-Sohn über seine Bildschirmzeit. Diese Gespräche endeten oft in frustrierenden Schreiduellen, nach denen sich beide tagelang aus dem Weg gingen.

Nach einem Workshop über Kommunikation setzte sie neue Strategien ein:

Vorbereitung: Sie vereinbarte mit ihrem Sohn ein "Timeout-Signal" (Hand auf Herz), das beide nutzen konnten, wenn ein Gespräch zu hitzig wurde.

Während einer Eskalation:

- Als sie merkte, dass ihr Puls stieg, nutzte sie bewusst die Pause-Taste: "Ich merke, dass ich gerade sehr aufgeregt werde. Lass uns kurz durchatmen."

- Sie aktivierte physiologische Beruhigung durch 4-6-Atmung und Entspannung ihrer Schultern

- Sie wandte die LEAP-Methode an:

  o Sie hörte wirklich seiner Perspektive ("Alle meine Freunde haben keine solchen Einschränkungen")

  o Empathisierte: "Ich verstehe, dass es frustrierend ist, wenn du das Gefühl hast, anders behandelt zu werden als deine Freunde."

  o Fand Punkte der Übereinstimmung: "Du hast recht, dass Medien ein wichtiger Teil deines sozialen Lebens sind."

  o Schlug Partnerschaft vor: "Lass uns gemeinsam Regeln entwickeln, die für beide funktionieren."

- Sie nutzte kognitive Umstrukturierung: "Dies ist keine Schlacht, die ich gewinnen muss, sondern ein Aushandlungsprozess."

Das Ergebnis: Das nächste Gespräch über Bildschirmzeit verlief konstruktiver. Obwohl es weiterhin Meinungsverschiedenheiten gab, konnten sie einen Kompromiss finden, ohne in destruktive Kommunikationsmuster zu verfallen.

Karin reflektierte: "Früher sah ich diese Gespräche als Machtkämpfe. Jetzt verstehe ich, dass es darum geht, eine Brücke zu bauen. Meine Frustrationstoleranz hat sich erhöht, weil ich Werkzeuge habe, um aus der Eskalationsspirale auszusteigen."

Schwierige Nachrichtentechniken: Wenn unangenehme Mitteilungen nötig sind

Manchmal müssen wir Nachrichten überbringen, die beim Empfänger potenziell Frustration oder negative Gefühle auslösen können. Diese Situationen erfordern besondere kommunikative Sorgfalt.

1. Die SPIKES-Methode für schwierige Mitteilungen
Ursprünglich für medizinische Kontexte entwickelt, aber universell anwendbar:

- Setting: Geeignete Umgebung schaffen (privat, ruhig, angemessene Zeit)

- Perception: Erfassen, was der Empfänger bereits weiß oder vermutet

- Invitation: Einladung, wie detailliert die Information gewünscht ist

- **K**nowledge: Klare, verständliche Übermittlung der Information

- **E**mpathy: Emotionale Reaktion anerkennen und empathisch reagieren

- **S**trategy/Summary: Nächste Schritte oder Handlungsoptionen besprechen

2. Das "Keine Überraschungen"-Prinzip

- Frühzeitig Hinweise geben, wenn sich schwierige Situationen abzeichnen

- Regelmäßige Updates bieten, selbst wenn noch keine endgültige Lösung existiert

- Transparenz über den Prozess bieten, auch wenn Inhalte noch ungewiss sind

3. Die Triple-A-Technik für Überbringer schwieriger Nachrichten

- **A**nnounce: Die Nachricht klar und direkt ankündigen

- **A**cknowledge: Die Auswirkung auf den Empfänger anerkennen

- **A**ssist: Unterstützung oder nächste Schritte anbieten

4. Kommunikative Verantwortung übernehmen

- Aktive Verben und Ich-Aussagen verwenden statt passiver Formulierungen

- Konkrete Informationen bieten statt Vagheit

- Verfügbar bleiben für Folgefragen und
  Verarbeitung

Fallbeispiel: Marcos schwierige Nachricht

Marco, ein Projektleiter, musste seinem Team mitteilen, dass das langersehnte Büro-Upgrade aufgrund von Budgetkürzungen auf unbestimmte Zeit verschoben wurde. Er wusste, dass dies große Frustration auslösen würde, da viele Teammitglieder unter den beengten Arbeitsbedingungen litten.

Er wandte die SPIKES-Methode an:

Setting: Er organisierte ein persönliches Teammeeting am Vormittag, reservierte genügend Zeit und sorgte für eine störungsfreie Umgebung.

Perception: Er begann mit: "Wie ihr wisst, haben wir seit Monaten auf eine Entscheidung zum Büro-Upgrade gewartet. Welche Erwartungen oder Informationen habt ihr bisher dazu?"

Invitation: "Ich muss euch über die Entscheidung informieren. Möchtet ihr zuerst die Kernaussage oder lieber den gesamten Entscheidungsprozess verstehen?"

Knowledge: "Die Entscheidung lautet, dass das Büro-Upgrade auf unbestimmte Zeit verschoben wurde. Der Hauptgrund sind die kürzlich angekündigten Budgetkürzungen in allen Abteilungen."

Empathy: "Ich verstehe, dass das eine große Enttäuschung ist. Viele von euch haben sich auf verbesserte Arbeitsbedingungen gefreut, und ich teile eure Frustration darüber."

Strategy: "Was wir jetzt tun können: Erstens werde ich mit der Geschäftsleitung über kurzfristige, kostengünstigere Verbesserungen verhandeln. Zweitens möchte ich von euch hören, welche kleineren Maßnahmen die größte Erleichterung bringen würden. Und drittens werde ich monatliche Updates geben, wie es mit dem Thema weitergeht."

Das Resultat: Obwohl das Team verständlicherweise enttäuscht war, schätzte es Marcos direkte, empathische und lösungsorientierte Kommunikation. Die Frustration blieb in konstruktiven Bahnen, und das Team entwickelte gemeinsam Ideen für temporäre Verbesserungen.

Marco reflektierte: "Die schwere Nachricht zu überbringen war immer noch unangenehm, aber durch die strukturierte Kommunikation konnte ich Vertrauen erhalten und einen Rahmen schaffen, in dem die Frustration konstruktiv verarbeitet werden konnte."

Kulturübergreifende Kommunikation und Frustrationstoleranz

In unserer globalisierten Welt kommunizieren wir zunehmend über kulturelle Grenzen hinweg, was zusätzliche Quellen für Missverständnisse und Frustration mit sich bringen kann. Kulturelle Intelligenz in der Kommunikation kann helfen, diese Herausforderungen zu meistern.

1. Bewusstheit für kulturelle Kommunikationsunterschiede

Einige wichtige kulturelle Dimensionen nach Hofstede und anderen Forschern:

- **Direkt vs. indirekt**: In einigen Kulturen (z.B. Deutschland, Niederlande) wird direkte Kommunikation geschätzt, während in anderen (z.B. Japan, China) indirektere Ansätze bevorzugt werden.

- **Sachlich vs. beziehungsorientiert**: Manche Kulturen (z.B. USA, Großbritannien) trennen stärker zwischen Person und Sache, während andere (z.B. Mittelmeerraum, Lateinamerika) Beziehungen und Sachthemen enger verknüpfen.

- **Low-Context vs. High-Context**: In Low-Context-Kulturen wird Information explizit verbalisiert; in High-Context-Kulturen spielt der Kontext eine größere Rolle.

- **Monochron vs. polychron**: Unterschiede im Zeitverständnis und Umgang mit Zeitplänen.

2. Strategien für interkulturelle Kommunikation

- **Meta-Kommunikation nutzen**: Eigene kulturelle Prägungen ansprechen und nach Präferenzen fragen "In meiner Kultur geben wir oft direktes Feedback. Wie wird Feedback in Ihrem Kontext typischerweise gegeben?"

- **Aktives Verständnis überprüfen**: Häufiger nachfragen und paraphrasieren "Um sicherzugehen, dass ich Sie richtig verstanden habe..."

- **Explizite Vereinbarungen treffen**:
  Kommunikationserwartungen klären "Wie
  möchten Sie über Probleme informiert werden?
  Bevorzugen Sie Telefon, E-Mail oder persönliche
  Gespräche?"

- **Kulturelle Intelligenz entwickeln**: Lernen über
  kulturelle Unterschiede und eigene
  Anpassungsfähigkeit erhöhen

3. DIE-Methode für interkulturelle Missverständnisse

Ein nützliches Modell zum Umgang mit kulturellen
Missverständnissen:

- **D**escribe: Beschreibe neutral das beobachtete
  Verhalten

- **I**nterpret: Erwäge verschiedene mögliche
  Interpretationen

- **E**valuate: Bewerte die Situation aus verschiedenen
  kulturellen Perspektiven

Fallbeispiel: Sonja's interkulturelle Kommunikation

Sonja, eine deutsche Marketingmanagerin, arbeitete mit
einem Team in Thailand zusammen. Sie war zunehmend
frustriert, weil ihre thailändischen Kollegen selten direkt
"Nein" sagten oder Probleme offen ansprachen, was zu
Missverständnissen und verzögerten Projekten führte.

Ihre anfängliche Reaktion war, noch direkter und
expliziter zu werden, was die Situation verschlechterte.
Nach einem interkulturellen Training änderte sie ihren
Ansatz:

Bewusstheit für kulturelle Unterschiede: Sie recherchierte thailändische Kommunikationsnormen und lernte, dass direktes "Nein" und offene Kritik als respektlos gelten können und dass "Gesicht wahren" ein wichtiger kultureller Wert ist.

Angepasste Kommunikationsstrategien:

- Sie ersetzte Ja/Nein-Fragen durch offene Fragen: "Welche Aspekte dieses Plans könnten Herausforderungen darstellen?" statt "Ist dieser Plan machbar?"

- Sie schuf sichere Räume für Feedback: Einzelgespräche statt Gruppendiskussionen für sensible Themen

- Sie integrierte mehr informelle Kommunikationswege, die in Thailand Vertrauen aufbauen

- Sie führte mehr Zwischenchecks ein, um Fortschritte nonverbal zu überprüfen

Meta-Kommunikation: In einem Teammeeting sagte sie: "Ich komme aus einer sehr direkten Kommunikationskultur und lerne noch, wie wir am besten zusammenarbeiten können. Bitte helft mir zu verstehen, wie wir am besten kommunizieren können, damit sich alle wohlfühlen und wir erfolgreich sind."

Das Ergebnis war transformativ: Die thailändischen Kollegen schätzten ihre Bemühungen und boten ihrerseits Anpassungen an. Sie entwickelten gemeinsam ein hybrides Kommunikationsmodell, das Elemente beider Kulturen integrierte. Sonjas Frustration nahm deutlich ab, da sie nun Verhaltensweisen nicht mehr als persönliche Affront, sondern als kulturellen Unterschied interpretierte.

Sonja reflektierte: "Meine Frustrationstoleranz hat sich deutlich erhöht, seit ich verstehe, dass hinter vermeintlich 'schwieriger' Kommunikation oft nur andere kulturelle Normen stehen. Dieses Verständnis hat nicht nur meine internationale Zusammenarbeit verbessert, sondern mich auch generell geduldiger in der Kommunikation gemacht."

Integration der Kommunikationstechniken im Alltag

Die verschiedenen vorgestellten Kommunikationstechniken entfalten ihre volle Kraft, wenn sie nicht isoliert, sondern als kohärentes System in den Alltag integriert werden. Hier ist ein Rahmenwerk zur praktischen Integration:

1. Persönlichen Kommunikations-Entwicklungsplan erstellen

- **Selbstanalyse**: Identifiziere deine typischen Frustrationstrigger in der Kommunikation

- **Priorisierung**: Wähle 2-3 Techniken aus, die für deine häufigsten Herausforderungen am relevantesten sind

- **Mikro-Übungen**: Definiere kleine, tägliche Übungsmöglichkeiten (z.B. aktives Zuhören in einem Gespräch pro Tag anwenden)

2. Präventive Kommunikationshygiene etablieren

- **Regelmäßige Check-ins**: Mit wichtigen Kommunikationspartnern periodisch Erwartungen und Prozesse klären

- **Kommunikationsrituale**: Schaffe Strukturen für schwierige Gespräche (z.B. "Bevor wir über dieses Thema sprechen, nehmen wir uns beide 2 Minuten Zeit zum Ankommen")

- **Meta-Kommunikation normalisieren**: "Wie können wir am besten über dieses Thema sprechen?"

3. Post-Frustrations-Reflexion implementieren

Nach frustrierenden Kommunikationssituationen:

- **Strukturierte Nachbereitung**: "Was hat die Frustration ausgelöst? Welche Techniken hätten helfen können?"

- **Erfolgsfaktoren identifizieren**: "Was hat trotz Frustration gut funktioniert?"

- **Learnings dokumentieren**: Führe ein kurzes "Kommunikations-Lernjournal"

Fazit: Kommunikation als Schlüssel zur Frustrationstoleranz

Die Art und Weise, wie wir kommunizieren, ist einer der mächtigsten Hebel zur Stärkung unserer Frustrationstoleranz. Die in diesem Abschnitt vorgestellten Techniken – von der Gewaltfreien Kommunikation über aktives Zuhören bis hin zu Deeskalationsstrategien – bieten ein umfassendes

Instrumentarium, um selbst in schwierigen Situationen handlungsfähig zu bleiben.

Effektive Kommunikation in frustrierenden Situationen ist keine angeborene Gabe, sondern eine erlernbare Fähigkeit, die durch bewusste Praxis stetig verbessert werden kann. Mit jedem Gespräch, in dem du diese Techniken anwendest, stärkst du nicht nur deine momentane Kommunikationsfähigkeit, sondern baust langfristig deine Frustrationstoleranz auf – eine Investition, die in allen Lebensbereichen Früchte trägt.

Wie der Philosoph Ludwig Wittgenstein sagte: "Die Grenzen meiner Sprache bedeuten die Grenzen meiner Welt." Indem du deine kommunikativen Fähigkeiten erweiterst, vergrößerst du die Welt der Möglichkeiten, wie du mit Frustration umgehen kannst.

Aufbau eines unterstützenden Netzwerks

Ein starkes soziales Netzwerk ist wie ein Sicherheitsnetz – es fängt uns auf, wenn wir fallen, gibt uns Kraft, wenn wir schwach sind, und Perspektive, wenn wir den Überblick verlieren. In diesem Abschnitt erfährst du, wie du systematisch ein soziales Unterstützungsnetzwerk aufbauen kannst, das deine Frustrationstoleranz nachhaltig stärkt.

Die Architektur sozialer Unterstützungsnetzwerke

Ein effektives Unterstützungsnetzwerk ist nicht zufällig, sondern bewusst gestaltet. Es besteht aus verschiedenen Elementen, die unterschiedliche Funktionen erfüllen:

1. Die strukturellen Elemente eines Unterstützungsnetzwerks

Kernunterstützer:

- 2-5 Menschen, die dir besonders nahestehen

- Bieten tiefe emotionale Unterstützung

- Kennen dich gut genug, um deine Stärken und Wachstumsbereiche zu verstehen

- Stehen auch in Krisenzeiten verlässlich zur Verfügung

Fachliche Unterstützer:

- Menschen mit spezifischer Expertise in relevanten Bereichen

- Bieten informationelle Unterstützung und Ratschläge

- Können Mentoren, Kollegen oder Fachexperten sein

- Helfen bei bereichsspezifischen Frustrationen

Gemeinschaftliche Unterstützer:

- Größere Gruppen mit gemeinsamen Interessen oder Zielen

- Bieten Zugehörigkeitsgefühl und Identitätsverankerung

- Können Teams, Vereine, Online-Communities etc. sein

- Normalisieren Herausforderungen durch geteilte Erfahrungen

Verbinder und Brückenbauer:

- Menschen mit Verbindungen zu verschiedenen Netzwerken

- Können dich mit neuen Ressourcen und Kontakten verbinden

- Bringen frische Perspektiven und Lösungsansätze

- Erweitern deinen Horizont bei Frustrationen

2. Die funktionalen Dimensionen sozialer Unterstützung

Ein ausgewogenes Netzwerk bietet verschiedene Arten von Unterstützung:

Emotionale Unterstützung:

- Empathisches Zuhören

- Mitgefühl und Verständnis

- Bestätigung und Ermutigung

- Sichere emotionale Entladung

Informationelle Unterstützung:

- Rat und Orientierung

- Wissensvermittlung

- Perspektivenerweiterung

- Erfahrungsbasierte Einsichten

Instrumentelle Unterstützung:

- Praktische Hilfe

- Materielle Ressourcen

- Zeitliche Entlastung

- Konkrete Problemlösung

Bewertende Unterstützung:

- Konstruktives Feedback

- Realitätsprüfung

- Standards und Vergleichsmaßstäbe

- Externe Validierung und Herausforderung

Zugehörigkeitsunterstützung:

- Gemeinschaftsgefühl

- Geteilte Identität

- Gegenseitigkeit und Verbundenheit

- Normalisierung von Erfahrungen

Fallbeispiel: Samiras Netzwerkanalyse

Samira, eine 32-jährige Ärztin in Weiterbildung, erlebte zunehmende Frustration durch den hohen Druck ihrer Facharztausbildung. Nach einem Beinahe-Burnout entschied sie sich, ihr soziales Unterstützungsnetzwerk systematisch zu analysieren und zu stärken.

Sie erstellte eine Bestandsaufnahme ihres aktuellen Netzwerks:

Kernunterstützer:

- Ihr Partner (stark in emotionaler Unterstützung, aber mit begrenztem Verständnis für berufsspezifische Herausforderungen)

- Eine langjährige Freundin (emotionale Unterstützung, aber zeitlich oft eingeschränkt durch eigene Familie)

Fachliche Unterstützer:

- Ein älterer Kollege (gelegentliche informationelle Unterstützung)

- Niemand für regelmäßiges Mentoring oder berufliche Reflexion

Gemeinschaftliche Unterstützer:

- Lose Verbindung zu Studienkommilitonen über WhatsApp-Gruppe

- Keine aktive Zugehörigkeit zu beruflichen oder privaten Gemeinschaften

Verbinder:

- Kaum vorhanden

Samira erkannte deutliche Lücken in ihrem Unterstützungssystem. Insbesondere fehlten ihr:

- Fachliche Unterstützung und Mentoring

- Gemeinschaftliche Unterstützung durch Gleichgesinnte

- Ausreichend verteilte emotionale Unterstützung (zu stark auf Partner konzentriert)

- Verbindungen zu diversen Netzwerken

Diese Analyse war der erste Schritt, um ihr Netzwerk gezielt zu stärken und ihre Frustrationstoleranz zu erhöhen.

Systematische Netzwerkentwicklung für erhöhte Frustrationstoleranz

Ein unterstützendes Netzwerk entsteht nicht von selbst – es erfordert bewusste Gestaltung und kontinuierliche Pflege. Hier sind konkrete Strategien zur systematischen Netzwerkentwicklung:

1. Netzwerk-Mapping und Gap-Analyse

Der erste Schritt ist eine ehrliche Bestandsaufnahme:

Die Netzwerkkarte erstellen:

- Zeichne einen Kreis mit dir in der Mitte

- Trage Menschen und Gruppen ein, die dir Unterstützung bieten

- Ordne sie in konzentrischen Kreisen an (näher = engere Verbindung)

- Kennzeichne die Art der Unterstützung, die jede Person/Gruppe bietet (emotional, informationell, etc.)

Gap-Analyse durchführen:

- Identifiziere unterentwickelte Unterstützungsarten

- Erkenne überlastete Beziehungen (z.B. zu starke Abhängigkeit von einer Person)

- Identifiziere fehlende strukturelle Elemente (Mentoren, Gemeinschaften etc.)

- Prüfe die Diversität deines Netzwerks (Alter, Hintergrund, Perspektiven)

Prioritäten setzen:

- Bestimme die 2-3 wichtigsten Entwicklungsbereiche

- Fokussiere zuerst auf Lücken, die deine aktuelle Frustrationstoleranz am stärksten beeinträchtigen

- Berücksichtige deine persönlichen Präferenzen und Kapazitäten

2. Strategische Beziehungsentwicklung

Basierend auf der Gap-Analyse kannst du gezielt neue Beziehungen entwickeln:

Potenzielle Unterstützer identifizieren:

- In bestehenden Kontexten nach Vertiefungsmöglichkeiten suchen

- Neue Kontexte erschließen, die relevante Personen beinhalten könnten

- Gezielt nach Personen mit spezifischen Erfahrungen oder Eigenschaften suchen

Systematischer Kontaktaufbau:

- Mit gemeinsamen Interessen oder Werten beginnen

- Reziprozität von Anfang an etablieren (Geben und Nehmen)

- Schrittweise Vertrauensbildung durch zunehmenden Austausch

- Explizite Meta-Kommunikation über Unterstützungswünsche (in angemessenen Phasen)

Beziehungstypen differenzieren:

- Nicht jede Beziehung muss "alles" bieten

- Diversifizierte Beziehungen für unterschiedliche Unterstützungsarten entwickeln

- Klare innere Struktur über die Funktion verschiedener Beziehungen haben

3. Aktive Netzwerkpflege und -entwicklung

Beziehungen brauchen Pflege, um als Unterstützungsressource zu funktionieren:

Regelmäßige Check-ins:

- Strukturierte Kontaktpflege mit wichtigen Unterstützern

- Vorbeugende Verbindungspflege, nicht nur bei akutem Bedarf

- Reziproke Aufmerksamkeit für die Bedürfnisse der anderen

Feedback-Schleifen implementieren:

- Offene Kommunikation über Unterstützungswünsche und -grenzen

- Regelmäßige Reflexion über die Qualität der Unterstützungsbeziehungen

- Anpassungen basierend auf sich verändernden Bedürfnissen

Aktive Reziprozität kultivieren:

- Bewusst Unterstützung anbieten, nicht nur nehmen

- Persönliche Unterstützungsstärken entwickeln und einsetzen

- Balance zwischen Geben und Nehmen anstreben

Fallbeispiel: Samiras Netzwerkentwicklung

Nach ihrer Netzwerkanalyse entwickelte Samira einen systematischen Plan zur Stärkung ihres Unterstützungsnetzwerks:

Priorisierte Entwicklungsbereiche:

1. Aufbau fachlicher Unterstützung durch Mentoring

2. Entwicklung gemeinschaftlicher Unterstützung durch Peer-Gruppe

3. Diversifizierung emotionaler Unterstützung

Strategische Umsetzung:

Für **fachliche Unterstützung**:

- Sie identifizierte drei potenzielle Mentoren in ihrer Klinik

- Sie bereitete eine spezifische Anfrage vor: "Ich schätze Ihren klinischen Ansatz und würde gern monatlich 30 Minuten Ihrer Zeit für gezielte Reflexionsgespräche erbitten"

- Sie startete mit einem senioren Oberarzt, der positiv reagierte und zum regelmäßigen Mentor wurde

- Sie führte ein Mentoring-Journal zur Vorbereitung der Gespräche

Für **gemeinschaftliche Unterstützung**:

- Sie recherchierte Ärzte-Intervisionsgruppen und fand eine passende in ihrer Stadt

- Sie trat einer Online-Community für Ärztinnen in Weiterbildung bei

- Sie initiierte ein monatliches informelles Treffen für Assistenzärzte ihrer Station

Für **diversifizierte emotionale Unterstützung**:

- Sie reaktivierte zwei frühere enge Freundschaften durch regelmäßige Treffen

- Sie trat einem Yoga-Kurs bei, um neue Kontakte außerhalb des medizinischen Bereichs zu knüpfen

- Sie kommunizierte offen mit ihrem Partner über die Notwendigkeit, emotionale Unterstützung breiter zu verteilen

Netzwerkpflege:

- Sie implementierte ein einfaches Kontaktpflege-System mit Kalendererinnerungen

- Sie führte ein "Unterstützungsjournal" zur Reflexion ihrer Erfahrungen

- Sie entwickelte bewusst ihre Fähigkeit, anderen Unterstützung zu geben

Nach sechs Monaten konsequenter Netzwerkentwicklung berichtete Samira von deutlichen Verbesserungen ihrer Frustrationstoleranz. Besonders wertvoll empfand sie:

- Die Normalisierung beruflicher Herausforderungen durch Peer-Austausch

- Die konkrete Handlungsorientierung durch Mentoring

- Die emotionale Entlastung ihres Partners und damit die Verbesserung ihrer Beziehung

- Das Gefühl der Kontrolle über ihr soziales Umfeld statt passiver Abhängigkeit

Besondere Netzwerkelemente für erhöhte Frustrationstoleranz

Bestimmte Beziehungsformen und -elemente sind besonders wertvoll für die Stärkung der Frustrationstoleranz:

1. Der Frustrationstoleranz-Buddy

Eine spezifische Unterstützungsbeziehung für Frustrationssituationen:

Merkmale:

- Gegenseitige Erreichbarkeit in akuten Frustrationsmomenten

- Verständnis für typische Frustrationstrigger und -muster

- Fähigkeit zum Perspektivwechsel und zur kognitiven Umstrukturierung

- Balance zwischen Empathie und konstruktiver Herausforderung

Strukturierung:

- Explizite Vereinbarung über die "Buddy-Funktion"

- Klare Kommunikationswege für Frustrationssituationen

- Regelmäßige Reflexion und Anpassung der Unterstützung

- Reziprozität als Grundprinzip

Ein Frustrationstoleranz-Buddy ist nicht notwendigerweise ein enger Freund oder Partner. Manchmal kann eine gewisse emotionale Distanz sogar hilfreich sein, um Perspektive zu bieten.

2. Die Mastermind-Gruppe

Eine strukturierte Peer-Gruppe für regelmäßigen Austausch und Unterstützung:

Merkmale:

- 3-8 Personen mit ähnlichen Herausforderungen, aber diversen Perspektiven

- Regelmäßige Treffen mit klarer Struktur

- Fokus auf Lösungen und Wachstum, nicht nur Problembesprechung

- Verbindlichkeit und Vertraulichkeit als Grundprinzipien

Strukturierung:

- Feste Agenda mit Zeit für jeden Teilnehmer

- Balance zwischen emotionaler Unterstützung und praktischer Problemlösung

- "Hot Seat"-Format: Eine Person präsentiert eine Herausforderung, alle anderen bieten Perspektiven

- Nachverfolgung von Commitments und Fortschritten

Mastermind-Gruppen bieten eine einzigartige Kombination aus Verständnis durch ähnliche Erfahrungen und Bereicherung durch diverse Perspektiven.

3. Das Mentoring-Verhältnis

Eine entwicklungsorientierte Beziehung mit einer erfahreneren Person:

Merkmale:

- Erfahrungsvorsprung des Mentors in relevanten Bereichen

- Orientierung an langfristiger Entwicklung, nicht nur kurzfristigen Problemen

- Mischung aus Bestätigung und Herausforderung

- Weitergabe von implizitem Wissen und Bewältigungsstrategien

Strukturierung:

- Klare Erwartungen und Ziele für die Mentoring-Beziehung

- Regelmäßige, aber nicht zu häufige Treffen (typisch: monatlich)

- Vorbereitete Themen, aber Raum für aktuelle Herausforderungen

- Reflexionspraxis zwischen den Treffen

Ein guter Mentor kann Frustration in einen größeren Entwicklungskontext setzen und Strategien teilen, die sich in ähnlichen Situationen bewährt haben.

4. Die Zugehörigkeitsgemeinschaft

Eine Gruppe, die ein Gefühl von Identität und Verbundenheit bietet:

Merkmale:

- Geteilte Werte, Interessen oder Ziele

- Gegenseitige Anerkennung und Wertschätzung

- Gefühl des "Dazugehörens" und Verstandenwerdens

- Normalisierung von Herausforderungen durch kollektive Erfahrung

Strukturierung:

- Regelmäßige Interaktion (persönlich oder virtuell)

- Gemeinschaftsrituale und -praktiken

- Möglichkeiten für Beiträge und Engagement

- Balance zwischen Unterstützung und Herausforderung

Zugehörigkeitsgemeinschaften bieten einen emotionalen Anker in frustrierenden Zeiten und helfen, individuelle Schwierigkeiten in einen größeren Kontext einzuordnen.

Fallbeispiel: Markus' spezialisiertes Unterstützungsnetzwerk

Markus, ein 38-jähriger selbstständiger Grafikdesigner, kämpfte mit Frustrationstoleranz bei Kreativprojekten und Kundenbeziehungen. Nach einer Phase intensiver Unzufriedenheit entschied er sich, gezielt spezialisierte Unterstützungselemente in sein Netzwerk zu integrieren:

Frustrationstoleranz-Buddy: Markus fragte einen befreundeten Psychologen, ob er diese spezifische Rolle übernehmen würde. Sie vereinbarten:

- 15-Minuten-Calls in akuten Frustrationssituationen ("Notfall-Support")

- Eine gemeinsame Dokumentation typischer Frustrationsmuster und hilfreichster Interventionen

- Monatliches Review ihrer Buddy-Beziehung

- Reziproke Unterstützung des Psychologen bei dessen Marketingfragen

Mastermind-Gruppe: Markus gründete eine virtuelle Mastermind-Gruppe mit vier anderen Kreativschaffenden:

- Zweiwöchentliche 90-Minuten-Zoom-Calls mit fester Struktur

- Jedes Mitglied bekam 15 Minuten "Hot Seat" für aktuelle Herausforderungen

- Gemeinsame Slack-Gruppe für kontinuierlichen Austausch

- Quartalsweise "Success Reviews" zur Fortschrittssicherung

Mentoring-Beziehung: Markus kontaktierte einen erfolgreichen Designer, dessen Arbeit er bewunderte:

- Monatliche 45-Minuten-Gespräche mit Fokus auf kreative Prozesse und Kundenmanagement

- Vorab-Vorbereitung konkreter Fragen und Reflexionspunkte

- Kombination aus Portfolio-Review und strategischer Beratung

- Austausch gegen Social-Media-Unterstützung für den Mentor

Zugehörigkeitsgemeinschaft: Markus trat einer lokalen Gruppe von Kreativunternehmern bei:

- Monatliche informelle Treffen in wechselnden Studios

- Gemeinsames Slack für Ressourcenaustausch und schnelle Fragen

- Halbjährliche gemeinsame Kreativretreats

- Unterstützung bei Kundenakquise und -weitervermittlung

Nach einem Jahr berichtete Markus von einer fundamentalen Veränderung seiner Frustrationstoleranz:

- Kreative Blockaden wurden schneller überwunden

- Schwierige Kundensituationen konnten neutraler betrachtet werden

- Die Isolation des Freiberufler-Daseins wurde durch Gemeinschaft ausgeglichen

- Die verschiedenen Unterstützungselemente bildeten ein kohärentes System, das unterschiedliche Bedürfnisse abdeckte

Besonders hervor hob Markus: "Früher war Frustration der Anfang einer Abwärtsspirale. Heute ist sie oft der Beginn eines produktiven Austauschs. Das Wissen, dass ich jederzeit auf verschiedene Unterstützungsformen zugreifen kann, gibt mir eine grundlegende Sicherheit, die meine Toleranz für Frustration deutlich erhöht hat."

Digitale und virtuelle Unterstützungsnetzwerke

In der digitalen Ära können wir Unterstützungsnetzwerke über geografische Grenzen hinweg aufbauen. Dies

erweitert unsere Möglichkeiten, birgt aber auch
spezifische Herausforderungen:

1. Vorteile virtueller Unterstützungsnetzwerke

Größere Reichweite:

- Zugang zu Gleichgesinnten unabhängig vom Wohnort
- Möglichkeit, hochspezialisierte Unterstützer zu finden
- Diversere Perspektiven und Erfahrungen

Zeitliche Flexibilität:

- Asynchrone Kommunikation überbrückt Zeitzonen und Terminprobleme
- On-Demand-Unterstützung in akuten Situationen
- Flexiblere Integration in den Alltag

Niedrigere Einstiegshürden:

- Oft geringere psychologische Barrieren für erste Kontakte
- Leichterer Ein- und Ausstieg
- Mehr Kontrolle über die Intensität der Interaktion

2. Herausforderungen virtueller Unterstützungsnetzwerke

Qualität der Verbindung:

- Oft geringere Tiefe ohne nonverbale Kommunikation

- Höheres Risiko für Missverständnisse

- Herausforderungen beim Aufbau von Vertrauen

Konsistenz und Verbindlichkeit:

- Leichteres "Ghosting" oder Verschwinden

- Geringere soziale Kontrolle für Verbindlichkeit

- Schwankende Beteiligung und Engagement

Informationsqualität:

- Risiko unqualifizierter oder schädlicher Ratschläge

- Herausforderung, Quellen zu verifizieren

- Mögliche Echokammern oder verzerrte Perspektiven

3. Strategien für effektive virtuelle Unterstützungsnetzwerke

Hybride Ansätze entwickeln:

- Kombination aus virtuellen und persönlichen Interaktionen wo möglich

- Video-Calls statt nur textbasierte Kommunikation für tiefere Verbindungen

- Periodische In-Person-Treffen für virtuelle Gemeinschaften

Klare Strukturen schaffen:

- Explizite Regeln und Erwartungen für virtuelle Gruppen

- Verbindliche Termine und Formate für regelmäßigen Austausch

- Moderierte und strukturierte Interaktionsformate

Kontinuität fördern:

- Rituale und wiederkehrende Elemente in virtuellen Treffen

- Dokumentation von Gesprächen und Entwicklungen

- Mechanismen zur Nachverfolgung von Vereinbarungen

Authentizität kultivieren:

- Offene, ehrliche Selbstdarstellung statt idealisierter Online-Persona

- Teilen von Verwundbarkeit in angemessenem Rahmen

- Aktives Hinterfragen von Annahmen und Oberflächlichkeit

Fallbeispiel: Leannes virtuelles Unterstützungsnetzwerk

Leanne, eine 41-jährige Übersetzerin, lebte in einer ländlichen Region mit wenig lokalen Berufskollegen. Frustration durch berufliche Isolation und fehlenden fachlichen Austausch belastete sie zunehmend. Sie entwickelte ein virtuelles Unterstützungsnetzwerk:

Virtueller "Coworking Space":

- Tägliche gemeinsame Arbeitssessions via Zoom mit vier anderen freiberuflichen Übersetzern

- "Stilles Coworking" mit kurzen Check-ins zu Beginn und Ende

- Gemeinsamer Slack-Kanal für schnelle Fragen zwischendurch

- Strukturierte Pomodoro-Zeitblöcke für Fokus und Pausen

Internationale Mastermind-Gruppe:

- Monatliches 2-Stunden-Meeting mit Kollegen aus drei verschiedenen Ländern

- Vorbereitete Agenda und rotierende Moderatorenrolle

- Gemeinsames Cloud-Dokument zur kontinuierlichen Dokumentation

- Jährliches persönliches Treffen auf einer internationalen Branchenkonferenz

Facebook-Fachgruppe mit Qualitätsfokus:

- Sorgfältig moderierte Fachgruppe für Übersetzer ihrer Sprachkombination

- Aktive Beteiligung an wöchentlichen Diskussionsfäden

- Übernahme einer Mentor-Rolle für Neueinsteiger

- Regelmäßiger Austausch spezifischer Ressourcen

Hybride Mentoring-Beziehung:

- Quartalsweise Video-Calls mit einer erfahrenen Übersetzerin

- Ergänzt durch jährlichen persönlichen Workshop

- Strukturierte E-Mail-Reflexionen zwischen den Calls

- Gemeinsames Projekt zur Vertiefung der Zusammenarbeit

Um die virtuellen Verbindungen zu stärken, implementierte Leanne mehrere Strategien:

- Sie schuf persönliche Rituale für virtuelle Meetings (z.B. gemeinsamer Tee-Moment zu Beginn)

- Sie investierte in qualitativ hochwertige Audio- und Videoausrüstung

- Sie führte ein "Netzwerk-Journal" zur Reflexion ihrer Online-Interaktionen

- Sie initiierte ein "Secret Santa"-Programm in ihrer Coworking-Gruppe für physische Verbindung

Nach einem Jahr berichtete Leanne von einer signifikanten Verbesserung ihrer beruflichen Zufriedenheit und Frustrationstoleranz:

- Die täglichen Coworking-Sessions gaben ihr Struktur und reduzierten Einsamkeit

- Die internationale Mastermind-Gruppe bot neue Perspektiven und Geschäftsmöglichkeiten

- Die Fachgruppe lieferte schnelle Lösungen für spezifische Probleme

- Die Mentoring-Beziehung half ihr, Rückschläge in einen größeren Entwicklungskontext einzuordnen

Leanne reflektierte: "Obwohl ich physisch oft allein arbeite, fühle ich mich nun beruflich so gut vernetzt wie nie zuvor. Wenn ich auf ein frustrierendes Problem stoße, habe ich immer einen passenden Ort, wo ich Unterstützung finden kann – sei es emotionaler Zuspruch, technische Hilfe oder strategischer Rat."

Barrieren überwinden: Wenn Netzwerkbildung schwierig ist

Nicht für jeden ist der Aufbau eines Unterstützungsnetzwerks einfach. Verschiedene Barrieren können den Prozess erschweren:

1. Persönliche Barrieren erkennen und adressieren

Soziale Ängste und Unsicherheiten:

- Schrittweise Exposition mit graduell herausfordernderen sozialen Situationen

- Konkrete Gesprächseinstiege und -themen vorbereiten

- Fokus auf das Interesse am anderen statt Sorge um eigene Wirkung

Früherer Vertrauensmissbrauch:

- Bewusst zwischen vergangenen Erfahrungen und neuen Möglichkeiten unterscheiden

- Mit kleinen, begrenzten Vertrauensschritten beginnen

- Klare persönliche Grenzen setzen und kommunizieren

Persönlichkeitsfaktoren (z.B. Introversion):

- Netzwerktypen wählen, die zum eigenen Temperament passen

- Qualität über Quantität priorisieren

- Energiemanagement für soziale Interaktionen planen

2. Praktische Barrieren überwinden

Zeitliche Einschränkungen:

- Integration in bestehende Routinen (z.B. Lauftreff statt Solo-Joggen)

- Digitale Tools und asynchrone Kommunikation nutzen

- Kleinere, aber regelmäßige Interaktionen statt seltener, langer Treffen

Geografische Isolation:

- Virtuelle Communities als Kernkomponente nutzen

- Strategische Reisen zu Netzwerktreffen oder Konferenzen planen

- Lokale Micro-Communities initiieren

Finanzielle Einschränkungen:

- Kostenfreie Gruppen und Ressourcen identifizieren

- Skill-Austausch statt kostenpflichtiger Angebote

- Selbstorganisierte Peer-Gruppen statt teurer formeller Programme

3. Diversitäts- und Inklusionsaspekte beachten

Kulturelle Unterschiede:

- Kulturspezifische Netzwerkpraktiken berücksichtigen

- Interkulturelle Brückenbauer als Verbinder nutzen

- Offene Kommunikation über unterschiedliche Erwartungen

Neurodiversität:

- Kommunikationspräferenzen explizit machen

- Strukturierte Formate anbieten, die unterschiedlichen kognitiven Stilen entgegenkommen

- Sensibilität für unterschiedliche soziale Bedürfnisse entwickeln

Accessibility:

- Barrierefreie Treffpunkte und Formate wählen

- Flexible Teilnahmemöglichkeiten anbieten

- Bewusste Inklusion verschiedener Fähigkeiten
  und Lebensumstände

Fallbeispiel: Roberts Barrierenüberwindung

Robert, ein 47-jähriger IT-Spezialist mit
hochfunktionalem Autismus, erkannte, dass seine geringe
Frustrationstoleranz teilweise mit fehlender sozialer
Unterstützung zusammenhing. Er stand vor mehreren
Barrieren: sozialen Herausforderungen durch seine
Neurodiversität, einer abgelegenen Wohnlage und
unregelmäßigen Arbeitszeiten.

Er entwickelte einen maßgeschneiderten Ansatz:

Umgang mit sozialen Herausforderungen:

- Er suchte speziell nach interessenbasierten
  Gemeinschaften, wo die gemeinsame Aktivität
  den sozialen Druck reduzierte

- Er kommunizierte offen über seine
  Kommunikationspräferenzen: "Ich schätze direkte,
  klare Kommunikation und brauche manchmal
  Pausen in sozialen Situationen"

- Er nutzte schriftliche Kommunikation als Einstieg,
  bevor er zu Video-Calls oder persönlichen Treffen
  überging

Überwindung geografischer Isolation:

- Er fand eine Online-Community für
  IT-Spezialisten mit ähnlichen Interessen

- Er identifizierte drei jährliche Fachkonferenzen, die er trotz Reiseaufwand priorisierte

- Er initiierte einen monatlichen virtuellen "Hackathon" mit Gleichgesinnten

Management zeitlicher Einschränkungen:

- Er integrierte kurze Check-ins in seine tägliche Routine (15 Minuten morgendliches Forum-Lesen)

- Er nutzte Voicememos für asynchrone, aber persönlichere Kommunikation

- Er kommunizierte transparent über seine Verfügbarkeitszeiten

Spezifische Anpassungen für seine Neurodiversität:

- Er begann Gruppentreffen mit einer expliziten Agenda und klaren Erwartungen

- Er vereinbarte ein Signalsystem für Überstimulation in sozialen Situationen

- Er suchte gezielt nach anderen neurodiversen Menschen für tieferes Verständnis

Nach einem Jahr konsequenter Netzwerkentwicklung berichtete Robert von bedeutsamen Verbesserungen:

- Die fachliche Online-Community bot ihm sofortige Problemlösungen bei technischen Frustrationen

- Die jährlichen Konferenzen gaben ihm das Gefühl der Zugehörigkeit zur größeren Fachgemeinschaft

- Der selbstinitiierte Hackathon wurde zu einem Highlight, auf das er sich jeden Monat freute

- Er fand zwei "Buddies" mit ähnlicher Neurodiversität, die seine Erfahrungen normalisierten

Robert reflektierte: "Früher dachte ich, soziale Unterstützung sei für 'normale' Menschen, nicht für jemanden wie mich. Jetzt verstehe ich, dass es darum geht, die richtige Art von Unterstützung zu finden, die zu meiner spezifischen Art zu sein passt. Mein Netzwerk sieht vielleicht anders aus als das anderer Menschen, aber es erfüllt seine Funktion – es hilft mir, mit Frustration besser umzugehen und gibt mir das Gefühl, nicht allein zu sein."

Selbstfürsorge im Netzwerkkontext: Balance zwischen Geben und Nehmen

Ein nachhaltiges Unterstützungsnetzwerk erfordert Balance – sowohl zwischen Geben und Nehmen als auch zwischen Nähe und Grenzen. Diese Balance ist entscheidend für langfristige Frustrationstoleranz:

1. Gesunde Reziprozität entwickeln

Reziprozität – das ausgewogene Geben und Nehmen – ist der Schlüssel zu nachhaltigen Unterstützungsbeziehungen:

Bewusste Beitragsplanung:

- Überlege proaktiv, wie du anderen Unterstützung bieten kannst

- Identifiziere deine spezifischen Stärken und Ressourcen

- Plane regelmäßige "Geben"-Aktivitäten ein

Unterschiedliche Währungen erkennen:

- Unterstützung muss nicht identisch erwidert werden

- Verschiedene Menschen bieten unterschiedliche Arten von Unterstützung

- Wertschätze diverse Beiträge zum Gesamtsystem

Transparente Kommunikation über Kapazitäten:

- Kommuniziere offen über aktuelle Möglichkeiten und Grenzen

- Thematisiere Ungleichgewichte frühzeitig und konstruktiv

- Schaffe eine Kultur, in der temporäre Ungleichgewichte akzeptiert werden

2. Gesunde Grenzen setzen

Grenzen schützen sowohl dich als auch deine Beziehungen vor Überlastung und Frustration:

Persönliche Grenzen definieren:

- Reflektiere, welche Arten von Unterstützung du geben kannst und willst

- Identifiziere Warnsignale für Überlastung

- Entwickle klare innere Standards für Grenzen

Grenzen kommunizieren:

- Nutze klare, respektvolle Ich-Botschaften

- Formuliere positive Alternativen statt nur
  Ablehnungen

- Bleibe freundlich, aber bestimmt in der
  Durchsetzung

Grenzüberschreitungen adressieren:

- Reagiere frühzeitig auf kleine Überschreitungen

- Nutze konstruktives Feedback statt Vorwürfe

- Sei bereit, Konsequenzen zu ziehen, wenn
  Grenzen wiederholt missachtet werden

3. Netzwerk-Hygiene und Qualitätssicherung

Ein gesundes Netzwerk erfordert regelmäßige Pflege und
bewusste Qualitätssicherung:

Periodische Netzwerk-Reviews:

- Evaluiere vierteljährlich die Qualität deiner
  Unterstützungsbeziehungen

- Identifiziere energiegebende vs. energieraubende
  Verbindungen

- Plane bewusste Anpassungen basierend auf der
  Analyse

"Pruning" – Beschneiden ungesunder Verbindungen:

- Reduziere Kontakt mit toxischen oder stark
  unausgewogenen Beziehungen

- Entwickle Strategien für unvermeidbare schwierige Kontakte

- Schaffe Raum für neue, gesündere Verbindungen

Kontinuierliche Kompetenzentwicklung:

- Erweitere deine Fähigkeiten als Unterstützer

- Lerne aus Feedback und Erfahrungen

- Investiere in spezifische Schlüsselkompetenzen (Zuhören, Empathie, konstruktives Feedback)

Fallbeispiel: Claudias Ringen um Balance

Claudia, eine 36-jährige Sozialarbeiterin, hatte ein extensives soziales Netzwerk aufgebaut, fand sich aber zunehmend erschöpft und frustriert. Als "natürliche Helferin" neigte sie dazu, mehr zu geben als zu nehmen, was langfristig zu Ungleichgewichten führte.

Sie implementierte mehrere Strategien zur Wiederherstellung der Balance:

Reziprozitäts-Audit: Sie analysierte ihre wichtigsten Beziehungen nach drei Kategorien:

- Ausgeglichene Beziehungen (gesundes Geben und Nehmen)

- Überwiegend "Geber"-Beziehungen (sie gab mehr als sie erhielt)

- Überwiegend "Nehmer"-Beziehungen (sie erhielt mehr als sie gab)

Sie war überrascht festzustellen, dass über 70% ihrer engen Beziehungen in die "Geber"-Kategorie fielen.

Grenzziehungs-Praxis:

- Sie entwickelte einen persönlichen "Energie-Barometer" mit drei Zonen: Grün (Ressourcen verfügbar), Gelb (begrenzte Ressourcen), Rot (Erschöpfung)

- Sie kommunizierte proaktiv ihren aktuellen Zustand an wichtige Kontakte

- Sie formulierte Standardsätze für freundliche, aber klare Grenzsetzung: "Ich schätze dein Vertrauen, kann dir aber heute nicht die volle Aufmerksamkeit geben, die du verdienst. Können wir am Donnerstag sprechen?"

Netzwerk-Pruning:

- Sie identifizierte drei Beziehungen, die konstant Energie kosteten ohne Reziprozität

- Sie reduzierte aktiv Kontakt und Verfügbarkeit für diese Personen

- Sie entwickelte Schutzstrategien für unvermeidbare Interaktionen (z.B. zeitliche Begrenzung)

Aktives Nehmen üben: Da es ihr schwerfiel, Unterstützung anzunehmen, entwickelte sie bewusste Übungen:

- Mindestens einmal pro Woche explizit um Unterstützung bitten

- Ein "Unterstützungstagebuch" führen, um erhaltene Hilfe bewusst zu würdigen

- "Unterstützungsschulden" mental erlassen (die Idee aufgeben, alles "zurückzahlen" zu müssen)

Nach sechs Monaten dieser bewussten Praxis berichtete Claudia von bedeutsamen Veränderungen:

- Ihre Energielevel waren stabiler, was ihre allgemeine Frustrationstoleranz erhöhte

- Die Qualität ihrer Kernbeziehungen verbesserte sich durch größere Authentizität

- Sie erlebte weniger Ressentiments und mehr genuine Freude am Geben

- Ihre Fähigkeit, in schwierigen Zeiten Unterstützung anzunehmen, verbesserte sich deutlich

Claudia reflektierte: "Ich dachte immer, eine gute Unterstützerin zu sein bedeutet, immer für andere da zu sein. Jetzt verstehe ich, dass wahre Unterstützung Gegenseitigkeit und Nachhaltigkeit erfordert. Meine Frustrationstoleranz ist nicht nur höher, weil ich bessere Unterstützung erhalte, sondern auch, weil ich nicht mehr das Gefühl habe, mich ständig aufopfern zu müssen."

Fazit: Das Unterstützungsnetzwerk als lebendiges System

Ein effektives Unterstützungsnetzwerk für erhöhte Frustrationstoleranz ist kein statisches Gebilde, sondern ein lebendiges, sich entwickelndes System. Es wächst und verändert sich mit unseren Bedürfnissen, Lebensumständen und Erfahrungen.

Die in diesem Abschnitt vorgestellten Konzepte und Strategien – von der systematischen Netzwerkanalyse über spezialisierte Unterstützungselemente bis hin zur Balance von Geben und Nehmen – bieten einen Rahmen, um dein persönliches Unterstützungssystem bewusst zu gestalten und zu pflegen.

Ein gut entwickeltes Unterstützungsnetzwerk wirkt wie ein emotionales Immunsystem: Es stärkt deine Widerstandsfähigkeit gegen Frustration, beschleunigt deine Erholung nach Rückschlägen und verleiht dir die Sicherheit, die nötig ist, um dich größeren Herausforderungen zu stellen.

Wie der Anthropologe Margaret Mead bemerkte: "Zweifle nie daran, dass eine kleine Gruppe engagierter Menschen die Welt verändern kann; es ist das Einzige, was je etwas verändert hat." Auf persönlicher Ebene gilt: Zweifle nie daran, dass ein gut gestaltetes Netzwerk unterstützender Menschen deine Frustrationstoleranz und damit deine Lebensqualität grundlegend verändern kann.

Teil 3: Frustrationstoleranz im Alltag anwenden

3.1 Frust im Beruf meistern

Umgang mit Konflikten, Deadlines und Misserfolgen

Der berufliche Alltag ist reich an Frustrationsquellen: enge Deadlines, schwierige Teamdynamiken, fordernde Vorgesetzte, enttäuschende Projektergebnisse und vieles mehr. In diesem Abschnitt lernst du spezifische

Strategien, um typische berufliche Frustrationsquellen effektiv zu meistern und deine Produktivität und Zufriedenheit auch unter Druck zu erhalten.

Anatomie beruflicher Frustration verstehen

Berufliche Frustration hat einige besondere Merkmale, die sie von anderen Frustrationsformen unterscheiden:

1. Kernquellen beruflicher Frustration

Kontrolldiskrepanz: Die Kluft zwischen Verantwortung (wofür wir verantwortlich sind) und Kontrolle (was wir tatsächlich beeinflussen können) ist eine Hauptquelle beruflicher Frustration. Je größer diese Diskrepanz, desto höher das Frustrationspotenzial.

Erwartungsdiskrepanz: Unterschiede zwischen erwarteten und tatsächlichen Ergebnissen, sei es bei der eigenen Leistung, der Anerkennung oder dem Projektverlauf. Unrealistische Erwartungen verstärken Frustration erheblich.

Wertediskrepanz: Konflikte zwischen persönlichen Werten und organisationalen Anforderungen oder Kulturen erzeugen tiefgreifende Frustration, da sie die eigene Identität betreffen.

Ressourcendiskrepanz: Die Kluft zwischen verfügbaren Ressourcen (Zeit, Geld, Unterstützung) und den für optimale Ergebnisse benötigten Ressourcen führt zu chronischer Frustration.

2. Besondere Herausforderungen beruflicher Frustration

Professionelle Normen: Im beruflichen Kontext wird oft erwartet, dass wir Frustration nicht offen zeigen, was die emotionale Verarbeitung erschweren kann.

Machtdynamiken: Hierarchische Strukturen können Frustration verstärken, da sie die Möglichkeiten zur direkten Kommunikation oder Problemlösung einschränken.

Chronizität und Kumulation: Berufliche Frustrationen treten oft chronisch auf und summieren sich über Zeit, was die Belastung erhöht.

Identitätsverknüpfung: Da Arbeit für viele eng mit Selbstwert und Identität verbunden ist, kann berufliche Frustration besonders tief wirken.

Mit diesem Verständnis der Besonderheiten beruflicher Frustration können wir nun spezifische Strategien für häufige Herausforderungen betrachten.

Konflikte am Arbeitsplatz: Von der Eskalation zur Lösung

Konflikte sind eine der häufigsten Quellen beruflicher Frustration. Sie können zwischen Kollegen, mit Vorgesetzten, Kunden oder sogar als innere Konflikte (z.B. zwischen konkurrierenden Anforderungen) auftreten.

1. Frühwarnsystem für Konflikte entwickeln

Je früher ein Konflikt erkannt wird, desto leichter ist er zu lösen. Achte auf diese Signale:

Körperliche Anzeichen:

- Anspannung, erhöhter Herzschlag, flache Atmung in bestimmten Interaktionen

- Erschöpfung nach Gesprächen mit bestimmten Personen

- Körperliche Abwehrreaktionen (verschränkte Arme, abgewandter Blick)

Kommunikative Anzeichen:

- Zunehmende Missverständnisse oder wiederholte Kommunikationsprobleme

- Überproportionale emotionale Reaktionen auf kleine Vorfälle

- Vermeidung direkter Kommunikation, Zunahme von E-Mails statt Gesprächen

Verhaltensanzeichen:

- Vermeidung von Meetings oder Interaktionen mit bestimmten Personen

- Zunehmende Beschwerden oder Klatsch über andere

- Bildung von Lagern oder Koalitionen im Team

2. Die CALM-Strategie für Konfliktmanagement

Wenn du einen Konflikt identifiziert hast, hilft dir der CALM-Ansatz, ihn konstruktiv zu bearbeiten:

C = Center yourself (Zentriere dich)

- Nimm dir einen Moment zur emotionalen Regulation vor dem Gespräch

- Praktiziere tiefe Atmung oder eine kurze Achtsamkeitsübung

- Erinnere dich an deine Ziele und Werte in dieser Situation

A = Assess interests (Interessen evaluieren)

- Unterscheide zwischen Positionen (Was jemand fordert) und Interessen (Warum es wichtig ist)

- Identifiziere deine eigenen Kerninteressen jenseits oberflächlicher Positionen

- Versuche, die tieferen Interessen der anderen Partei zu verstehen

L = Listen actively (Aktiv zuhören)

- Höre mit echter Neugier, nicht nur um zu antworten

- Paraphrasiere, was du gehört hast: "Wenn ich dich richtig verstehe..."

- Stelle offene, nicht konfrontative Fragen: "Kannst du mir mehr darüber erzählen...?"

M = Manage the process (Den Prozess gestalten)

- Schlage einen strukturierten Ansatz vor: "Könnten wir zuerst X besprechen, dann Y?"

- Halte den Fokus auf Problemlösung, nicht auf Schuldzuweisungen

- Arbeite auf konkrete, umsetzbare Vereinbarungen hin

3. Spezifische Techniken für verschiedene Konflikttypen

Bei Sachkonflikten (unterschiedliche Ansichten über Fakten oder Vorgehensweisen):

- Fokussiere auf objektive Kriterien und gemeinsame Standards

- Suche nach unabhängigen Datenquellen zur Klärung

- Experimentiere mit kleinen Tests oder Pilotprojekten beider Ansätze

Bei Beziehungskonflikten (Spannungen auf der persönlichen Ebene):

- Separiere die Sach- von der Beziehungsebene: "Ich schätze unsere Zusammenarbeit, auch wenn wir hier unterschiedlicher Meinung sind"

- Normalisiere unterschiedliche Arbeitsstile: "Wir haben verschiedene Herangehensweisen, und beide haben ihre Stärken"

- Fokussiere auf zukünftiges Verhalten statt vergangene Vorfälle

Bei Wertekonflikten (unterschiedliche grundlegende Überzeugungen):

- Suche nach übergeordneten gemeinsamen Werten

- Entwickle Kompromisse, die unterschiedliche Werte respektieren

- Schaffe Räume für legitime Wertevielfalt, wo möglich

Fallbeispiel: Katrins Konfliktlösung

Katrin, eine 38-jährige Marketingmanagerin, geriet zunehmend in Konflikt mit ihrem Kollegen Thomas über die Strategie für eine wichtige Kampagne. Während Katrin einen datengetriebenen, strukturierten Ansatz bevorzugte, plädierte Thomas für einen kreativeren, intuitiveren Zugang. Die Spannung eskalierte in mehreren Meetings, und die Frustration beider Seiten wuchs.

Statt den Konflikt weiter zu eskalieren, wendete Katrin die CALM-Strategie an:

Center: Vor dem nächsten Gespräch nahm sie sich 10 Minuten Zeit für eine Gehmeditation und reflektierte ihre eigentlichen Ziele (eine erfolgreiche Kampagne) statt ihrer Position (ihre Methode durchzusetzen).

Assess: Sie analysierte ihre eigenen Interessen (Messbarer Erfolg, Risikominimierung) und versuchte, Thomas' Interessen zu verstehen (Innovation, kreative Freiheit, Begeisterung der Kunden).

Listen: Im nächsten Gespräch fokussierte sie auf echtes Zuhören: "Thomas, ich möchte wirklich verstehen, warum dir der kreative Ansatz so wichtig ist. Kannst du mir mehr darüber erzählen, welche Vorteile du darin siehst?"

Sie paraphrasierte seine Antworten und zeigte echtes Interesse an seiner Perspektive, was ihn sichtlich überraschte und öffnete.

Manage: Sie schlug einen strukturierten Prozess vor: "Was hältst du davon, wenn wir zuerst unsere gemeinsamen Ziele für die Kampagne definieren, dann die Stärken beider Ansätze auflisten und schließlich einen kombinierten Ansatz entwickeln?"

Das Ergebnis war transformativ: Sie entwickelten einen hybriden Ansatz, der datenbasierte Grundlagen mit kreativen Elementen verband. Die Kampagne wurde erfolgreicher als frühere, und die Zusammenarbeit zwischen Katrin und Thomas verbesserte sich dauerhaft.

Katrin reflektierte: "Früher hätte ich solch einen Konflikt als reine Frustration erlebt und versucht, meine Position durchzusetzen. Jetzt sehe ich Konflikte als Chance, bessere Lösungen zu finden als jeder allein entwickeln könnte. Meine Frustrationstoleranz in Konfliktsituationen hat sich grundlegend verändert."

Deadlines und Zeitdruck: Von Überwältigung zu Kontrolle

Zeitdruck und enge Deadlines gehören zu den alltäglichsten beruflichen Frustrationsquellen. Sie können zu Qualitätseinbußen, Stress und einer Abwärtsspirale aus Überforderung und sinkender Leistung führen.

1. Die RCA-Methode für Deadline-Management

R = Realistic evaluation (Realistische Einschätzung)

- Objektiviere deinen Zeitbedarf basierend auf früheren Erfahrungen, nicht Hoffnungen

- Berücksichtige typische Verzögerungsfaktoren und Pufferzeiten

- Überlege: "Was könnte schiefgehen?" und plane entsprechende Zeitreserven ein

C = Communicate early (Frühzeitig kommunizieren)

- Signalisiere potenzielle Probleme, sobald sie erkennbar werden, nicht erst kurz vor der Deadline

- Schlage alternative Zeitpläne oder Ressourcenlösungen vor

- Setze Erwartungen proaktiv durch klare Updates und Zwischenberichte

A = Adjust expectations or resources (Erwartungen oder Ressourcen anpassen)

- Verhandle über Umfang, Qualität oder Deadline, wenn nötig

- Identifiziere zusätzliche Ressourcen oder Unterstützung

- Priorisiere basierend auf strategischem Wert, nicht nur auf Dringlichkeit

2. Das Eisenhower-Prinzip für strategische Priorisierung

In Zeiten hohen Zeitdrucks hilft die Unterscheidung zwischen "wichtig" und "dringend":

Wichtig und dringend: Sofort selbst erledigen **Wichtig, aber nicht dringend**: Einplanen und Fokuszeit reservieren **Dringend, aber nicht wichtig**: Wenn möglich delegieren **Weder wichtig noch dringend**: Eliminieren oder auf unbestimmte Zeit verschieben

Diese Matrix hilft, auch unter Zeitdruck die richtigen Entscheidungen zu treffen und Frustrationen durch Fehlallokation der Zeit zu vermeiden.

3. Energie- statt zeitbasiertes Management

Statt nur die Zeit zu planen, planst du basierend auf deinen Energiekurven:

Energiekartierung:

- Identifiziere deine Hochenergiephasen (wann bist du am produktivsten?)

- Erkenne typische Energietiefs und plane entsprechend

- Beobachte wöchentliche und monatliche Energiemuster

Strategische Aufgabenzuordnung:

- Komplexe, kreative Aufgaben für Hochenergiephasen reservieren

- Routine und administrative Aufgaben für Niedrigenergiephasen planen

- Bewusste Erholungsphasen integrieren, um nachhaltige Leistung zu ermöglichen

Fallbeispiel: Markus' Deadline-Revolution

Markus, ein 45-jähriger Projektleiter, kämpfte regelmäßig mit Deadline-Stress und der Frustration, immer "auf den letzten Drücker" zu arbeiten. Nach einem besonders belastenden Projekt, das fast gescheitert wäre, beschloss er, seinen Ansatz grundlegend zu ändern.

Er implementierte die RCA-Methode:

Realistic evaluation:

- Er analysierte seine letzten fünf Projekte und stellte fest, dass er systematisch 30-40% zu optimistisch plante

- Er entwickelte eine "x1,5-Regel": Jede Zeitschätzung mit 1,5 multiplizieren

- Er identifizierte typische "Zeitfresser" (unklare Anforderungen, fehlende Zuarbeiten, technische Probleme) und plante explizite Puffer dafür ein

Communicate early:

- Er führte wöchentliche "Realitätschecks" für alle Projekte ein: Sind wir noch im Plan?

- Er kommunizierte Verzögerungen oder Probleme sofort, nicht erst kurz vor der Deadline

- Er entwickelte eine klare, nicht-defensive Sprache für diese Kommunikation: "Um Qualität und Termin zu sichern, müssen wir X anpassen..."

Adjust expectations or resources:

- Er führte das Konzept des "Projekt-Dreiecks" ein (Umfang, Zeit, Ressourcen) und erklärte Teams und Stakeholdern, dass Änderungen in einer Dimension Anpassungen in anderen erfordern

- Er entwickelte für jedes Projekt einen Plan B
  (reduzierter Umfang) und Plan C (Notfallplan)

- Er verhandelte proaktiv über Prioritäten, wenn
  neue Anforderungen hinzukamen

Zusätzlich implementierte er energiebasiertes
Management:

- Er legte seine wichtigsten strategischen
  Arbeitssessions auf den frühen Morgen (seine
  Hochenergiezeit)

- Er nutzte das Nachmittagstief für
  Routinetätigkeiten und Teamchecks

- Er integrierte kurze Bewegungs- und
  Achtsamkeitspausen, um seine Energie zu
  regulieren

Das Ergebnis war transformativ: Die Deadline-Panik
nahm deutlich ab, die Projektqualität stieg, und seine
Frustrationstoleranz bei unvermeidlichen Zeitproblemen
verbesserte sich erheblich. Sein Team bemerkte nicht nur
seine geringere Stressbelastung, sondern profitierte auch
von der klareren Planung und Kommunikation.

Markus reflektierte: "Früher sah ich Deadlines als Feinde
und kämpfte ständig gegen die Zeit. Jetzt sehe ich sie als
Designparameter, die ich aktiv mitgestalten kann. Die
Frustration ist nicht verschwunden, aber sie ist jetzt ein
Informationssignal, kein überwältigender Zustand."

**Misserfolge und Rückschläge: Von Niederlage zu
Lernchance**

Berufliche Misserfolge – abgelehnte Ideen, gescheiterte Projekte, verpasste Beförderungen – können besonders frustrierend sein, da sie oft auch unseren Selbstwert und unsere professionelle Identität betreffen.

1. Das REAP-Modell zur Misserfolgsverarbeitung

R = Recognize emotions (Emotionen anerkennen)

- Erlaube dir, die natürlichen emotionalen Reaktionen zu fühlen (Enttäuschung, Ärger, Scham)

- Praktiziere Selbstmitgefühl statt Selbstkritik

- Nutze emotionale Regulationstechniken, um zur Handlungsfähigkeit zurückzufinden

E = Evaluate objectively (Objektiv evaluieren)

- Unterscheide zwischen tatsächlichen Fakten und Interpretationen

- Identifiziere interne (kontrollierbare) und externe (unkontrollierbare) Faktoren

- Suche nach spezifischen, konkreten Lernchancen

A = Adjust approach (Ansatz anpassen)

- Entwickle spezifische, umsetzbare Änderungen für die Zukunft

- Suche nach kreativen Alternativen oder Umwegen

- Konsultiere andere für frische Perspektiven und Ideen

P = Plan next steps (Nächste Schritte planen)

- Setze kleine, erreichbare Schritte zur Wiederherstellung von Momentum

- Fokussiere auf Fortschritt, nicht auf Perfektion

- Schaffe Strukturen für Kontinuität und Monitoring

2. Die Resilienzgespräch-Technik

Wenn du mit einem beruflichen Misserfolg konfrontiert bist, führe ein strukturiertes Gespräch mit einem vertrauten Kollegen oder Mentor:

Runde 1: Emotionale Entlastung

- Teile deine emotionale Reaktion ohne Zensur

- Der Zuhörer bietet emotionale Validierung ohne sofortige Lösungen

- Ziel: Emotionale Regulation und Normalisierung der Reaktion

Runde 2: Faktische Analyse

- Untersuche gemeinsam die Fakten und Umstände

- Identifiziere Faktoren, die zum Ergebnis beigetragen haben

- Ziel: Objektivierung und Kontextualisierung des Misserfolgs

Runde 3: Lernorientierte Reflexion

- Fokussiere auf Erkenntnisse und Entwicklungsmöglichkeiten

- Extrahiere spezifische Lernpunkte und Wachstumschancen

- Ziel: Transformation von Misserfolg in Lernerfahrung

Runde 4: Konkrete Planung

- Entwickle konkrete nächste Schritte und Aktionen

- Bestimme Unterstützungsbedarf und -quellen

- Ziel: Wiederherstellung von Handlungsfähigkeit und Zuversicht

3. Die Kompetenzportfolio-Methode

Bei Misserfolgen neigen wir dazu, unsere allgemeine berufliche Kompetenz in Frage zu stellen. Diese Methode wirkt diesem Effekt entgegen:

Schritt 1: Kompetenzinventur

- Erstelle eine umfassende Liste deiner beruflichen Fähigkeiten und Stärken

- Sammle konkrete Beispiele für erfolgreiche Anwendung dieser Kompetenzen

- Integriere Feedback und Anerkennung, die du von anderen erhalten hast

Schritt 2: Stärken-Schwächen-Balancierung

- Ordne den Misserfolg in den Kontext deines gesamten Kompetenzportfolios ein

- Identifiziere spezifische Entwicklungsbereiche statt generalisierter Inkompetenz

- Erkenne die Normalität von Stärken-Schwächen-Profilen

Schritt 3: Kompetenzentwicklungsplan

- Entwickle einen gezielten Plan zur Stärkung relevanter Fähigkeiten

- Nutze bestehende Stärken, um Schwächen auszugleichen

- Integriere kontinuierliches Lernen in deinen beruflichen Alltag

Fallbeispiel: Jonas' Umgang mit beruflichem Misserfolg

Jonas, ein 32-jähriger Marketingexperte, hatte monatelang an einer Präsentation für einen potenziellen Großkunden gearbeitet. Trotz intensiver Vorbereitung erhielt sein Team eine Absage. Jonas war frustriert und begann, seine beruflichen Fähigkeiten grundsätzlich zu hinterfragen.

Er wandte das REAP-Modell an:

Recognize emotions: Statt seine Enttäuschung und Frustration zu unterdrücken oder in Selbstkritik zu kanalisieren, erlaubte er sich, diese Gefühle zu spüren. Er teilte sie in einem offenen Gespräch mit einem vertrauten Kollegen und praktizierte Selbstmitgefühl: "Es ist normal und menschlich, nach einer solchen Investition enttäuscht zu sein."

Evaluate objectively: Er führte eine sachliche Analyse durch und sammelte verschiedene Perspektiven:

- Feedback vom potenziellen Kunden (Budget-Neuausrichtung war ein Hauptfaktor)

- Input von Teammitgliedern (Präsentation war stark, aber Wettbewerbsangebot enthielt spezifische Branchenerfahrung)

- Eigene Beobachtungen (bestimmte Fragen wurden nicht optimal beantwortet)

Adjust approach: Basierend auf dieser Analyse entwickelte er spezifische Anpassungen:

- Stärkere Betonung von Branchenreferenzen in zukünftigen Präsentationen

- Entwicklung eines strukturierten Prozesses für die Erkundung von Budget-Constraints

- Vertiefung des Verständnisses für die spezifische Wettbewerbslandschaft

Plan next steps: Jonas entwickelte einen konkreten Aktionsplan:

- Initiierung einer Wettbewerbsanalyse für kommende Pitches

- Aufbau eines systematischen Feedback-Prozesses nach Präsentationen

- Präsentation der Erkenntnisse im Team, um kollektives Lernen zu fördern

Zusätzlich nutzte er die Kompetenzportfolio-Methode, um seine allgemeine berufliche Selbstwahrnehmung zu stabilisieren. Er identifizierte über 20 Stärken und spezifische Erfolge, die sein grundsätzliches Können belegten. Dies half ihm, den Misserfolg als spezifisches Ereignis statt als Beweis genereller Inkompetenz zu sehen.

Das Ergebnis: Innerhalb weniger Wochen hatte Jonas nicht nur seine Frustration konstruktiv verarbeitet, sondern konkrete Verbesserungen initiiert, die dem gesamten Team zugutekamen. Bei der nächsten Präsentation fühlte er sich besser vorbereitet, und sein Umgang mit kritischen Fragen verbesserte sich merklich.

Jonas reflektierte: "Früher hätte mich so ein Misserfolg wochenlang beschäftigt und mein Selbstvertrauen untergraben. Jetzt sehe ich ihn als wichtigen Teil meines Lern- und Entwicklungsprozesses. Die Frustration ist immer noch da, aber sie treibt mich vorwärts, statt mich zurückzuwerfen."

Schwierige Führungskräfte und Kollegen

Von Reaktion zu strategischem Umgang

Herausfordernde zwischenmenschliche Beziehungen am Arbeitsplatz – sei es mit Vorgesetzten, Kollegen oder Mitarbeitern – können eine chronische Quelle von Frustration sein. Ein strategischer Ansatz kann helfen, diese Situationen zu meistern.

Das MAP-Modell für schwierige Beziehungen

M = Mindset (Einstellung)

- Separiere das Verhalten von der Person (schwieriges Verhalten ≠ schlechter Mensch)

- Nimm eine anthropologische Perspektive ein ("Wie interessant! Was könnte dieses Verhalten erklären?")

- Fokussiere auf Einflussbereiche statt auf das, was du nicht kontrollieren kannst

A = Analysis (Analyse)

- Beobachte Muster und Trigger im Verhalten der anderen Person

- Identifiziere mögliche Bedürfnisse oder Ängste hinter dem schwierigen Verhalten

- Reflektiere deinen eigenen Beitrag zur Dynamik (unabsichtliche Verstärker, Trigger)

P = Planning (Planung)

- Entwickle spezifische Strategien basierend auf den Mustern und Bedürfnissen

- Plane präventive Maßnahmen für typische Triggersituationen

- Erstelle Notfallpläne für emotionale Eskalationen

2. Spezifische Strategien für verschiedene "schwierige Typen"

Der Mikromanager:

- Proaktiv und häufig kommunizieren, bevor er/sie nachfragen muss

- Explizite Vereinbarungen über Check-ins und Fortschrittsberichte treffen

- Tiefere Bedürfnisse ansprechen: "Ich verstehe, dass Genauigkeit wichtig ist. Wie kann ich dir die Sicherheit geben, die du brauchst, und gleichzeitig selbständig arbeiten?"

Der Passive-Aggressive:

- Sanft but direkt unangemessenes Verhalten ansprechen: "Mir ist aufgefallen, dass du sehr still wurdest nach meinem Vorschlag. Gibt es etwas, worüber wir sprechen sollten?"

- Fokus auf konkretes Verhalten, nicht auf Interpretationen

- Klare, direkte Kommunikationskanäle etablieren und modellieren

Der chronische Kritiker:

- Nach spezifischen, umsetzbaren Vorschlägen fragen: "Was genau würdest du anders machen?"

- Positive Intentionsunterstellung praktizieren: "Ich weiß, dass dir Qualität wichtig ist..."

- Grenzen setzen bei destruktiver Kritik: "Ich schätze Feedback, das mir hilft, besser zu werden. Könntest du deine Kritik so formulieren, dass sie konstruktiv ist?"

Der Chaotische/Unzuverlässige:

- Schriftliche Zusammenfassungen und Vereinbarungen erstellen

- Klare Fristen und Konsequenzen vereinbaren

- Abhängigkeiten reduzieren wo möglich

3. Die Technik der strategischen Anpassung vs. Grenzziehung

Nicht jedes schwierige Verhalten erfordert dieselbe Reaktion. Diese Entscheidungsmatrix hilft:

Hohe Wichtigkeit der Beziehung + Niedriges persönliches Risiko → Strategische Anpassung: Passe deine Kommunikation und Erwartungen an die andere Person an

Hohe Wichtigkeit + Hohes persönliches Risiko → Verhandlung und klare Grenzen: Suche aktiv nach Win-Win-Lösungen, aber setze feste Grenzen

Niedrige Wichtigkeit + Niedriges Risiko → Minimale Investition: Reduziere Interaktion auf das Notwendige, investiere emotional wenig

Niedrige Wichtigkeit + Hohes Risiko → Exit-Strategie: Entwickle einen Plan, um die Exposition zu reduzieren oder zu beenden

Fallbeispiel: Annas Strategie für einen schwierigen Chef

Anna, eine 36-jährige Finanzanalystin, arbeitete für einen Vorgesetzten, der für unvorhersehbare Stimmungsschwankungen, unklare Anweisungen und nachträgliche Kritik bekannt war. Diese Situation erzeugte bei ihr konstante Frustration und Stress.

Sie wandte das MAP-Modell an:

Mindset:

- Sie praktizierte bewusst die Trennung zwischen seinem Verhalten und seinem Wert als Person

- Sie nahm eine anthropologische Perspektive ein: "Was könnte dieses Verhalten erklären? Welche Drucksituationen erlebt er möglicherweise?"

- Sie identifizierte ihre Einflussbereiche: Ihre Reaktionen, ihre Kommunikation, ihre Vorbereitung

Analysis: Nach mehrwöchiger Beobachtung erkannte Anna Muster:

- Besonders kritisch und ungeduldig war er montags (nach Wochenend-Emails der Geschäftsführung) und vor Quartalsberichten

- Er reagierte positiv auf visuelle Präsentationen und Zusammenfassungen

- Hinter seinem kontrollierenden Verhalten schien die Angst zu stehen, wichtige Details zu übersehen

Planning: Basierend auf dieser Analyse entwickelte Anna spezifische Strategien:

- Sie implementierte proaktive Montags-Updates mit visuellen Dashboards

- Sie erstellte Vorlagen für Projektberichte mit den von ihm bevorzugten Detailleveln

- Sie kommunizierte explizit, welche Qualitätssicherungsschritte sie bei wichtigen Analysen durchführte

Für emotional aufgeladene Situationen entwickelte sie einen Notfallplan:

- Atempause durch Fragen: "Damit ich sicherstellen kann, dass ich alle Ihre Anliegen verstehe – könnten Sie mir die wichtigsten Punkte noch einmal nennen?"

- Deeskalation durch Zeitgewinn: "Ich verstehe, dass dies wichtig ist. Ich möchte eine durchdachte Lösung liefern. Kann ich Ihnen bis heute Nachmittag einen Vorschlag machen?"

- Nach schwierigen Interaktionen: Kurze Selbstfürsorgerituale (5 Minuten Gehmeditation, Kollegengespräch)

Das Ergebnis: Die Situation verbesserte sich merklich. Obwohl ihr Chef sein grundlegendes Verhalten nicht änderte, konnte Anna durch ihre strategische Anpassung viele Konfliktpunkte entschärfen. Gleichzeitig setzte sie klare Grenzen bei inakzeptablem Verhalten und baute interne Allianzen mit Kollegen auf, die ähnliche Erfahrungen machten.

Anna reflektierte: "Ich kann sein Verhalten nicht ändern, aber ich habe gelernt, es zu antizipieren und strategisch damit umzugehen. Meine Frustrationstoleranz hat sich erhöht, weil ich mich von einem Opfer seiner Launen zu einer Person entwickelt habe, die aktiv Strategien zum Umgang mit einer herausfordernden Situation entwickelt. Die Frustration ist nicht verschwunden, aber sie kontrolliert mich nicht mehr."

Burnout-Prävention: Von Erschöpfung zu nachhaltiger Leistung

Anhaltende berufliche Frustration kann zu Burnout führen – einem Zustand emotionaler, physischer und mentaler Erschöpfung. Die Stärkung deiner Frustrationstoleranz ist ein wichtiger Schutzfaktor.

1. Die frühen Warnsignale von Burnout erkennen

Physische Anzeichen:

- Chronische Müdigkeit, die durch Schlaf nicht behoben wird

- Häufigere Krankheiten und längere Erholungszeiten

- Schlafstörungen, Appetitveränderungen

- Körperliche Symptome wie Kopfschmerzen, Rückenschmerzen

Emotionale Anzeichen:

- Gefühl von Leere, Sinnlosigkeit oder Hoffnungslosigkeit

- Zynismus und Negativität gegenüber Arbeit und Kollegen

- Emotional distanziert oder abgestumpft

- Ungewöhnliche Reizbarkeit oder emotionale Ausbrüche

Kognitive Anzeichen:

- Konzentrationsschwierigkeiten und erhöhte Fehlerrate

- Entscheidungsschwierigkeiten auch bei kleinen Dingen

- Gedankenkreisen oder -leere

- Abnehmendes Interesse an kreativen oder herausfordernden Aspekten der Arbeit

2. Das RESTORE-Programm zur Burnout-Prävention

R = Rest and Recovery (Ruhe und Erholung)

- Implementiere nicht-verhandelbare Ruhephasen im Tages-, Wochen- und Jahresrhythmus

- Praktiziere bewusste Erholungsaktivitäten, die echte Regeneration bieten

- Optimiere Schlafqualität und -quantität als fundamentale Ressource

E = Engage boundaries (Grenzen aktivieren)

- Setze klare zeitliche Grenzen (z.B. keine E-Mails nach 20 Uhr)

- Definiere inhaltliche Grenzen (was liegt in meiner Verantwortung, was nicht?)

- Implementiere psychologische Grenzen (z.B. emotionale Distanz zu beruflichen Problemen)

S = Social connection (Soziale Verbindung)

- Pflege bedeutungsvolle Beziehungen außerhalb der Arbeit

- Kultiviere unterstützende Verbindungen innerhalb des beruflichen Umfelds

- Teile Erfahrungen und Gefühle, statt dich zu isolieren

T = Track and measure (Überwachen und messen)

- Führe ein einfaches Wohlbefindens-Tracking ein (z.B. tägliche Energielevel-Bewertung)

- Etabliere regelmäßige Selbstreflexionsroutinen

- Nutze objektive Indikatoren für Arbeitsbelastung und -volumen

O = Optimize demands (Anforderungen optimieren)

- Verhandle Arbeitsumfang und -tempo wo möglich

- Eliminiere oder delegiere nicht-essentielle Aufgaben

- Nutze Automatisierung und Effizienzsteigerung für Routineaufgaben

R = Reconnect to meaning (Mit Sinn verbinden)

- Identifiziere und fokussiere auf sinnstiftende Aspekte deiner Arbeit

- Schaffe Verbindungen zwischen täglichen Aufgaben und größeren Werten

- Entwickle Sinnquellen außerhalb der Arbeit

E = Evaluate regularly (Regelmäßig evaluieren)

- Führe monatliche oder quartalsweise Lebens- und Arbeitsreviews durch

- Suche aktiv nach Feedback von vertrauten Personen

- Passe deine Strategien basierend auf Ergebnissen und Erfahrungen an

3. Der persönliche Frustrationsvulnerabilitäts-Index

Entwickle ein Bewusstsein für deine persönlichen Burnout-Risikofaktoren:

Schritt 1: Vulnerabilitätsinventur

- Identifiziere frühere Erfahrungen mit Überarbeitung und Erschöpfung

- Erkenne persönliche Trigger und typische Reaktionsmuster

- Beachte Lebensphasen oder -umstände, die dein Risiko erhöhen

Schritt 2: Präventionsplan

- Entwickle spezifische Präventionsmaßnahmen für deine Hochrisikofaktoren

- Schaffe Frühwarnsysteme für deine typischen ersten Anzeichen

- Plane präventive Interventionen für vorhersehbare Hochbelastungsphasen

Schritt 3: Support-System aktivieren

- Bestimme Personen, die dir bei der Früherkennung helfen können

- Vereinbare "Realitätschecks" mit vertrauten Kollegen oder Freunden

- Definiere Schwellenwerte für das Suchen professioneller Unterstützung

Fallbeispiel: Thomas' Burnout-Prävention

Thomas, ein 43-jähriger Lehrer, hatte vor drei Jahren ein Burnout erlebt und mehrere Monate krankgeschrieben werden müssen. Nach seiner Rückkehr in den Beruf wollte er aktiv eine Wiederholung verhindern und seine Frustrationstoleranz nachhaltig stärken.

Er implementierte das RESTORE-Programm:

Rest and Recovery:

- Er etablierte eine strikte "Keine Schularbeit am Sonntag"-Regel

- Er integrierte drei 10-minütige Achtsamkeitspausen in seinen Schultag

- Er optimierte seine Schlafhygiene (keine Bildschirme 1h vor dem Schlafengehen, regelmäßige Schlafenszeiten)

Engage boundaries:

- Er kommunizierte klare Erreichbarkeitszeiten an Schüler, Eltern und Kollegen

- Er definierte "Minimum vs. Optimum"-Standards für verschiedene Aufgabenbereiche

- Er delegierte bestimmte administrative Aufgaben, die besonders viel Frustration verursachten

Social connection:

- Er trat einer Lehrersportgruppe bei für regelmäßigen kollegialen Austausch in entspannter Atmosphäre

- Er revitalisierte Freundschaften außerhalb des Schulkontexts

- Er etablierte ein monatliches Intervisionstreffen mit vertrauten Kollegen

Track and measure:

- Er führte ein wöchentliches "Energiekonto"-Tracking ein (Aktivitäten, die Energie geben vs. nehmen)

- Er implementierte eine "Frustrationsampel" zur täglichen Selbsteinschätzung

- Er bat seinen Partner um regelmäßige ehrliche Rückmeldung zu Stresssymptomen

Optimize demands:

- Er überarbeitete sein Unterrichtsmaterial für effizientere Vorbereitung

- Er entwickelte ein Schüler-Tutor-System, um Korrekturarbeit zu reduzieren

- Er verhandelte seine Stundenverteilung mit der Schulleitung

Reconnect to meaning:

- Er startete ein persönliches Projekt mit besonders motivierten Schülern

- Er führte ein "Erfolgsjournal" für positive Unterrichtserlebnisse

- Er reflektierte regelmäßig über seinen ursprünglichen Berufswunsch und seine Kernwerte als Lehrer

Evaluate regularly:

- Er implementierte eine monatliche Selbstreflexionsroutine mit spezifischen Fragen

- Er führte ein quartalsweises Gespräch mit seinem Mentor

- Er passte seine Strategien basierend auf saisonalen Schulanforderungen an

Basierend auf seiner Erfahrung entwickelte Thomas einen persönlichen Vulnerabilitätsindex:

Hochrisikofaktoren:

- Korrekturphasen vor Zeugnissen

- Elterngespräche mit konfliktreichen Familien

- Zu viele aufeinanderfolgende Unterrichtsstunden ohne Pause

Frühwarnsignale:

- Schlafprobleme an mehr als zwei aufeinanderfolgenden Nächten

- Ungewöhnliche Reizbarkeit gegenüber Familienangehörigen

- Vermeidung von Unterrichtsvorbereitung

Präventive Maßnahmen:

- In Korrekturphasen: Tägliche kurze Bewegungspausen und strikte Zeitbegrenzung

- Vor schwierigen Gesprächen: Kollegiale Vorbereitung und "Entlastungsgespräch" danach

- Bei dichtem Stundenplan: Mikro-Erholungspausen und vereinfachte Unterrichtsformate

Das Ergebnis: Nach zwei Jahren hatte Thomas nicht nur einen erneuten Burnout verhindert, sondern eine grundlegend neue Beziehung zu beruflicher Frustration entwickelt. Seine Arbeitszufriedenheit war höher als vor seinem Burnout, und er konnte auch in Stresszeiten eine grundlegende Balance wahren.

Thomas reflektierte: "Früher habe ich Frustration als etwas gesehen, das man aushalten muss, bis man zusammenbricht. Jetzt sehe ich sie als

Informationssystem, das mir hilft, rechtzeitig gegenzusteuern. Die präventiven Strategien haben mir nicht nur geholfen, Burnout zu vermeiden, sondern auch meine tägliche Arbeitserfahrung positiv verändert."

Strategischer Umgang mit beruflicher Frustration

Berufliche Frustration ist unvermeidlich – aber wie du darauf reagierst, liegt in deiner Hand. Die in diesem Abschnitt vorgestellten Strategien bieten dir einen praktischen Werkzeugkasten, um typische berufliche Frustrationsquellen zu meistern und gleichzeitig deine Leistungsfähigkeit und Zufriedenheit zu stärken.

Ob im Umgang mit Konflikten, Zeitdruck, Misserfolgen, schwierigen Menschen oder Burnout-Risiken – der Schlüssel liegt in der bewussten Wahl deiner Reaktion statt in automatischen Reaktionsmustern. Durch die Entwicklung spezifischer Strategien für unterschiedliche berufliche Herausforderungen kannst du nicht nur deine Frustrationstoleranz erhöhen, sondern auch neue Levels beruflicher Effektivität und Erfüllung erreichen.

Wie der Managementexperte Peter Drucker sagte: "Die beste Art, die Zukunft vorherzusagen, ist, sie zu erschaffen." Durch den strategischen Umgang mit beruflicher Frustration erschaffst du aktiv eine Arbeitsrealität, in der Hindernisse nicht zum Stillstand führen, sondern zu Wachstum und Innovation.

Strategien für mehr Gelassenheit am Arbeitsplatz

Der moderne Arbeitsplatz – ob im Büro, zu Hause oder hybrid – stellt besondere Anforderungen an unsere Frustrationstoleranz. In diesem Abschnitt lernst du spezifische Strategien kennen, um mehr Gelassenheit in deinen Arbeitsalltag zu integrieren und eine resiliente Grundhaltung zu entwickeln, die dich auch in hektischen Zeiten stabil hält.

Die Anatomie der Arbeitsplatz-Gelassenheit

Bevor wir zu den konkreten Strategien kommen, lohnt es sich, zu verstehen, was Gelassenheit am Arbeitsplatz überhaupt bedeutet:

Gelassenheit ≠ Gleichgültigkeit Gelassenheit bedeutet nicht, dass dir alles egal ist oder dass du keine hohen Standards hast. Im Gegenteil: Wahre berufliche Gelassenheit ermöglicht es dir, engagiert und leistungsfähig zu bleiben, ohne emotional überwältigt zu werden.

Die drei Säulen der Arbeitsplatz-Gelassenheit:

1. Innere Stabilität Die Fähigkeit, in einem inneren Gleichgewicht zu bleiben, unabhängig von äußeren Umständen. Dies umfasst emotionale Regulation, mentale Klarheit und physisches Wohlbefinden.

2. Situative Anpassungsfähigkeit Die Fähigkeit, flexibel auf veränderte Umstände und unerwartete Ereignisse zu reagieren, ohne in Rigidität oder Chaos zu verfallen. Dies beinhaltet kognitive Flexibilität und pragmatische Problemlösung.

3. Sinnzentrierte Ausrichtung Die Verbindung mit tieferen Werten und Zielen, die es ermöglicht, momentane Frustrationen in einen größeren Kontext einzuordnen. Dies schafft Perspektive und Priorisierungsfähigkeit.

Mit diesem Verständnis können wir nun praktische Strategien für jede dieser drei Säulen erkunden.

Strategien für innere Stabilität

Innere Stabilität ist das Fundament beruflicher Gelassenheit. Diese Strategien helfen dir, selbst unter Druck dein inneres Gleichgewicht zu bewahren.

1. Mikro-Praktiken zur emotionalen Regulation

Diese kurzen (1-3 Minuten) Übungen können nahtlos in den Arbeitsalltag integriert werden:

Der 4-4-4 Reset

- 4 Sekunden tief durch die Nase einatmen

- 4 Sekunden Luft anhalten

- 4 Sekunden langsam durch leicht geöffnete Lippen ausatmen

- 3-5 Zyklen durchführen

Diese Übung aktiviert das parasympathische Nervensystem und kann zwischen Meetings, vor schwierigen Gesprächen oder bei aufkommender Frustration angewendet werden.

Der 90-Sekunden-Bodyscan

- Richte deine Aufmerksamkeit bewusst von den Füßen zum Kopf

- Spüre nacheinander in verschiedene Körperregionen hinein

- Löse bewusst Spannungen, besonders in Kiefern, Schultern und Bauch

Diese Übung bringt dich in den gegenwärtigen Moment zurück und löst physische Anspannungen, die oft unbemerkt Stress verstärken.

Der Sinnes-Anker

- Wähle einen speziellen physischen Gegenstand für deinen Arbeitsplatz (ein Stein, ein kleines Symbol etc.)

- Berühre diesen Gegenstand bewusst, wenn du Frustration spürst

- Verbinde die Berührung mit einem mentalen Anker ("Ruhe", "Klarheit", "Ich handle, nicht reagiere")

Diese Technik nutzt sensorische Stimulation, um automatische Stressreaktionen zu unterbrechen.

2. Präventive Routinen für nachhaltige Stabilität

Diese Praktiken benötigen mehr Zeit (10-20 Minuten), schaffen aber eine grundlegende Stabilität:

Morgenroutine für mentale Vorbereitung

- Beginne mit 5 Minuten Meditation oder bewusstem Atmen

- Definiere 1-3 Schlüsselprioritäten für den Tag

- Visualisiere potenzielle Herausforderungen und deine gelassene Reaktion darauf

- Verbinde dich mit deiner beruflichen Kernmotivation

Diese Routine schafft einen inneren Anker vor dem Eintauchen in die Arbeitsanforderungen.

Mittagspause-Reset

- Distanziere dich physisch von deinem Arbeitsplatz

- Praktiziere eine kurze Achtsamkeitsübung oder Gehmeditation

- Bewusstes Essen ohne digitale Ablenkungen

- Kurze Bewegung an der frischen Luft, wenn möglich

Diese Routine verhindert die Akkumulation von Stress über den Tag und frischt deine mentalen Ressourcen auf.

Abendroutine zum Abschalten

- Definiere ein klares Arbeitsende mit einem symbolischen Abschlussritual

- Praktiziere einen "Gedanken-Parkplatz" für unerledigte Aufgaben

- Plane bewusste Übergänge zwischen Arbeit und Privatleben

- Implementiere digitale Grenzen (z.B. keine beruflichen E-Mails nach 20 Uhr)

Diese Routine verhindert, dass Arbeitsstress deine Erholungszeit und deinen Schlaf beeinträchtigt.

3. Der körperbasierte Ansatz zur Stabilitätsstärkung

Unser Körper spielt eine entscheidende Rolle für unsere emotionale Stabilität:

Bewegungs-Mikrointerventionen

- Integriere kurze (2-5 Minuten) Bewegungseinheiten über den Tag verteilt

- Praktiziere bewusste Haltungsänderungen (von gebeugt zu aufrecht)

- Nutze Treppensteigen, Dehnübungen oder kurze Gehpausen

Diese physischen Interventionen beeinflussen direkt dein emotionales Erleben, da Körper und Geist untrennbar verbunden sind.

Energiemanagement durch Ernährung

- Vermeide starke Blutzuckerschwankungen durch regelmäßige, ausgewogene Mahlzeiten

- Hydratation aufrechterhalten (Dehydration verstärkt Stresserleben)

- Koffein- und Zuckerkonsum bewusst steuern

Diese Strategien stabilisieren deine körperliche Energiebasis, was direkte Auswirkungen auf deine emotionale Belastbarkeit hat.

Entspannungsphysiologie aktivieren

- Progressive Muskelentspannung in kurzen Formaten (5 Minuten)

- Gezielte Atemtechniken zur Aktivierung des Parasympathikus

- Bewusste Gesichtsentspannung (besonders Kiefer, Stirn, Augen)

Diese Techniken nutzen die bidirektionale Beziehung zwischen Körper und Geist – ein entspannter Körper fördert einen gelassenen Geist.

Fallbeispiel: Saras Integration von Stabilitätspraktiken

Sara, eine 37-jährige Projektmanagerin in einem IT-Unternehmen, erlebte zunehmenden Druck durch simultane Projekte und ständige Unterbrechungen. Sie bemerkte, dass ihre Frustrationstoleranz abnahm und sie häufiger gereizt oder überwältigt reagierte.

Sie entschied sich, systematisch an ihrer inneren Stabilität zu arbeiten:

Mikro-Praktiken im Alltag:

- Sie installierte eine Atem-App mit diskreten Erinnerungen auf ihrem Computer (alle 90 Minuten)

- Sie platzierte einen kleinen blauen Stein auf ihrem Schreibtisch als Sinnes-Anker

- Sie implementierte eine "Pause-Taste" vor dem Antworten auf frustrierende E-Mails

Präventive Routinen:

- Sie entwickelte eine 15-minütige Morgenroutine mit 5 Minuten Meditation, Prioritätensetzung und Tagesplanung

- Sie begann, ihre Mittagspause außerhalb des Büros zu verbringen, idealerweise mit einem kurzen Spaziergang

- Sie schuf ein "Shutdown-Ritual" am Arbeitsende mit Aufschreiben offener Punkte und bewusstem Abschalten des Computers

Körperbasierte Ansätze:

- Sie richtete einen Timer ein für stündliches Aufstehen und Dehnen

- Sie bereitete ausgewogene Snacks vor, um Energieeinbrüche zu vermeiden

- Sie praktizierte kurze Schulter- und Nackenentspannung während Telefonaten

Nach sechs Wochen konsequenter Praxis berichtete Sara von spürbaren Veränderungen:

- Ihre emotionalen Reaktionen auf Arbeitsunterbrechungen wurden gemäßigter

- Sie konnte schwierige Situationen früher "lesen" und proaktiv gegensteuern

- Ihre allgemeine Arbeitszufriedenheit stieg, da sie weniger Zeit in frustriertem Zustand verbrachte

- Teammitglieder bemerkten ihre ausgeglichenere Präsenz in Stresssituationen

Sara reflektierte: "Früher dachte ich, Gelassenheit sei eine Charaktereigenschaft, die man entweder hat oder nicht hat. Jetzt verstehe ich, dass es sich um eine Fähigkeit handelt, die man durch konkrete Praktiken entwickeln kann. Der Schlüssel war für mich, diese kleinen Praktiken konsequent in meinen Alltag zu integrieren, statt auf große Veränderungen zu warten."

Strategien für situative Anpassungsfähigkeit

Die zweite Säule der Arbeitsplatz-Gelassenheit ist die Fähigkeit, flexibel auf veränderte Umstände zu reagieren. Diese Strategien helfen dir, auch bei unerwarteten Entwicklungen handlungsfähig zu bleiben.

1. Das P-A-C-E Modell für unerwartete Situationen

Ein strukturierter Ansatz für Momente, wenn Pläne durchkreuzt werden:

P = Pause (Innehalten)

- Nimm dir bewusst 30-60 Sekunden Zeit

- Atme tief und schaffe innere Distanz

- Vermeide sofortige impulsive Reaktionen

A = Assess (Einschätzen)

- Erfasse objektiv, was tatsächlich passiert ist

- Unterscheide zwischen Fakten und Interpretationen

- Evaluiere die tatsächliche (nicht gefühlte) Dringlichkeit und Wichtigkeit

C = Choose (Wählen)

- Identifiziere mindestens drei Handlungsoptionen

- Bewerte jede Option nach Aufwand und potenziellem Ergebnis

- Wähle bewusst einen Ansatz, statt automatisch zu reagieren

E = Execute (Ausführen)

- Setze die gewählte Strategie fokussiert um

- Bleibe präsent und anpassungsfähig während der Umsetzung

- Evaluiere kurz den Erfolg und passe bei Bedarf an

Diese Sequenz, regelmäßig praktiziert, wird mit der Zeit zu einer automatisierten Reaktion auf unerwartete Situationen.

2. Die kognitive Flexibilitäts-Praxis

Diese Übungen stärken deine grundlegende Fähigkeit zur mentalen Anpassung:

Perspektivenwechsel-Übung

- Nimm bei Entscheidungen oder Problemen bewusst verschiedene Perspektiven ein:

    o Die zeitliche Perspektive: "Wie werde ich dies in 1 Woche/1 Monat/1 Jahr sehen?"

    o Die Rollenperspektive: "Wie würde Person X diese Situation sehen?"

    o Die Distanzperspektive: "Wie würde ich einem Freund in dieser Situation raten?"

Diese Übung erweitert deinen Blickwinkel und verhindert rigides Denken.

Reframing-Praxis

- Übe, für frustrierende Situationen alternative Interpretationen zu finden:

    o Herausforderungs-Reframing: "Dies ist kein Problem, sondern eine Gelegenheit zu..."

    o Lern-Reframing: "Diese Situation lehrt mich..."

    o Humor-Reframing: "In fünf Jahren werde ich darüber lachen, weil..."

Diese Praxis stärkt deine kognitive Flexibilität und reduziert automatische negative Interpretationen.

Improvisationsmindset entwickeln

- Kultiviere eine "Ja, und..."-Haltung statt "Ja, aber..." oder "Nein, weil..."

- Betrachte Grenzen als kreative Einladungen statt als Hindernisse

- Praktiziere kleine Experimente mit ungewissem Ausgang

Dieses Mindset hilft dir, unerwartete Situationen als kreative Möglichkeiten statt als Bedrohungen zu sehen.

3. Adaptive Effizienz-Strategien

Diese Ansätze helfen dir, ressourcenschonend mit Veränderungen umzugehen:

Die 80/20-Planung

- Plane nur 80% deiner verfügbaren Zeit/Ressourcen fest ein

- Reserviere 20% als bewussten Puffer für Unerwartetes

- Passe diese Ratio je nach Arbeitssituation an (70/30 in hochdynamischen Umgebungen)

Diese Strategie schafft strukturelle Flexibilität und reduziert Frustration bei Planänderungen.

Modulares statt lineares Arbeiten

- Strukturiere Projekte in relativ unabhängige Module

- Entwickle parallele Pfade, wo möglich

- Identifiziere kritische vs. flexible Komponenten

Dieser Ansatz erhöht die Anpassungsfähigkeit bei Unterbrechungen oder Änderungen.

Die Umleitung statt Blockade-Mentalität

- Betrachte Hindernisse wie ein GPS-System: "Neuberechnung der Route" statt Stopp

- Halte mehrere Alternativwege zu wichtigen Zielen parat

- Fokussiere auf das Ziel, nicht auf den spezifischen Weg dorthin

Diese Mentalität verhindert, dass Hindernisse zu Stillstand führen, und fördert kreative Problemlösung.

Fallbeispiel: Markus' Entwicklung von Anpassungsfähigkeit

Markus, ein 42-jähriger Architekt, führte ein kleines Büro und kämpfte mit der Unvorhersehbarkeit von Kundenwünschen, behördlichen Anforderungen und Lieferengpässen. Seine typische Reaktion auf unerwartete Änderungen war Frustration, Stress und Überstunden.

Er implementierte systematisch Anpassungsfähigkeits-Strategien:

P-A-C-E Implementation:

- Er schuf eine physische Erinnerung (ein kleines "PACE"-Schild auf seinem Schreibtisch)

- Bei unerwarteten Änderungsanfragen zwang er sich zu einer kurzen Pause

- Er entwickelte eine strukturierte Checkliste für die Bewertung von Änderungen

- Er etablierte feste Zeiten für Entscheidungen statt impulsiv zu reagieren

Kognitive Flexibilitäts-Übungen:

- Er führte ein "Multiples Reframing"-Ritual ein: Für jede frustrierende Situation drei alternative Interpretationen finden

- Er startete eine Gewohnheit, bei Team-Meetings bewusst nach der Perspektive der "stillen" Teammitglieder zu fragen

- Er begann, wöchentlich eine neue Arbeitsmethode oder ein neues Tool auszuprobieren

Adaptive Effizienz-Strategien:

- Er restrukturierte Projektpläne mit expliziten Puffern (70/30 Planung)

- Er entwickelte ein modulares System für Kundenpräsentationen, das leicht anpassbar war

- Er schuf ein "Ideenarchiv" für alternative Lösungen, auf das er bei Hindernissen zurückgreifen konnte

Nach einigen Monaten beobachtete Markus signifikante Veränderungen:

- Die emotionale Belastung durch Änderungen nahm deutlich ab

- Die Lösungsgeschwindigkeit bei unerwarteten Problemen erhöhte sich

- Das Team entwickelte eine neue, flexiblere Arbeitskultur

- Die Kundenzufriedenheit stieg, da Änderungswünsche gelassener aufgenommen wurden

Markus reflektierte: "Früher sah ich Planänderungen als persönliche Niederlagen oder Angriffe. Heute betrachte ich sie als normalen Teil des kreativen Prozesses. Diese Anpassungsfähigkeit hat nicht nur meine Frustrationstoleranz erhöht, sondern paradoxerweise auch die Qualität unserer Arbeit verbessert, da wir offener für Verbesserungen geworden sind."

Strategien für sinnzentrierte Ausrichtung

Die dritte Säule der Arbeitsplatz-Gelassenheit ist die Verbindung mit tieferen Werten und Sinn. Diese Strategien helfen dir, momentane Frustrationen in einen größeren Kontext einzuordnen.

1. Persönliche Sinnkartierung

Diese Techniken helfen dir, deinen individuellen Sinn in der Arbeit zu finden und zu stärken:

Die Werte-zu-Aufgaben-Verbindung

- Identifiziere 3-5 Kernwerte, die deine berufliche Identität prägen

- Erstelle eine Matrix, die zeigt, wie verschiedene Arbeitsaufgaben diese Werte unterstützen

- Implementiere kleine Rituale, die dich vor frustrierenden Aufgaben an ihre Wertverbindung erinnern

Diese Praxis verwandelt scheinbar bedeutungslose Aufgaben in sinnvolle Beiträge zu deinen Kernwerten.

Die Sinn-Kaskade

- Zeichne für regelmäßige Aufgaben eine Kausalkette: Aufgabe → direktes Ergebnis → größere Auswirkung → Verbindung zu Werten

- Erstelle visuelle Erinnerungen an diese Kaskaden für besonders frustrierende Routineaufgaben

- Reflektiere periodisch, ob deine Arbeit mit deiner persönlichen Sinnkaskade übereinstimmt

Diese Methode schafft eine Brücke zwischen alltäglichen Tätigkeiten und größerer Bedeutung.

Die Impact-Dokumentation

- Führe ein "Impact-Journal" mit konkreten Beispielen positiver Auswirkungen deiner Arbeit

- Sammle Feedback, Dankesbriefe oder Erfolgsgeschichten

- Schaffe eine physische oder digitale "Sinnquelle", die du in frustrierenden Momenten konsultieren kannst

Diese Praxis stärkt die konkrete Wahrnehmung deines beruflichen Beitrags.

2. Narrative Strategien für berufliche Resilienz

Diese Ansätze nutzen die Kraft von Geschichten, um Frustration in einen größeren Kontext einzuordnen:

Die berufliche Heldenreise

- Betrachte deine Karriere als Heldenreise mit Kapiteln, Herausforderungen und Entwicklung

- Verorte aktuelle Frustrationen als notwendige Bestandteile des größeren Narrativs

- Identifiziere Mentoren, Verbündete und überwundene Hindernisse in deiner Geschichte

Diese Perspektive verwandelt isolierte Frustrationen in bedeutungsvolle Teile einer größeren Geschichte.

Das Kapiteldenken

- Betrachte frustrierende Phasen explizit als "Kapitel", nicht als permanente Realität

- Benenne das aktuelle Kapitel (z.B. "Die Zeit der Bewährung" oder "Lernen durch Herausforderung")

- Reflektiere, welche Einsichten oder Fähigkeiten dieses Kapitel für kommende Kapitel bereitstellt

Diese Denkweise schafft zeitliche Perspektive und Distanz zu aktuellen Schwierigkeiten.

Die Zukunftsperspektive

- Praktiziere regelmäßig die "Rückblick aus der Zukunft"-Übung:

  o Stelle dir vor, es ist 5 Jahre in der Zukunft und du blickst auf die aktuelle Phase zurück

  o Was wirst du daraus gelernt haben? Welche Bedeutung wird diese Phase haben?

  o Welchen Rat würde dein zukünftiges Selbst dir heute geben?

Diese Technik schafft emotionale Distanz und hilft, langfristige Auswirkungen statt kurzfristige Frustrationen zu fokussieren.

3. Kollektive Sinnstiftung am Arbeitsplatz

Diese Strategien nutzen die soziale Dimension von Sinnfindung:

Gemeinsame Zweckdefinition

- Initiiere oder beteilige dich an Gesprächen über den tieferen Zweck eurer Arbeit

- Entwickle mit Kollegen eine gemeinsame Sprache für eure Mission und Werte

- Feiert gemeinsam Momente, die eure Zweckerfüllung demonstrieren

Dieser kollektive Ansatz verstärkt individuelle Sinnfindung und schafft geteilte Resilienz.

Mentor-Mentee-Dynamik

- Suche aktiv eine Mentorenbeziehung für deine berufliche Entwicklung

- Biete selbst Mentoring für weniger erfahrene Kollegen an

- Nutze beide Rollen als Quelle für Perspektive und Sinnstiftung

Diese Beziehungen bieten Kontext und Kontinuität über momentane Frustrationen hinaus.

Traditions- und Ritualentwicklung

- Initiiere oder unterstütze bedeutungsvolle Teamrituale (z.B. Erfolgsreflexionen, Lernrunden)

- Entwickle persönliche Mikro-Rituale, die dich mit dem tieferen Sinn deiner Arbeit verbinden

- Schaffe Traditionen, die langfristige Entwicklung und Wachstum feiern

Diese kulturellen Elemente verankern individuelle Erfahrungen in einem größeren sozialen Kontext.

Fallbeispiel: Lisas Sinnfindung in der Verwaltung

Lisa, eine 39-jährige Verwaltungsangestellte in einer Behörde, kämpfte mit zunehmender Frustration über bürokratische Prozesse, geringe Anerkennung und scheinbar bedeutungslose Routineaufgaben. Sie beschloss, aktiv an ihrer sinnzentrierten Ausrichtung zu arbeiten.

Sie implementierte mehrere Strategien:

Persönliche Sinnkartierung:

- Sie identifizierte ihre Kernwerte: Gerechtigkeit, Ordnung, Hilfsbereitschaft und kontinuierliche Verbesserung

- Sie schuf eine Matrix, die zeigte, wie selbst scheinbar triviale Verwaltungsakte diese Werte unterstützten

- Sie entwickelte kleine Erinnerungsrituale wie das Flüstern von "Ich schaffe Ordnung für jemanden, der sie braucht" vor dem Öffnen eines neuen Akts

Narrative Strategien:

- Sie begann, ihre Karriere als "Geschichte der kleinen, bedeutsamen Unterschiede" zu betrachten

- Sie führte ein "Kapiteltagebuch", in dem sie aktuelle Herausforderungen als Entwicklungsphasen beschrieb

- Sie praktizierte monatlich die "Fünf-Jahre-Perspektive"-Übung, um langfristige Bedeutung zu reflektieren

Kollektive Sinnstiftung:

- Sie initiierte ein freiwilliges "Zweck-Frühstück" mit interessierten Kollegen, bei dem sie über den tieferen Sinn ihrer Arbeit sprachen

- Sie begann, eine neue Kollegin informell zu mentoren, was ihr selbst neue Perspektiven eröffnete

- Sie entwickelte ein kleines persönliches Ritual,
  positive Feedback-Briefe von Bürgern zu
  sammeln und in einem speziellen Ordner
  aufzubewahren

Nach einigen Monaten konsequenter Praxis berichtete
Lisa von bedeutsamen Veränderungen:

- Routineaufgaben lösten weniger Frustration aus,
  da sie sie in einen größeren sinnhaften Kontext
  einordnete

- Sie entwickelte mehr Eigeninitiative bei
  Verbesserungsvorschlägen, da sie eine tiefere
  Verbindung zu ihrer Arbeit spürte

- Ihre allgemeine Arbeitszufriedenheit stieg, und
  andere bemerkten ihre positivere Einstellung

- Ihre Frustrationstoleranz bei bürokratischen
  Hürden erhöhte sich merklich

Lisa reflektierte: "Ich dachte immer, dass Sinn etwas ist,
das von außen kommen muss – von der Art der Arbeit
oder der Organisation. Jetzt verstehe ich, dass Sinn etwas
ist, das ich aktiv erschaffen kann, selbst in einer
Umgebung, die auf den ersten Blick nicht besonders
sinnstiftend wirkt. Diese Erkenntnis hat meine gesamte
Beziehung zu beruflicher Frustration verändert."

Integration der drei Säulen im Arbeitsalltag

Die volle Kraft der Arbeitsplatz-Gelassenheit entfaltet
sich, wenn alle drei Säulen – innere Stabilität, situative
Anpassungsfähigkeit und sinnzentrierte Ausrichtung – als
integriertes System funktionieren. Hier sind Strategien zur
effektiven Integration:

1. Das tägliche Gelassenheits-Triptychon

Eine einfache tägliche Praxis, die alle drei Säulen aktiviert:

Morgens (2-3 Minuten)

- Stabilität: Drei bewusste, tiefe Atemzüge
- Anpassungsfähigkeit: Kurze Reflexion: "Was könnte heute anders laufen als geplant?"
- Sinn: Verbindung mit einem Kernwert für den Tag

Mittags (1-2 Minuten)

- Stabilität: Kurze Körperachtsamkeit (Schultern entspannen, Atmung vertiefen)
- Anpassungsfähigkeit: Ein schneller Plan-Check und ggf. Anpassung
- Sinn: Kurze Erinnerung an den Beitrag einer erledigten Aufgabe

Abends (2-3 Minuten)

- Stabilität: Bewusstes Loslassen der Arbeitsthemen
- Anpassungsfähigkeit: Kurze Reflexion über erfolgreiche Anpassungen des Tages
- Sinn: Anerkennung eines bedeutungsvollen Moments oder Beitrags

Diese kurze, dreimal tägliche Praxis verankert die Säulen in deinem Bewusstsein und stärkt kontinuierlich deine Gelassenheit.

2. Das wöchentliche Resilienz-Review

Eine tiefere wöchentliche Praxis (15-20 Minuten) zur Integration und Verstärkung:

Stabilität-Review

- Wie waren deine Energielevel und emotionale Balance diese Woche?

- Welche Praktiken haben besonders zur Stabilität beigetragen?

- Wo könntest du in der kommenden Woche mehr stabilisierende Elemente integrieren?

Anpassungsfähigkeits-Review

- Welche unerwarteten Situationen traten auf und wie hast du reagiert?

- Was hat gut funktioniert? Was würdest du nächstes Mal anders machen?

- Welche Flexibilitäts-Ressourcen solltest du für die kommende Woche stärken?

Sinn-Review

- Welche Momente oder Aspekte deiner Arbeit waren besonders bedeutungsvoll?

- Wo gab es eine Lücke zwischen deinen Werten und deinen Tätigkeiten?

- Wie kannst du in der kommenden Woche mehr Sinnverbindung schaffen?

Dieses strukturierte wöchentliche Review hilft, aus Erfahrungen zu lernen und kontinuierlich deine Gelassenheitspraxis zu verfeinern.

3. Das Gelassenheits-Ökosystem entwickeln

Diese Strategie fokussiert auf die Schaffung eines unterstützenden Umfelds:

Physische Umgebung

- Gestalte deinen Arbeitsbereich mit Elementen, die Stabilität fördern (z.B. ergonomische Einrichtung, Pflanzen)

- Integriere visuelle Erinnerungen an Anpassungsfähigkeit (z.B. inspirierende Zitate)

- Platziere Sinn-Anker in deinem Blickfeld (z.B. Symbole deiner Werte, Dankesbriefe)

Soziales Umfeld

- Identifiziere und pflege Kontakte, die deine Stabilität unterstützen

- Baue Beziehungen zu Menschen auf, die Flexibilität und Kreativität vorleben

- Verbinde dich mit Personen oder Gruppen, die deine Sinnorientierung stärken

Digitales Umfeld

- Organisiere digitale Tools und Informationsflüsse für mehr Stabilität (z.B. Benachrichtigungsmanagement)

- Nutze Technologie für Anpassungsfähigkeit (z.B. flexible Projektmanagement-Tools)

- Schaffe digitale Sinnquellen (z.B. Erfolgsarchiv, Impact-Dokumentation)

Dieses mehrschichtige Ökosystem schafft eine Umgebung, die deine Gelassenheitspraxis kontinuierlich unterstützt und verstärkt.

Fallbeispiel: Thomas' integrierte Gelassenheitspraxis

Thomas, ein 47-jähriger mittlerer Manager in einem Logistikunternehmen, stand unter konstantem Druck durch operative Herausforderungen, Personalverantwortung und strategische Anforderungen. Nach einer Phase zunehmender Frustration und sinkender Arbeitszufriedenheit beschloss er, systematisch an seiner Arbeitsplatz-Gelassenheit zu arbeiten.

Er integrierte alle drei Säulen in einem ganzheitlichen Ansatz:

Tägliches Gelassenheits-Triptychon:

- Er programmierte drei diskrete Kalendereinträge pro Tag als Erinnerungen

- Er entwickelte persönliche "Mikrorituale" für jeden Checkpoint (z.B. einen bestimmten Stift zur Hand nehmen für die Morgenreflexion)

- Er führte ein kleines Notizbuch für Stichworte zu jedem Check-in

Wöchentliches Resilienz-Review:

- Er blockierte jeden Freitagnachmittag 20 Minuten für sein strukturiertes Review

- Er nutzte ein spezielles Template mit Schlüsselfragen zu allen drei Säulen

- Er destillierte aus jedem Review einen konkreten Anpassungspunkt für die Folgewoche

Gelassenheits-Ökosystem:

- Physisch: Er gestaltete seinen Arbeitsplatz neu mit einer "Ruhe-Ecke" für kurze Achtsamkeitsübungen und platzierte strategisch Bilder seiner Familie als Sinn-Anker

- Sozial: Er bildete eine informelle Unterstützungsgruppe mit zwei Kollegen auf ähnlicher Ebene für regelmäßigen Austausch

- Digital: Er implementierte strikte Informationsmanagement-Routinen und schuf einen digitalen "Erfolgs- und Sinnordner"

Nach einem halben Jahr konsequenter integrierter Praxis berichtete Thomas von tiefgreifenden Veränderungen:

- Seine Reaktionen auf betriebliche Krisen wurden deutlich gemessener und effektiver

- Sein Team bemerkte und schätzte seine ausgeglichenere Führung

- Sein Schlaf verbesserte sich merklich, da er besser "abschalten" konnte

- Seine allgemeine Lebenszufriedenheit stieg, da berufliche Frustrationen weniger auf sein Privatleben überstrahlten

Thomas reflektierte: "Früher sah ich Gelassenheit als etwas, das man entweder hat oder nicht hat – eine Persönlichkeitseigenschaft. Jetzt verstehe ich, dass es sich um eine integrative Praxis handelt, die alle Dimensionen meines Arbeitslebens umfasst: meine innere Welt, meine Reaktionsfähigkeit und meine tiefere Verbindung zum Sinn meiner Arbeit. Der Schlüssel war die systematische Integration aller drei Dimensionen in meinen Alltag."

Spezielle Strategien für besondere Arbeitssituationen

Verschiedene Arbeitsumgebungen und -situationen erfordern angepasste Gelassenheitsstrategien. Hier sind spezifische Ansätze für häufige Herausforderungen:

1. Gelassenheit in Hochdruck-Phasen

Wenn du durch Projektdeadlines, Quartalsabschlüsse oder andere Phasen erhöhten Drucks gehst:

Intensivierte Stabilitätspraktiken

- Verkürze Stabilisierungsübungen, aber erhöhe ihre Frequenz (z.B. 30-Sekunden-Atemübungen jede Stunde)

- Priorisiere Schlaf und grundlegende Selbstfürsorge als nicht-verhandelbare Elemente

- Implementiere "Mikro-Erholungen" (1-2 Minuten) zwischen Hochkonzentrationsphasen

Strategische Anpassungsfähigkeit

- Führe tägliche Morgen-Standups mit dir selbst
  durch (Was ist heute wirklich wichtig?)

- Implementiere die "Minimum Viable
  Product"-Denkweise für Lieferbare

- Entwickle explizite Kriterien für "gut genug" vs.
  "exzellent" für verschiedene Aufgaben

Intentionale Sinnverbindung

- Halte das größere "Warum" hinter dem
  Termindruck sichtbar

- Verbinde dich mit dem Team-Aspekt der
  Herausforderung ("Wir schaffen das gemeinsam")

- Feiere kleine Meilensteine bewusst auf dem Weg

2. Gelassenheit bei ständigen Unterbrechungen

In Rollen mit häufigen Unterbrechungen (Kundenservice,
Management, Beratung):

Unterbrechungs-Pufferstrategien

- Blockiere "unterbrechungsfreie" Fokuszeiten im
  Kalender

- Entwickle klare Signale für "bitte nicht stören" vs.
  "kann unterbrochen werden"

- Schaffe "Unterbrechungszonen" – designierte
  Zeiten für Ad-hoc-Anfragen

Schnelle Wiederaufnahme-Techniken

- Führe ein "Kontext-Notizbuch", in dem du bei Unterbrechungen schnell den aktuellen Stand notierst

- Nutze die "Nächster Schritt"-Technik: Notiere vor jeder Unterbrechung den nächsten konkreten Schritt

- Entwickle ein "Rückkehr-Ritual" (z.B. drei tiefe Atemzüge, kurzer Fokusmoment)

Bedeutungszuordnung für Unterbrechungen

- Reframe Unterbrechungen als zentrale Wertschöpfung, nicht als Störung deiner "eigentlichen" Arbeit

- Sammle konkrete Beispiele für positive Auswirkungen reaktiver Unterstützung

- Entwickle eine "Unterstützungs-Identität" als Kernaspekt deiner beruflichen Rolle

3. Gelassenheit im Home-Office

Für die besonderen Herausforderungen des entfernten Arbeitens:

Struktur- und Grenztechniken

- Schaffe klare räumliche Trennung zwischen Arbeits- und Privatbereichen

- Entwickle symbolische "Pendel"-Rituale zum Arbeitsbeginn und -ende

- Implementiere zeitliche Struktur mit definierten Pausen und Endzeiten

Digitale Balance-Strategien

- Praktiziere regelmäßiges digitales Auftauchen (z.B. stündlich 2 Minuten von allen Bildschirmen weg)

- Implementiere "Bildschirmpausen" mit bewusster physischer Aktivität

- Nutze Technologie, um Isolation zu überwinden (Video statt Telefon, reguläre virtuelle Kaffeepausen)

Remote-Sinnpflege

- Führe ein "Impact-Journal" speziell für deine Remote-Arbeit

- Schaffe regelmäßige virtuelle Verbindungen zu Purpose-Partnern

- Visualisiere den konkreten Beitrag deiner Arbeit an einem sichtbaren Ort

4. Gelassenheit bei Organisationsveränderungen

Während Umstrukturierungen, Fusionen oder anderen großen Veränderungen:

Persönliche Stabilitätsanker

- Identifiziere und stärke die Elemente, die stabil bleiben (Kernfähigkeiten, wichtige Beziehungen)

- Erhöhe vorübergehend stabilisierende Praktiken (Achtsamkeit, Bewegung, reflektives Schreiben)

- Schaffe "sichere Räume" für authentischen Austausch mit vertrauten Kollegen

Veränderungs-Adaptationstechniken

- Führe ein "Lernlog" über neue Erkenntnisse und Entwicklungen

- Praktiziere bewusstes Loslassen alter Verfahren durch symbolische Rituale

- Entwickle explizite "Experimentier-Bereiche" für neue Anforderungen und Systeme

Tiefere Sinnverbindung in der Veränderung

- Identifiziere persönliche Wachstumsmöglichkeiten in der Veränderung

- Verbinde dich mit der übergeordneten Vision und dem Zweck der Transformation

- Suche und würdige Kontinuitäten in Werten und Mission über die Veränderung hinweg

Gelassenheit als strategische Ressource

Gelassenheit am Arbeitsplatz ist weit mehr als ein angenehmer emotionaler Zustand – sie ist eine strategische Ressource, die deine Leistungsfähigkeit, Kreativität und langfristige berufliche Entwicklung entscheidend beeinflusst.

Die in diesem Abschnitt vorgestellten Strategien – von Mikro-Praktiken für innere Stabilität über Techniken zur Anpassungsfähigkeit bis hin zu Methoden der Sinnfindung – bilden einen umfassenden Werkzeugkasten für mehr Gelassenheit in verschiedensten beruflichen Kontexten.

Der Schlüssel liegt in der konsistenten, integrierten Anwendung und der Anpassung an deine spezifische Situation. Gelassenheit ist keine einmalige Errungenschaft, sondern eine kontinuierliche Praxis – eine Praxis, die mit der Zeit zu einer zweiten Natur werden kann, sodass du auch inmitten beruflicher Herausforderungen in deiner Mitte bleibst.

Wie der stoische Philosoph Mark Aurel schrieb: "Du hast die Macht über deinen Geist – nicht über äußere Ereignisse. Erkenne dies, und du wirst Stärke finden." Die wahre Stärke der Gelassenheit liegt nicht darin, ideale Arbeitsbedingungen zu haben, sondern die innere Freiheit zu entwickeln, unter allen Bedingungen handlungsfähig, kreativ und sinnverbunden zu bleiben.

3.2 Frust in Beziehungen

Wie man Konflikte konstruktiv löst

Zwischenmenschliche Beziehungen sind eine unserer größten Quellen von Freude und Erfüllung – und gleichzeitig eine der häufigsten Ursachen für Frustration. In diesem Abschnitt lernst du, wie du Konflikte in Beziehungen konstruktiv lösen und deine

Frustrationstoleranz in zwischenmenschlichen Situationen stärken kannst.

Die besondere Natur von Beziehungskonflikten verstehen

Konflikte in Beziehungen unterscheiden sich von anderen Frustrationsquellen durch einige besondere Merkmale, die wichtig zu verstehen sind:

1. Die emotionale Intensität

Beziehungskonflikte berühren uns auf einer tieferen emotionalen Ebene als viele andere Frustrationen, weil:

- Sie oft mit Bindungs- und Zugehörigkeitsbedürfnissen verbunden sind

- Frühere Beziehungserfahrungen und -verletzungen aktiviert werden können

- Unsere Identität und unser Selbstwert häufig eng mit Beziehungen verknüpft sind

Diese emotionale Intensität kann unsere Frustrationstoleranz besonders herausfordern und zu Reaktionen führen, die wir später bereuen.

2. Das Wechselwirkungsprinzip

Im Gegensatz zu Frustrationen mit leblosen Objekten (wie einem Computer) oder Systemen (wie Bürokratie) sind Beziehungskonflikte durch Wechselwirkungen gekennzeichnet:

- Dein Verhalten beeinflusst das Verhalten der anderen Person

- Ihre Reaktion beeinflusst wiederum deine nächste Reaktion

- Es entstehen oft selbstverstärkende Kreisläufe (positiv oder negativ)

Diese Dynamik kann Konflikte schnell eskalieren lassen, bietet aber auch die Chance, durch bewusste Verhaltensänderung positive Spiralen zu initiieren.

3. Die Bedeutungsebene

Konflikte in Beziehungen haben oft mehrere Ebenen:

- Die **Sachebene**: Der konkrete Gegenstand des Konflikts

- Die **Beziehungsebene**: Was der Konflikt über die Beziehung aussagt

- Die **Identitätsebene**: Was der Konflikt über mich als Person bedeutet

Viele Beziehungskonflikte eskalieren, weil die tieferen Ebenen nicht erkannt und adressiert werden.

Mit diesem grundlegenden Verständnis können wir nun effektive Strategien für konstruktive Konfliktlösung betrachten.

Die Grundprinzipien konstruktiver Konfliktlösung

Diese fundamentalen Prinzipien bilden das Fundament für alle spezifischen Techniken:

1. Vom reaktiven zum responsiven Modus wechseln

Der reaktive Modus ist automatisch, schnell und oft von frühen Prägungen bestimmt. Der responsive Modus ist

bewusst, überlegt und auf gegenwärtige Bedürfnisse
ausgerichtet.

Strategien für den Wechsel:

- **Pause-Technik**: Bewusstes Innehalten vor einer
  Antwort (3-10 Sekunden)

- **Physiologischer Reset**: Tiefes Durchatmen,
  körperliche Zentrierung

- **Trigger-Bewusstsein**: Eigene emotionale
  Auslöser kennen und frühzeitig erkennen

2. Die Konflikt-Entkopplung praktizieren

Entkopple die verschiedenen Aspekte eines Konflikts, um
Überfrachtung zu vermeiden:

- **Timing-Entkopplung**: Nicht alle Themen
  gleichzeitig ansprechen

- **Emotionale Entkopplung**: Zwischen Gefühlen
  und Handlungen unterscheiden

- **Thematische Entkopplung**: Ein Konflikt ≠ die
  gesamte Beziehung

3. Lösungsorientierung statt Problemfixierung

Der Fokus auf Probleme verstärkt Frustration, während
der Fokus auf Lösungen neue Energie freisetzt:

- **Zukunftsorientierung**: "Wie können wir es
  künftig besser machen?" statt "Warum ist es
  schiefgegangen?"

- **Ressourcenorientierung**: "Was haben wir, das
  uns helfen kann?" statt "Was fehlt uns?"

- **Experimentelles Mindset**: Lösungen als
  Experimente sehen, nicht als definitive Antworten

Diese Grundprinzipien bilden die Basis für die folgenden
spezifischen Strategien und Techniken.

Strategien für die Frühphase von Konflikten

Die Art, wie ein Konflikt beginnt, beeinflusst maßgeblich
seinen Verlauf. Diese Strategien helfen, Konflikte von
Anfang an konstruktiv zu gestalten:

1. Die sanfte Startuptechnik

Forschungen von John Gottman zeigen, dass der "Startup"
– die Art, wie ein schwieriges Thema eingeführt wird –
entscheidend für den Konfliktverlauf ist. Ein "harter
Startup" führt mit hoher Wahrscheinlichkeit zu
Eskalation.

Elemente eines sanften Startups:

- **Ich-Botschaften**: "Ich fühle mich..." statt "Du
  machst immer..."

- **Spezifische Situation**: Konkretes Verhalten
  beschreiben, nicht verallgemeinern

- **Positiver Bedürfnisausdruck**: Ausdrücken, was
  du brauchst, nicht was falsch ist

- **Gemeinsamer Kontext**: Betonung der
  "Wir"-Perspektive

Beispiel: Statt: "Du kommst immer zu spät! Dir ist meine
Zeit wohl völlig egal!" Besser: "Ich war heute frustriert,
als ich 30 Minuten warten musste. Ich würde mir

wünschen, dass wir pünktlich starten können, damit unsere gemeinsame Zeit entspannt beginnt."

2. Das emotionale Kontomodell

Diese Metapher hilft, das emotionale Gleichgewicht in Beziehungen zu verstehen und zu pflegen:

- Jede positive Interaktion ist eine "Einzahlung"

- Jede negative Interaktion ist eine "Abhebung"

- Ein gesundes "Konto" mit vielen Einzahlungen schafft einen Puffer für Konflikte

Strategien für "Einzahlungen":

- Regelmäßige kleine Gesten der Wertschätzung

- Aktives Zuhören auch bei "unwichtigen" Themen

- Bewusstes Bemerken und Würdigen positiver Eigenschaften

3. Die präventive Metakommunikation

Diese Technik etabliert Spielregeln für Konflikte, bevor sie auftreten:

Elemente präventiver Metakommunikation:

- **Auszeichen vereinbaren**: "Wenn einer von uns 'Timeout' sagt, machen wir eine Pause"

- **Kommunikationspräferenzen klären**: "Ich brauche Zeit zum Nachdenken, bevor ich antworte"

- **Rote Linien definieren**: "Persönliche Beleidigungen sind für uns tabu"

Diese Metakommunikation schafft einen sicheren Rahmen für spätere Konflikte und reduziert unnötige Frustration über den Konfliktprozess selbst.

Fallbeispiel: Lisa und Thomas' Konfliktprävention

Lisa und Thomas, ein Paar Anfang 30, erlebten zunehmend frustrierende Konflikte, die oft eskalierten. Sie integrierten präventive Strategien in ihre Beziehung:

Sanfter Startup: Lisa, die oft Konflikte initiierte, übte bewusst die sanfte Startuptechnik. Statt mit Vorwürfen zu beginnen ("Du kümmerst dich nie um den Haushalt!"), formulierte sie spezifische Ich-Botschaften: "Ich fühle mich überfordert mit dem Haushalt. Könnten wir darüber sprechen, wie wir die Aufgaben besser aufteilen können?"

Emotionales Konto: Sie etablierten tägliche "Einzahlungen":

- Ein positiver Kommentar beim ersten Treffen nach der Arbeit

- Eine kurze Dankesnachricht für kleine Alltagsdinge

- Ein wöchentliches "Drei Dinge, die ich an dir schätze"-Ritual

Präventive Metakommunikation: Sie hatten ein offenes Gespräch über ihre Konfliktmuster und vereinbarten:

- Ein Handzeichen für "Ich brauche eine Pause" (das beide respektieren würden)

- Keine Konfliktgespräche nach 22 Uhr (wenn beide müde waren)

- Die Regel "Eine Person spricht, eine Person hört zu" für emotionale Themen

Nach drei Monaten berichteten beide von einer deutlichen Verbesserung:

- Konflikte eskalierten seltener zu großen Auseinandersetzungen

- Sie fühlten sich sicherer, schwierige Themen anzusprechen

- Ihre allgemeine Beziehungszufriedenheit stieg, da sie weniger Zeit in frustrierenden Konflikten verbrachten

Lisa reflektierte: "Früher dachte ich, gute Beziehungen hätten weniger Konflikte. Jetzt verstehe ich, dass es darum geht, wie wir mit ihnen umgehen. Die präventiven Strategien haben nicht nur unsere Konflikte verbessert, sondern auch die Qualität unserer gesamten Beziehung."

Strategien für akute Konfliktsituationen

Wenn ein Konflikt bereits im Gange ist, helfen diese Techniken, Eskalation zu vermeiden und den Weg zu konstruktiven Lösungen zu öffnen:

1. Die B.E.A.T. Technik für emotionale Regulation

Diese Sequenz hilft, in aufgeladenen Momenten die emotionale Balance wiederzufinden:

B = Breathe (Atmen)

372

- Verlangsame bewusst deine Atmung (4 Sekunden ein, 6 Sekunden aus)

- Fokussiere vollständig auf die Atembewegung für 3-5 Atemzüge

- Nutze die Atmung als Anker im gegenwärtigen Moment

E = Evaluate (Evaluieren)

- Beobachte deinen emotionalen Zustand ohne Urteil

- Identifiziere körperliche Signale (Anspannung, erhöhter Herzschlag)

- Benenne deine Emotion innerlich präzise ("Ich spüre Wut und Verletzlichkeit")

A = Allow (Erlauben)

- Gib dir die Erlaubnis, diese Gefühle zu haben

- Praktiziere kurz Selbstmitgefühl für deine emotionale Reaktion

- Widerstehe dem Impuls, deine Gefühle sofort zu äußern oder zu unterdrücken

T = Thoughtfully respond (Überlegt antworten)

- Wähle bewusst deine nächste Reaktion, statt automatisch zu handeln

- Berücksichtige langfristige Ziele, nicht nur kurzfristige emotionale Entlastung

- Formuliere eine response (überlegte Antwort) statt einer reaction (impulsive Reaktion)

2. Die Deeskalationskette durchbrechen

In Konflikten entstehen oft selbstverstärkende Eskalationsketten. Diese Techniken helfen, die Kette zu durchbrechen:

Musterunterbrechungen:

- **Positionswechsel**: Physisch aufstehen oder den Platz wechseln

- **Tonfall ändern**: Bewusst langsamer und leiser sprechen

- **Unerwartetes Element**: Humor (wenn angemessen) oder überraschende Perspektive einbringen

Validierungstechniken:

- Aktives Zuhören auch bei Meinungsverschiedenheit: "Ich höre, dass für dich..."

- Emotionale Anerkennung: "Es ist verständlich, dass du frustriert bist"

- Partielle Zustimmung: "In diesem Punkt hast du recht"

Kontextwechsel:

- Kurze "Reframing"-Pause: "Lass uns kurz innehalten und überlegen, was wir eigentlich erreichen wollen"

- Perspektivenwechsel anregen: "Wie würde ein wohlwollender Außenstehender unsere Situation sehen?"

- Zeitperspektive erweitern: "Wird dies in einem Monat noch wichtig sein?"

3. Die L.O.V.E. Methode für schwierige Gespräche

Eine strukturierte Methode für Gespräche über emotional aufgeladene Themen:

L = Listen (Zuhören)

- Vollständig zuhören ohne Unterbrechung

- Nonverbale Signale des aktiven Zuhörens (Blickkontakt, Nicken)

- Paraphrasieren des Gehörten: "Wenn ich dich richtig verstehe..."

O = Observe (Beobachten)

- Eigene Reaktionen wahrnehmen (Gedanken, Gefühle, Impulse)

- Die Dynamik zwischen euch beobachten

- Gemeinsame Muster erkennen und benennen

V = Validate (Validieren)

- Den Kern des Anliegens anerkennen

- Die emotionale Erfahrung würdigen, selbst wenn du anderer Meinung bist

- Gemeinsame Werte oder Ziele betonen

E = Explore (Erkunden)

- Gemeinsam nach Lösungen suchen, nicht überzeugen wollen

- Kreative Alternativen entwickeln

- Experimentelles Mindset für Lösungen anwenden

Fallbeispiel: Martins und Sophies Konfliktregulation

Martin und Sophie, Eltern zweier Teenager, hatten wiederkehrende Konflikte über Erziehungsfragen, die oft in frustrierenden Streitereien endeten. Sie lernten und implementierten Strategien für akute Konfliktsituationen:

B.E.A.T. Anwendung: Martin, der schnell emotional wurde, praktizierte die B.E.A.T. Technik:

- Bei Anzeichen von Frustration nahm er sich einen Moment für bewusste Atmung

- Er lernte, seine Emotionen präzise zu identifizieren ("Ich fühle mich überfordert und nicht respektiert")

- Er erlaubte sich diese Gefühle, ohne sofort zu reagieren

- Er wählte bewusst konstruktivere Antworten: "Ich brauche einen Moment, um klar zu denken"

Durchbrechen der Eskalationskette: Sie erkannten ihre typische Eskalationskette (Sophie kritisierte, Martin wurde defensiv, Sophie erhöhte die Intensität, Martin zog sich zurück) und implementierten Unterbrechungsstrategien:

- Sophie achtete auf ihren Startupstil und begann mit Ich-Botschaften

- Martin praktizierte Validierung statt sofortiger Verteidigung

- Beide vereinbarten ein Handzeichen für "Wir geraten in unser Muster"

L.O.V.E. Methode: Für ihre wöchentlichen "Familienstrategiegespräche" nutzten sie die L.O.V.E. Struktur:

- Sie hörten einander vollständig zu, bevor sie antworteten

- Sie teilten ihre Beobachtungen über Muster und Dynamiken

- Sie validierten gegenseitig ihre Sorgen und Intentionen

- Sie entwickelten gemeinsam kreative Kompromisse

Die Ergebnisse nach einigen Monaten:

- Die Intensität ihrer Konflikte nahm deutlich ab

- Sie fanden schneller zu konstruktiven Lösungen

- Ihre Kinder bemerkten und kommentierten positiv die veränderte Konfliktkultur

- Ihr gegenseitiges Verständnis und Vertrauen wuchs

Sophie reflektierte: "Früher dachte ich, wir streiten, weil wir unterschiedliche Ansichten zur Erziehung haben. Jetzt verstehe ich, dass es nicht um die unterschiedlichen Meinungen ging, sondern um unsere Art, damit umzugehen. Die neuen Kommunikationstechniken haben nicht nur unsere Konflikte verbessert, sondern auch unser Verständnis füreinander."

Strategien für tiefsitzende oder wiederkehrende Konflikte

Manche Konflikte sind nicht mit einfachen Kommunikationstechniken zu lösen, weil sie tiefere Wurzeln haben oder fundamentale Unterschiede betreffen. Diese Strategien helfen bei komplexeren Konfliktmustern:

1. Die Bedürfnis- und Wertekartierung

Viele wiederkehrende Konflikte entstehen, weil die zugrundeliegenden Bedürfnisse und Werte nicht erkannt werden:

Der Bedürfnisergründungsprozess:

- Hinter Positionen ("Ich will X") stehen Bedürfnisse ("Ich brauche Y")

- Identifiziere für dich und den anderen: Welche Grundbedürfnisse (Sicherheit, Autonomie, Zugehörigkeit, etc.) sind betroffen?

- Suche nach Lösungen, die verschiedene Bedürfnisse gleichzeitig erfüllen können

Die Wertekonfliktkartierung:

- Erkenne, welche persönlichen Werte im Konflikt stehen

- Unterscheide zwischen verhandelbaren Präferenzen und nicht-verhandelbaren Werten

- Entwickle Lösungen, die verschiedene Werte respektieren, statt sie gegeneinander auszuspielen

2. Die Musterunterbrechungsintervention

Für eingefahrene Konflikte, die immer denselben Verlauf nehmen:

Bewusste Mustererkennung:

- Identifiziere den typischen Ablauf: Wer sagt/tut was, wie reagiert der andere?

- Erkenne frühe Warnsignale für das Muster

- Dokumentiere gemeinsam den "Tanz", um Bewusstsein zu schaffen

Strategische Musterunterbrechung:

- Vereinbare ein Signal, wenn das Muster beginnt

- Implementiere eine völlig andere Reaktion an einem kritischen Punkt

- Experimentiere mit humorvollen oder unerwarteten Interventionen

Alternative Skripte entwickeln:

- Schreibe bewusst "neue Drehbücher" für typische Konfliktsituationen

- Übe diese neuen Skripte in sicheren Momenten

* Würdige jeden erfolgreichen Versuch, alte Muster
  zu durchbrechen

3. Die Versöhnungspraxis nach Konflikten

Wie Konflikte abgeschlossen werden, ist ebenso wichtig
wie ihr Verlauf:

Der Versöhnungskreislauf:

* **Anerkennung**: Den eigenen Anteil am Konflikt
  erkennen

* **Entschuldigung**: Aufrichtig für spezifisches
  Verhalten (nicht allgemein) entschuldigen

* **Wiedergutmachung**: Konkrete Schritte zur
  Heilung anbieten

* **Vereinbarungen**: Klare Absprachen für die
  Zukunft treffen

Rituale der Wiederverbindung:

* Entwickle bewusste Rituale für die Zeit nach
  Konflikten

* Schaffe physische Gesten der Versöhnung
  (Umarmung, Händedruck)

* Markiere verbal den Übergang: "Ich bin froh, dass
  wir dieses Gespräch geführt haben"

Lernorientierte Nachbesprechung:

* Reflektiere gemeinsam über den Konfliktprozess,
  nicht nur das Ergebnis

- Würdige, was gut funktioniert hat

- Identifiziere Verbesserungspotenzial für künftige Konflikte

Fallbeispiel: Anitas und Markus' tiefgreifende Konfliktlösung

Anita und Markus, ein Geschwisterpaar in den 40ern, hatten seit Jahren einen schwelenden Konflikt über den Umgang mit ihrer pflegebedürftigen Mutter. Ihre Auseinandersetzungen folgten immer demselben Muster und endeten in gegenseitigen Vorwürfen und tagelangem Schweigen.

Sie entschlossen sich, ihre destruktive Dynamik zu durchbrechen:

Bedürfnis- und Wertekartierung: In einem moderierten Gespräch identifizierten sie ihre zugrundeliegenden Bedürfnisse und Werte:

- Anitas Kernbedürfnisse: Sicherheit für die Mutter, Gerechtigkeit in der Aufgabenverteilung

- Markus' Kernbedürfnisse: Anerkennung seiner Beiträge, Autonomie in seiner Unterstützungsweise

- Gemeinsame Werte: Familiale Fürsorge, Respekt, Verantwortung

Diese Erkenntnis half ihnen zu verstehen, dass sie nicht über gegensätzliche Ziele stritten, sondern über den Weg zum gemeinsamen Ziel.

Musterunterbrechung: Sie analysierten ihr typisches Konfliktmuster:

1. Anita kritisiert Markus' Engagement (zu wenig, falsch ausgerichtet)

2. Markus wird defensiv und zählt alles auf, was er bereits tut

3. Anita fühlt sich nicht verstanden und verstärkt ihre Kritik

4. Markus zieht sich zurück und kommuniziert minimal

5. Der Konflikt bleibt ungelöst und schwelt weiter

Sie vereinbarten bewusste Unterbrechungen:

- Ein vereinbartes Signalwort ("Karussell"), wenn einer das Muster erkennt

- Anita übte, Anliegen ohne Kritik als Wunsch zu formulieren

- Markus übte, statt Verteidigung mit Verständnis zu beginnen

Versöhnungspraxis: Sie entwickelten ein Versöhnungsritual für nach den Konflikten:

- Eine bewusste "Friedensgeste" (gemeinsamer Spaziergang)

- Eine strukturierte Nachbesprechung: "Was habe ich gut gemacht, was kann ich verbessern?"

- Eine gemeinsame positive Aktion für ihre Mutter nach jedem gelösten Konflikt

Die Ergebnisse nach einem halben Jahr aktiver Arbeit:

- Die Intensität ihrer Konflikte nahm ab, und sie fanden schneller zu Lösungen

- Sie entwickelten ein funktionierendes System der Aufgabenteilung

- Ihre Mutter profitierte von der verbesserten Zusammenarbeit

- Ihr gegenseitiges Verständnis und ihre Geschwisterbeziehung verbesserten sich deutlich

Anita reflektierte: "Ich dachte immer, Markus sei einfach verantwortungslos. Jetzt verstehe ich, dass wir unterschiedliche Vorstellungen von Fürsorge haben, aber das gleiche Ziel. Die Arbeit an unserem Konfliktmuster hat nicht nur unserem Streit, sondern auch unserer Beziehung eine neue Richtung gegeben."

Kommunikationstechniken für besonders schwierige Gespräche

Manche Gespräche sind besonders herausfordernd, weil sie sensible Themen, starke Emotionen oder komplexe Vorgeschichten beinhalten. Diese fortgeschrittenen Techniken helfen in solchen Situationen:

1. Das Schwierige-Gespräche-Framework

Basierend auf der Arbeit des Harvard Negotiation Project, hilft dieses Framework, hochsensible Themen zu navigieren:

Die drei parallelen Gespräche erkennen:

- Das **Sachgespräch**: Worum geht es inhaltlich?

- Das **Gefühlsgespräch**: Welche Emotionen sind im Spiel?

- Das **Identitätsgespräch**: Was sagt dies über mich/uns aus?

Der strukturierte Ansatz:

- Beginne mit dem **gemeinsamen Zweck**: "Uns beiden ist wichtig, dass..."

- Trenne **Absicht von Wirkung**: "Ich weiß, du wolltest nicht..., aber die Wirkung war..."

- Nutze den **Und-Standpunkt** statt Entweder-Oder: "Ich sehe deinen Punkt X und gleichzeitig ist Y für mich wichtig"

- Fokussiere auf **Beiträge statt Schuld**: "Wie haben wir beide zu dieser Situation beigetragen?"

2. Die Emotionale Bidding-Technik

Nach John Gottmans Forschung sind "emotionale Gebote" (emotional bids) – Versuche, Verbindung herzustellen – entscheidend für Beziehungsqualität:

Arten emotionaler Gebote erkennen:

- Verbale Gebote: Direkte Aussagen, Fragen, Wünsche

- Nonverbale Gebote: Körpersprache, Gesichtsausdruck, Berührung

- Symbolische Gebote: Handlungen, Geschenke, Gesten

Konstruktive Reaktionsoptionen:

- **Hinwenden**: Vollständig auf das Gebot eingehen (ideal)

- **Teilweise Hinwenden**: Minimale, aber positive Reaktion

- **Abwenden vermeiden**: Ignorieren oder negative Reaktion (schädlich)

3. Die Gewaltfreie Kommunikation in der Tiefe

Eine erweiterte Anwendung des GFK-Modells nach Marshall Rosenberg für konfliktreiche Situationen:

Der BOBB-Prozess:

- **Beobachtung** (faktenbasiert ohne Bewertung): "Als du gestern 45 Minuten zu spät kamst..."

- **Objektives Gefühl** (ohne versteckte Vorwürfe): "...war ich besorgt und verunsichert..."

- **Bedürfnis** (universell menschlich): "...weil mir Verlässlichkeit und Sicherheit wichtig sind..."

- **Bitte** (konkret, positiv, verhandelbar): "...und ich würde mir wünschen, dass du mich informierst, wenn du dich verspätest. Wäre das für dich machbar?"

Vertiefende Elemente:

- **Selbstempathie** vor dem Gespräch: Mit den eigenen Gefühlen und Bedürfnissen verbinden

- **Empathisches Hören**: Die Bedürfnisse hinter kritischen oder angreifenden Aussagen hören

- **Bedürfnisorientierte Lösungssuche**: Gemeinsam Strategien finden, die verschiedene Bedürfnisse berücksichtigen

Fallbeispiel: Juans und Lenas schwierige Gespräche

Juan und Lena, ein interkulturelles Paar Anfang 30, standen vor der Herausforderung, ihre unterschiedlichen familiären und kulturellen Erwartungen zu navigieren. Sie hatten anhaltende Konflikte über Kontakt mit Herkunftsfamilien, kulturelle Praktiken und langfristige Lebensplanung.

Sie implementierten fortgeschrittene Kommunikationstechniken:

Schwierige-Gespräche-Framework: Für ihre Diskussion über Wohnortpräferenzen (Juans Heimatland vs. Lenas):

- Sie identifizierten die drei parallelen Gespräche:

    o Sachgespräch: Praktische Vor- und Nachteile beider Orte

    o Gefühlsgespräch: Heimweh, Angst vor Isolation, Abenteuerlust

    o Identitätsgespräch: Was bedeutet es für ihre jeweilige kulturelle Identität?

- Sie begannen mit ihrem gemeinsamen Zweck: "Wir beide wollen einen Ort finden, an dem wir beide glücklich sein können und unsere Verbindung zu unseren Kulturen bewahren können"

- Sie nutzten den Und-Standpunkt: "Ich verstehe deine Verbundenheit mit deiner Familie UND ich brauche berufliche Entwicklungsmöglichkeiten"

Emotionale Bidding-Technik:

- Sie wurden sich ihrer unterschiedlichen kulturell geprägten Bidding-Stile bewusst:

  - Juan: Indirekte, nonverbale Gebote (Nähe suchen, Blickkontakt)

  - Lena: Direkte, verbale Gebote (explizite Fragen nach Aufmerksamkeit)

- Sie lernten, die Gebote des anderen zu erkennen und bewusst darauf zu reagieren

- Sie etablierten eine "Bidding-Reflexion" am Wochenende: "Welche emotionalen Gebote habe ich diese Woche wahrgenommen/übersehen?"

Gewaltfreie Kommunikation: Für besonders sensible interkulturelle Themen nutzten sie den BOBB-Prozess:

- Beobachtung: "Wenn wir bei deiner Familie sind und du ausschließlich in deiner Muttersprache sprichst..."

- Objektives Gefühl: "...fühle ich mich ausgeschlossen und verunsichert..."

- Bedürfnis: "...weil mir Zugehörigkeit und Verbindung wichtig sind..."

- Bitte: "...könnten wir eine Balance finden, wo du teilweise übersetzt oder wir zwischen den Sprachen wechseln?"

Nach konsequenter Anwendung dieser Techniken über mehrere Monate berichteten sie von bedeutsamen Verbesserungen:

- Sie fanden kreativere interkulturelle Kompromisse

- Sie erkannten kulturelle Missverständnisse früher

- Ihre emotionale Verbindung vertiefte sich trotz ihrer Unterschiede

- Sie entwickelten eine einzigartige "dritte Kultur" in ihrer Beziehung

Lena reflektierte: "Früher interpretierten wir kulturelle Unterschiede oft als persönliche Ablehnung. Die fortgeschrittenen Kommunikationstechniken haben uns geholfen, hinter die offensichtlichen Konflikte zu schauen und zu verstehen, dass wir oft ähnliche Bedürfnisse haben, aber kulturell unterschiedliche Wege, sie auszudrücken und zu erfüllen."

Kulturell sensitive Konfliktlösung

In unserer zunehmend diversen Gesellschaft ist kulturelle Sensibilität bei Konfliktlösungen immer wichtiger.

Verschiedene Kulturen haben unterschiedliche Normen und Erwartungen bezüglich Konflikten:

1. Kulturelle Konfliktdimensionen

Wichtige Dimensionen, die kulturell variieren können:

Direkt vs. Indirekt:

- Direkte Kulturen (z.B. Deutschland, Niederlande): Explizite Benennung von Problemen

- Indirekte Kulturen (z.B. Japan, China): Implizite Kommunikation, Gesichtswahrung

Affektiv vs. Neutral:

- Affektive Kulturen (z.B. Italien, Lateinamerika): Emotionaler Ausdruck ist akzeptiert

- Neutrale Kulturen (z.B. Finnland, Japan): Emotionale Zurückhaltung wird geschätzt

Individualistisch vs. Kollektivistisch:

- Individualistische Kulturen: Fokus auf persönliche Bedürfnisse und Rechte

- Kollektivistische Kulturen: Priorität auf Gruppenharmonie und Beziehungen

2. Interkulturelle Konfliktbrücken bauen

Strategien für kulturübergreifende Verständigung:

Metakommunikation über kulturelle Unterschiede:

- Explizites Gespräch über kulturelle Kommunikationsstile führen

- Unterschiede als interessante Variationen, nicht als "richtig/falsch" rahmen

- Gegenseitige kulturelle "Übersetzung" anbieten: "In meiner Kultur bedeutet X..."

Hybride Konfliktlösungsstile entwickeln:

- Elemente verschiedener kultureller Ansätze kombinieren

- Eine "dritte Kultur" der Konfliktlösung für die spezifische Beziehung schaffen

- Flexibel zwischen verschiedenen kulturellen Stilen wechseln können

Universelle menschliche Bedürfnisse fokussieren:

- Jenseits kulturspezifischer Ausdrucksformen die gemeinsamen menschlichen Grundbedürfnisse erkennen

- Auf Bedürfnisebene nach gemeinsamen Werten suchen

- Verschiedene kulturelle "Strategien" für die Erfüllung derselben Grundbedürfnisse würdigen

Fallbeispiel: Interkulturelle Konfliktlösung im Team

Ein internationales Projektteam mit Mitgliedern aus Deutschland, China, Brasilien und Indien erlebte wiederkehrende Konflikte, die sich aus unterschiedlichen kulturellen Kommunikations- und Konfliktlösungsstilen ergaben. Die deutsche Teamleiterin Sabine initiierte einen Prozess zur Entwicklung kulturell sensibler Konfliktlösungsstrategien:

Kulturelle Bewusstseinsbildung:

- Das Team nahm an einem Workshop zu kulturellen Kommunikationsstilen teil

- Jedes Mitglied teilte, wie in seiner/ihrer Kultur typischerweise Konflikte adressiert werden

- Sie erstellten gemeinsam eine "Kulturkarte" ihrer verschiedenen Ansätze

Hybride Konfliktlösungsvereinbarungen: Sie entwickelten kulturell integrative Vereinbarungen:

- Probleme werden sowohl direkt (für deutsche/brasilianische Präferenzen) als auch mit "Puffertechniken" (für chinesische/indische Präferenzen) angesprochen

- Emotionaler Ausdruck wird akzeptiert, aber mit zeitlichen und räumlichen Begrenzungen

- Sowohl individuelle Gespräche (für individualistische Mitglieder) als auch Gruppengespräche (für kollektivistische Mitglieder) werden genutzt

Universelle Teambedürfnisse: Sie identifizierten gemeinsame Grundbedürfnisse jenseits kultureller Unterschiede:

- Respekt und Wertschätzung für Beiträge

- Klarheit über Erwartungen und Rollen

- Zugehörigkeitsgefühl und Teamgeist

- Berufliche Entwicklung und Erfolg

Nach sechs Monaten beobachtete das Team deutliche Verbesserungen:

- Konflikte wurden früher erkannt und konstruktiver gelöst

- Teammitglieder fühlten sich sicherer, kulturelle Unterschiede anzusprechen

- Die Produktivität stieg durch reduzierte Missverständnisse

- Eine einzigartige, integrative Teamkultur entwickelte sich

Sabine reflektierte: "Anfangs sahen wir kulturelle Unterschiede als Hindernisse. Mit der Zeit erkannten wir sie als Ressourcen, die uns verschiedene Perspektiven und Lösungsansätze bieten. Statt eine dominante Konfliktkultur durchzusetzen, haben wir eine neue, integrative Kultur geschaffen, die das Beste aus verschiedenen Traditionen nimmt."

Konstruktive Konfliktkultur in Gruppen und Organisationen

Die bisher behandelten Strategien lassen sich von Zweierbeziehungen auf größere Gruppen, Teams und Organisationen übertragen. Eine gesunde Konfliktkultur in größeren Systemen erfordert jedoch zusätzliche Elemente:

1. Die Grundpfeiler einer konstruktiven Konfliktkultur

Psychologische Sicherheit:

- Ein Klima, in dem Konflikte ohne Angst vor negativen Konsequenzen angesprochen werden können

- Fehlerfreundlichkeit und Lernorientierung

- Trennung von Sachkritik und persönlicher Wertschätzung

Klare Konfliktprozesse:

- Transparente, allgemein bekannte Wege zur Konfliktansprache

- Definierte Eskalationsstufen und Verantwortlichkeiten

- Angemessene Ressourcen für Konfliktbearbeitung (Zeit, Raum, ggf. Moderation)

Diversitätsbewusstsein:

- Anerkennung unterschiedlicher Konflikt- und Kommunikationsstile

- Würdigung verschiedener Perspektiven als Ressource

- Balance zwischen gemeinsamen Standards und individueller Flexibilität

2. Strukturelle Konfliktinterventionen für Teams

Regelmäßige Reflexionsräume:

- Etabliere feste Zeiten zur Besprechung von Teamprozessen

- Schaffe eine Trennung zwischen inhaltlicher Arbeit und Prozessreflexion

- Implementiere strukturierte Formate für konstruktives Feedback

Rollenklärung und Entscheidungstransparenz:

- Sorge für Klarheit über Verantwortlichkeiten und Befugnisse

- Definiere transparente Entscheidungsprozesse (Wer entscheidet was, wie, wann?)

- Überprüfe regelmäßig die Passung von Personen und Rollen

Moderierte Konfliktformate:

- Nutze strukturierte Interventionen für komplexe Konflikte

- Bilde interne Konfliktmoderationskompetenzen

- Erwäge externe Moderation für eskalierte oder sensible Konflikte

3. Die Kunst des Systemischen Konfliktmanagements

Musteridentifikation:

- Erkenne wiederkehrende Konfliktmuster auf Systemebene

- Identifiziere zugrundeliegende Strukturen und Dynamiken

- Unterscheide zwischen Symptomen und Ursachen von Konflikten

Mehrperspektivische Intervention:

- Adressiere Konflikte gleichzeitig auf verschiedenen Ebenen:

    o Individuell (persönliche Kompetenzen)

    o Interpersonell (Beziehungsdynamiken)

    o Strukturell (Prozesse, Ressourcen, Rahmenbedingungen)

    o Kulturell (ungeschriebene Regeln, Werte, Geschichte)

Entwicklungsorientierung:

- Betrachte Konflikte als Entwicklungschancen für das gesamte System

- Nutze Konflikte als Indikatoren für notwendige Veränderungen

- Schaffe Lernschleifen, um aus bewältigten Konflikten systemische Erkenntnisse zu gewinnen

Fallbeispiel: Teamkonfliktkultur-Transformation

Ein 12-köpfiges Marketing-Team litt unter schwelenden Konflikten, die die Zusammenarbeit belasteten und zu Silobildung, verpassten Deadlines und sinkender Kreativität führten. Die Teamleitung erkannte, dass eine fundamentale Transformation der Konfliktkultur nötig war:

Grundpfeiler-Etablierung:

Psychologische Sicherheit:

- Die Führungskraft begann, eigene Fehler offen einzugestehen und zu reflektieren

- Sie führte eine "Keine Schuld, nur Lernen"-Politik ein

- Sie reagierte erkennbar positiv auf konstruktive Kritik

Klare Konfliktprozesse:

- Das Team entwickelte gemeinsam einen dreistufigen Konfliktlösungsprozess:

  1. Direktes Gespräch zwischen Betroffenen

  2. Moderiertes Gespräch mit neutralem Teammitglied

  3. Strukturierte Mediation mit externer Unterstützung

- Sie definierten klare Zeitrahmen für Konfliktbearbeitung

Diversitätsbewusstsein:

- Sie führten ein Teamassessment zu individuellen Kommunikations- und Konfliktpräferenzen durch

- Sie entwickelten ein gemeinsames Vokabular für unterschiedliche Stile

- Sie würdigten explizit den Wert verschiedener Perspektiven

Strukturelle Interventionen:

Reflexionsräume:

- Einführung eines wöchentlichen 30-minütigen "Prozess-Checks"

- Quartalsweise Teamretreats mit Fokus auf Zusammenarbeit

- Ein monatliches "Appreciation and Concerns"-Format

Rollenklärung:

- Vollständige Überarbeitung der Rollen- und Verantwortlichkeitsmatrix

- Einführung von "Entscheidungskarten" für verschiedene Projekttypen

- Regelmäßige Überprüfung der Rollenpassung

Moderierte Konfliktformate:

- Training von drei Teammitgliedern in Konfliktmoderation

- Entwicklung eines teamspezifischen Mediationsformats

- Erstellung eines "Konfliktleitfadens" mit praktischen Tools

Systemisches Konfliktmanagement:

Musteridentifikation:

- Analyse wiederkehrender Konflikte zwischen "Kreativen" und "Planern"

- Identifikation von strukturellen Barrieren in der Projektplanung

- Erkennen der Auswirkung externer Stakeholder-Anforderungen auf teaminterne Konflikte

Mehrperspektivische Intervention:

- Individuell: Coaching für Schlüsselpersonen in Konfliktdynamiken

- Interpersonell: Tandem-Arbeitsformate für häufig konfligierende Mitglieder

- Strukturell: Neugestaltung der Projekt-Kick-off- und Review-Prozesse

- Kulturell: Bewusste Einführung neuer Teamrituale und Sprachmuster

Entwicklungsorientierung:

- Einführung eines "Konflikt-Lernarchivs": Dokumentation gelöster Konflikte und gewonnener Erkenntnisse

- Regelmäßige "Learning Reviews" nach Projektabschlüssen

- Feedbackschleifen mit internen Kunden über Verbesserungen in der Zusammenarbeit

Nach einem Jahr kontinuierlicher Arbeit an der Konfliktkultur zeigte das Team signifikante Verbesserungen:

- Konflikte wurden früher angesprochen und konstruktiver gelöst

- Die Zusammenarbeit zwischen vormals getrennten Untergruppen verbesserte sich deutlich

- Die Projektergebnisse wurden kreativer und termingerechter

- Die Mitarbeiterzufriedenheit stieg, und die Fluktuation sank

Die Teamleitung reflektierte: "Wir haben erkannt, dass es nicht darum geht, Konflikte zu vermeiden, sondern sie als normalen und sogar wertvollen Teil unserer Arbeit zu betrachten. Die Transformation unserer Konfliktkultur hat nicht nur die Zusammenarbeit verbessert, sondern auch unsere Innovationsfähigkeit gestärkt. Wir sind jetzt in der Lage, aus unterschiedlichen Perspektiven und produktiven Spannungen neue Ideen zu entwickeln."

Von der Konfliktlösung zur Konfliktintelligenz

Konflikte in Beziehungen sind unvermeidlich und potentiell wertvoll. Die in diesem Abschnitt vorgestellten Strategien und Techniken bieten einen umfassenden

Werkzeugkasten, um Konflikte konstruktiv zu nutzen statt unter ihnen zu leiden.

Der Weg führt von reaktiven Konfliktmustern zu einer reflektierten Konfliktintelligenz – der Fähigkeit, Konflikte als Entwicklungschancen zu erkennen und sie bewusst zu navigieren. Dies stärkt nicht nur deine Frustrationstoleranz in Beziehungen, sondern vertieft auch deine Verbindungen und fördert persönliches und gemeinsames Wachstum.

Wie der Psychologe Carl Rogers sagte: "Der interessanteste Weg, zwei Menschen oder zwei Gruppen zusammenzubringen, besteht nicht darin, sie zusammenzubringen, sondern darin, einen sicheren Raum zu schaffen, in dem sie ihre Unterschiede erkunden können." In diesem Sinne ist konstruktive Konfliktlösung nicht nur ein Weg zur Vermeidung von Frustration, sondern ein Pfad zu tieferer Verbindung und gemeinsamem Wachstum.

Empathie und Geduld als Schlüssel

Empathie und Geduld sind nicht nur wichtige Tugenden in zwischenmenschlichen Beziehungen, sondern auch mächtige Werkzeuge zur Stärkung der Frustrationstoleranz. In diesem Abschnitt erfährst du, wie du diese Fähigkeiten systematisch entwickeln und in deinen Beziehungen einsetzen kannst, um mit Frustration konstruktiver umzugehen und tiefere Verbindungen zu schaffen.

Die transformative Kraft der Empathie verstehen

Empathie ist mehr als ein warmes Gefühl für andere – sie ist eine komplexe Fähigkeit mit mehreren Dimensionen,

die unsere Beziehungen und unseren Umgang mit
Frustration grundlegend verändern kann.

1. Die verschiedenen Dimensionen der Empathie

Kognitive Empathie:

- Die Fähigkeit, die Perspektive eines anderen zu
verstehen

- Das mentale
"In-den-Schuhen-des-anderen-Gehen"

- Rationales Nachvollziehen der Gedanken und
Beweggründe anderer

Emotionale Empathie:

- Die Fähigkeit, die Gefühle anderer mitzufühlen

- Eine emotionale Resonanz mit dem emotionalen
Zustand des anderen

- Die neurobiologische Grundlage des
"Mitschwingens"

Mitfühlende Empathie (Compassion):

- Die Verbindung von Verständnis und Mitgefühl
mit dem Wunsch zu helfen

- Die Bereitschaft, aktiv zur Linderung von Leid
beizutragen

- Die Balance zwischen Mitfühlen und eigenem
Wohlbefinden

2. Wie Empathie die Frustrationstoleranz stärkt

Perspektivenvielfalt:

- Empathie erweitert unsere Sichtweise über den eigenen begrenzten Blickwinkel hinaus

- Sie hilft, die Logik hinter scheinbar unverständlichem Verhalten zu erkennen

- Sie reduziert Vorurteile und vorschnelle negative Interpretationen

Emotionale Regulation:

- Empathie aktiviert andere neuronale Netzwerke als Wut oder Frustration

- Sie fördert die Ausschüttung von Oxytocin, das Stress und Angst reduziert

- Sie schafft emotionale Verbindung statt Isolation in schwierigen Momenten

Konstruktive Handlungsfähigkeit:

- Empathie eröffnet neue Handlungsoptionen in frustrierenden Situationen

- Sie ermöglicht kooperative statt konfrontative Lösungen

- Sie fördert langfristig stabile statt kurzfristig befriedigende Ergebnisse

3. Die Herausforderungen der Empathie in frustrierenden Situationen

Emotionale Barrieren:

- Frustration und Ärger verengen unseren kognitiven und emotionalen Fokus

- Starke negative Gefühle blockieren oft den Zugang zu empathischen Fähigkeiten

- Der Selbstschutzimpuls kann Empathie als bedrohlich erscheinen lassen

Kognitive Hindernisse:

- Vorschnelle Urteile und Attributionen blockieren echtes Verstehen

- Bestätigungsverzerrung lässt uns nur sehen, was unsere negativen Annahmen bestätigt

- Komplexitätsreduktion führt zu Vereinfachung und Stereotypisierung

Praktische Einschränkungen:

- Zeitdruck und Stress erschweren empathische Prozesse

- Unterschiedliche Kommunikationsstile können Empathie behindern

- Kulturelle und sprachliche Barrieren stellen zusätzliche Herausforderungen dar

Strategien zur Entwicklung und Stärkung von Empathie

Empathie ist keine fixe Eigenschaft, sondern eine Fähigkeit, die systematisch entwickelt werden kann. Diese Strategien helfen dir, deine empathischen Fähigkeiten zu stärken:

1. Empathisches Zuhören praktizieren

Empathisches Zuhören geht weit über das bloße Hören von Worten hinaus:

Die Kernelemente:

- **Volle Aufmerksamkeit** schenken, ohne Ablenkungen (Handy weglegen, Blickkontakt)

- **Urteilsfreie Haltung** einnehmen (bewusstes Zurückstellen eigener Bewertungen)

- **Verbale und nonverbale Signale** wahrnehmen (Tonfall, Körpersprache, Emotionen hinter Worten)

- **Verständnissicherndes Feedback** geben ("Wenn ich dich richtig verstehe, sagst du...")

Praktische Übung - Die 5-Minuten-Zuhörmethode:

1. Bitte einen Freund oder Partner, 5 Minuten über etwas zu sprechen, das ihm wichtig ist

2. Höre ohne Unterbrechung zu, mit voller Aufmerksamkeit

3. Zeige durch Körpersprache dein Interesse
    (Nicken, Blickkontakt)

4. Fasse nach 5 Minuten das Gehörte zusammen,
    ohne zu bewerten oder Ratschläge zu geben

5. Bitte um Feedback: "Habe ich dich richtig
    verstanden? Fühlst du dich gehört?"

Diese einfache Übung, regelmäßig praktiziert, kann deine
empathischen Fähigkeiten signifikant verbessern.

2. Perspektivenübernahme trainieren

Die Fähigkeit, die Welt aus den Augen eines anderen zu
sehen, ist ein Kernaspekt kognitiver Empathie:

Reflexive Perspektivenübernahme:

- Stelle dir bewusst die Frage: "Wie würde ich mich
  in dieser Situation fühlen?"

- Berücksichtige dabei den spezifischen
  Hintergrund, die Werte und Erfahrungen der
  anderen Person

- Vermeide die Annahme, dass andere genauso
  denken und fühlen wie du

Die 3-Perspektiven-Technik:

1. Betrachte eine frustrierende Situation aus deiner
    eigenen Perspektive

2. Versetze dich dann vollständig in die Perspektive
    der anderen Person

3. Nimm schließlich die Position eines wohlwollenden Beobachters ein, der beide Seiten sieht

Diese Technik hilft dir, aus der eigenen begrenzten Perspektive herauszutreten und ein vollständigeres Bild zu gewinnen.

Die biografische Erkundung

- Entwickle echtes Interesse an der Lebensgeschichte anderer

- Frage dich: "Welche Erfahrungen haben diese Person geprägt?"

- Suche nach Verbindungen zwischen ihrer Geschichte und ihrem aktuellen Verhalten

Dieses tiefere Verständnis der biografischen Hintergründe macht empathisches Verstehen auch in frustrierenden Situationen leichter.

3. Emotionale Empathie kultivieren

Emotionale Empathie – das Mitfühlen der Emotionen anderer – kann durch gezielte Übungen gestärkt werden:

Emotionales Vokabular erweitern:

- Erweitere deine Fähigkeit, Emotionen differenziert zu benennen (über "gut/schlecht" hinaus)

- Erkenne feine Nuancen emotionaler Zustände bei dir selbst und anderen

- Nutze "Emotions-Wörterbücher" oder Emotionsrad-Modelle als Hilfsmittel

Körperliche Resonanz bemerken:

- Achte auf subtile körperliche Reaktionen, wenn du mit anderen interagierst

- Nimm wahr, wie dein Körper auf die emotionalen Signale anderer reagiert

- Kultiviere diese natürliche Resonanzfähigkeit durch bewusste Aufmerksamkeit

Mediale Empathie-Übungen:

- Nutze Filme, Bücher oder Musik, um emotionale Empathie zu trainieren

- Tauche bewusst in die emotionale Welt fiktiver Charaktere ein

- Reflektiere, welche Aspekte besonders starke emotionale Resonanz auslösen

Diese Übungen stärken deine Fähigkeit, emotionale Zustände anderer wahrzunehmen und mitzufühlen.

4. Selbst-Empathie als Grundlage

Oft übersehen, aber entscheidend: Die Empathie mit sich selbst ist die Basis für Empathie mit anderen:

Elemente der Selbst-Empathie:

- Freundlicher, nicht-urteilender Umgang mit eigenen Schwächen und Fehlern

- Anerkennung der eigenen emotionalen Bedürfnisse als legitim

- Mitgefühl für das eigene Leiden, ohne in Selbstmitleid zu verfallen

Die Selbst-Mitgefühls-Pause:

1. Halte inne, wenn du Frustration, Scham oder Selbstkritik bemerkst

2. Erkenne an: "Dies ist ein Moment des Leidens"

3. Erinnere dich: "Leiden gehört zur menschlichen Erfahrung, ich bin nicht allein damit"

4. Biete dir selbst Freundlichkeit an: "Möge ich freundlich zu mir selbst sein"

Diese kurze Praxis, bei der du eine Hand aufs Herz legen kannst, hilft dir, auch in frustrierenden Situationen mit dir selbst verbunden zu bleiben.

Fallbeispiel: Sarahs Empathie-Entwicklung

Sarah, eine 38-jährige Abteilungsleiterin, erlebte wiederkehrende Frustrationen im Umgang mit ihrem Team, besonders mit einem Mitarbeiter, der regelmäßig Deadlines verpasste. Ihre typische Reaktion war Ärger, gefolgt von harschem Feedback, was die Arbeitsbeziehung zunehmend belastete.

Nach einem besonders frustrierenden Vorfall entschied sie sich, einen empathischeren Ansatz zu entwickeln:

Empathisches Zuhören: Sarah lud den Mitarbeiter zu einem Gespräch ein, mit dem expliziten Ziel, wirklich zu verstehen (nicht zu kritisieren oder zu lösen). Sie stellte offene Fragen wie: "Wie erlebst du die aktuellen Projektanforderungen?" und "Was macht es herausfordernd, die Deadlines einzuhalten?"

Sie praktizierte aktives Zuhören: volle Aufmerksamkeit, Paraphrasieren des Gehörten, Nachfragen zur Vertiefung. Zu ihrer Überraschung erfuhr sie von technischen Hindernissen und Unsicherheiten, die der Mitarbeiter bisher nicht thematisiert hatte.

Perspektivenübernahme: Sie wandte die 3-Perspektiven-Technik an:

1. Ihre Perspektive: Frustration über unzuverlässige Arbeit und die Konsequenzen für das Team

2. Seine Perspektive: Überforderung mit komplexen Aufgaben, Sorge um negative Beurteilung

3. Beobachter-Perspektive: Ein Kommunikationsproblem mit Potenzial für beiderseitiges Wachstum

Diese Übung half ihr zu erkennen, dass nicht mangelndes Engagement, sondern fehlende Unterstützung und Klarheit die Hauptprobleme waren.

Emotionale Empathie: Sarah achtete bewusst auf ihre emotionale Resonanz während des Gesprächs. Sie bemerkte, wie sich ihre anfängliche Frustration in Mitgefühl verwandelte, als sie die Unsicherheit und den Leistungsdruck wahrnahm, unter dem ihr Mitarbeiter stand.

Selbst-Empathie: Vor schwierigen Gesprächen praktizierte Sarah nun eine kurze Selbst-Mitgefühls-Pause. Sie erkannte an, dass ihre eigene Frustration aus dem Druck resultierte, den sie von höheren Managementebenen erlebte, und schenkte sich selbst Verständnis für diese schwierige Position.

Die Ergebnisse nach drei Monaten konsequenter Empathie-Praxis waren bemerkenswert:

- Die Arbeitsbeziehung verbesserte sich signifikant

- Sie entwickelten gemeinsam ein effektiveres Projektmanagement-System

- Der Mitarbeiter fragte früher nach Unterstützung, bevor Probleme eskalierten

- Sarahs allgemeine Frustrationstoleranz bei unerwarteten Problemen erhöhte sich deutlich

Sarah reflektierte: "Früher sah ich Empathie als etwas 'Weiches', das im harten Geschäftsalltag keinen Platz hat. Jetzt erkenne ich sie als strategische Fähigkeit, die mir bessere Ergebnisse bringt und gleichzeitig meine Beziehungen stärkt. Meine Frustrationstoleranz hat sich erhöht, weil ich Situationen vollständiger verstehe und mehr Handlungsoptionen sehe."

Geduld entwickeln: Die komplementäre Kraft zur Empathie

Während Empathie uns hilft, andere besser zu verstehen, ermöglicht uns Geduld, mit den unvermeidlichen Herausforderungen und Frustrationen in Beziehungen konstruktiv umzugehen. Geduld ist die Fähigkeit,

Unbehagen auszuhalten, ohne impulsiv zu reagieren, und langfristige Werte über kurzfristige Entlastung zu stellen.

1. Die Natur der Geduld verstehen

Geduld ist mehr als passives Warten – sie ist eine aktive innere Haltung mit mehreren Dimensionen:

Interpersonelle Geduld:

- Die Fähigkeit, andere in ihrem eigenen Tempo zu akzeptieren
- Toleranz für Unterschiede, Fehler und Lernprozesse
- Verständnis für die natürliche Entwicklungszeit von Menschen und Beziehungen

Situative Geduld:

- Die Fähigkeit, Ungewissheit und Unvorhersehbarkeit zu ertragen
- Akzeptanz der natürlichen Entfaltung von Prozessen
- Widerstand gegen den Impuls, vorzeitig einzugreifen oder aufzugeben

Selbst-Geduld:

- Die Fähigkeit, eigene Fehler und Unvollkommenheiten zu akzeptieren
- Verständnis für die eigenen Entwicklungs- und Lernprozesse

- Sanfter Umgang mit persönlichen Einschränkungen und Schwächen

2. Warum Geduld die Frustrationstoleranz stärkt

Geduld wirkt auf mehreren Ebenen, um unsere Frustrationstoleranz zu erhöhen:

Zeitliche Perspektiverweiterung:

- Geduld hilft, momentane Frustrationen in einen größeren zeitlichen Kontext zu setzen

- Sie fördert das Bewusstsein für die Vorläufigkeit schwieriger Phasen

- Sie unterstützt langfristiges Denken statt kurzfristiger Reaktionen

Emotionale Regulation:

- Geduld schafft einen inneren Raum zwischen Reiz und Reaktion

- Sie ermöglicht das Abklingen der ersten emotionalen Welle

- Sie fördert reflektiertes Handeln statt impulsiver Reaktionen

Entwicklungsbewusstsein:

- Geduld nährt das Verständnis für natürliche Entwicklungsprozesse

- Sie schafft Raum für Wachstum und Veränderung

- Sie reduziert unrealistische Erwartungen an Tempo und Perfektion

3. Die Herausforderungen der Geduld in einer Instant-Kultur

In unserer schnelllebigen Welt mit sofortiger Gratifikation ist Geduld eine besondere Herausforderung:

Kulturelle Hindernisse:

- Gesellschaftliche Idealisierung von Geschwindigkeit und sofortigen Ergebnissen

- Technologische Gewöhnung an unmittelbare Reaktionen und Lösungen

- Verminderung kollektiver Wertschätzung für langsame Entwicklungsprozesse

Persönliche Barrieren:

- Angst, als schwach oder ineffektiv wahrgenommen zu werden

- Unbehagen mit Ungewissheit und offenen Prozessen

- Sucht nach der emotionalen Entlastung durch schnelle Reaktion

Beziehungsdynamiken:

- Unterschiedliche "Gedulds-Temperaturen" in Beziehungen

- Missverständnisse über den Wert des Wartens vs. schnellen Handelns

- Wechselseitige Verstärkung von Ungeduld in Systemen

Strategien zur Entwicklung und Stärkung von Geduld

Wie Empathie ist auch Geduld eine Fähigkeit, die durch bewusste Praxis gestärkt werden kann. Diese Strategien helfen dir, deine Geduld in Beziehungen zu kultivieren:

1. Mikroübungen für tägliche Geduld

Diese kurzen Übungen können leicht in den Alltag integriert werden und bauen schrittweise deine "Geduldsmuskeln" auf:

Die Verzögerungspraxis:

- Wähle bewusst kleine, harmlose Situationen für geübte Verzögerung

- Wenn du etwas sofort tun möchtest, warte bewusst 30-60 Sekunden

- Beobachte deine inneren Reaktionen während des Wartens

Die 10-Atemzüge-Regel:

- Etabliere die Gewohnheit, vor Reaktionen auf Frustrationen 10 tiefe Atemzüge zu nehmen

- Zähle bewusst jeden Atemzug

- Entscheide erst nach dem zehnten Atemzug, wie du reagieren möchtest

Die Warteschlangen-Meditation:

- Nutze unvermeidliche Wartesituationen (Supermarkt, Ampel, Arztpraxis) als Geduldsübung

- Statt mental zu protestieren oder abzuschweifen, praktiziere bewusste Präsenz

- Beobachte deine Gedanken, Gefühle und Körperempfindungen während des Wartens

Diese kleinen, regelmäßigen Übungen schaffen die neuronale Basis für größere Geduld in herausfordernden Beziehungssituationen.

2. Die Praxis der bewussten Verlangsamung

In einer beschleunigten Welt kann bewusste Verlangsamung unsere Geduld stärken:

Entschleunigte Kommunikation:

- Praktiziere bewusst langsameres Sprechen in Gesprächen

- Lasse bewusste Pausen zwischen Aussagen und Antworten

- Experimentiere mit Kommunikationsformen, die natürliche Verzögerung beinhalten (z.B. handgeschriebene Briefe)

Langsame Aktivitäten integrieren:

- Baue regelmäßig Aktivitäten ein, die inhärent Geduld erfordern (Gärtnern, Kochen, Handarbeit)

- Beobachte den natürlichen Rhythmus dieser Aktivitäten

- Übertrage die Qualität dieser Erfahrungen auf zwischenmenschliche Prozesse

Digitale Entschleunigung:

- Implementiere bewusste Verzögerungen in deine digitale Kommunikation (nicht sofort antworten)

- Schaffe "langsame Zonen" im Alltag (z.B. Morgen oder Abend ohne digitale Geräte)

- Reflektiere, wie digitale Sofortigkeit deine Geduldsschwelle beeinflusst

Diese Praktiken helfen dir, eine allgemeine Haltung der Entschleunigung zu entwickeln, die auch in frustrierenden zwischenmenschlichen Situationen wirksam wird.

3. Geduld durch Perspektivenwechsel stärken

Unsere mentalen Modelle beeinflussen maßgeblich unsere Geduld. Diese Techniken helfen, förderliche Perspektiven zu entwickeln:

Die Wachstumsperspektive:

- Betrachte Menschen und Beziehungen als wachsende Organismen, nicht als fixe Maschinen

- Erinnere dich: Echtes Wachstum braucht Zeit und durchläuft Phasen

- Identifiziere kleine Anzeichen von Entwicklung auch in scheinbarem Stillstand

Die historische Perspektive:

- Stelle frustrierende Situationen in einen größeren zeitlichen Kontext

- Frage dich: "Wie wichtig wird diese Situation in einem Jahr/fünf Jahren sein?"

- Erinnere dich an frühere Situationen, wo Geduld zu positiven Ergebnissen führte

Die Prozess-Perspektive:

- Fokussiere auf den Prozess statt ausschließlich auf Ergebnisse

- Würdige die Qualität des Weges, nicht nur das Ziel

- Suche aktiv nach Wert im "Dazwischen", nicht nur im Endresultat

Diese Perspektivenwechsel schaffen ein mentales Fundament für mehr Geduld in frustrierenden Beziehungssituationen.

4. Selbst-Geduld als Fundament

Oft beginnt Ungeduld mit anderen bei mangelnder Geduld mit uns selbst:

Selbst-Gedulds-Praxis:

- Erkenne deine eigenen Entwicklungs- und Lernrhythmen an

- Praktiziere Selbstmitgefühl bei Fehlern und Rückschritten

* Etabliere realistische Erwartungen an deine eigenen Veränderungsprozesse

Die Fortschrittsreflexion:

* Führe ein "Gedulds-Journal" mit Notizen zu kleinen Fortschritten

* Reflektiere regelmäßig den Wert langsamer, kontinuierlicher Entwicklung

* Würdige bewusst Situationen, in denen deine Geduld zu positiven Ergebnissen führte

Die Selbst-Verzeihenspraxis:

* Entwickle ein spezifisches Ritual für Selbstvergebung nach ungeduldigen Reaktionen

* Betrachte Ungeduld als Lernchance, nicht als charakterliches Versagen

* Beginne nach jedem "Geduldsversagen" bewusst neu, ohne dich in Selbstkritik zu verlieren

Diese Praktiken stärken deine Selbst-Geduld, die wiederum das Fundament für Geduld mit anderen bildet.

Fallbeispiel: Thomas' Geduldsentwicklung

Thomas, ein 42-jähriger Vater zweier Teenager, kämpfte mit zunehmender Frustration in der Kommunikation mit seinen Kindern. Er reagierte oft ungeduldig auf ihre langsamen Entscheidungsprozesse, wiederholte Fehler und aus seiner Sicht unnötige Konflikte. Diese Ungeduld belastete die Beziehung und führte zu einer Atmosphäre der Anspannung.

Nach einer besonders frustrierenden Auseinandersetzung entschied er sich, systematisch an seiner Geduld zu arbeiten:

Mikroübungen: Thomas integrierte kleine Geduldsübungen in seinen Alltag:

- Er praktizierte die 10-Atemzüge-Regel, bevor er auf frustrierende Situationen reagierte

- Er implementierte bewusste "Warte-Momente" im Arbeitstag

- Er übte täglich 5 Minuten Meditation mit Fokus auf geduldige Akzeptanz

Bewusste Verlangsamung: Thomas veränderte bewusst seinen Kommunikationsstil:

- Er reduzierte sein Sprechtempo in Gesprächen mit seinen Kindern

- Er führte "Entschleunigungsabende" ein: Gemeinsame Aktivitäten ohne Zeitdruck oder digitale Ablenkungen

- Er etablierte eine "24-Stunden-Regel" für Reaktionen auf nicht-dringende Konflikte

Perspektivenwechsel: Thomas entwickelte neue mentale Modelle:

- Er begann, das Verhalten seiner Teenager als normale Entwicklungsphase zu betrachten

- Er erinnerte sich bewusst an seine eigene Jugend und die Geduld, die seine Eltern mit ihm hatten

- Er führte ein "Wachstumstagebuch", in dem er kleine positive Entwicklungen notierte

Selbst-Geduld:

Thomas erkannte seine eigene Ungeduld als Entwicklungsbereich:

- Er praktizierte Selbstmitgefühl nach Momenten der Ungeduld

- Er teilte offen seine Lernreise mit seinen Kindern: "Ich lerne, geduldiger zu sein"

- Er feierte kleine Erfolge, wenn er ruhig blieb, wo er früher ungeduldig reagiert hätte

Nach drei Monaten konsequenter Praxis beobachtete Thomas bedeutsame Veränderungen:

- Die Atmosphäre zu Hause wurde entspannter und offener

- Seine Kinder suchten häufiger seinen Rat, da sie weniger Verurteilung fürchteten

- Seine Fähigkeit, frustrierende Situationen auszuhalten, ohne emotional zu reagieren, verbesserte sich deutlich

- Er entdeckte neue Aspekte in der Beziehung zu seinen Kindern, die er zuvor übersehen hatte

Thomas reflektierte: "Früher sah ich Geduld als eine Art Charakterschwäche – als würde ich nachgeben oder zu weich sein. Jetzt erkenne ich sie als eine Stärke, die mir erlaubt, tiefere Verbindungen zu schaffen. Meine Frustrationstoleranz hat sich erhöht, weil ich nicht mehr sofort reagieren muss, sondern Raum für Entwicklung lassen kann – bei meinen Kindern und bei mir selbst."

Die Synergie von Empathie und Geduld in Beziehungen

Empathie und Geduld verstärken sich gegenseitig und bilden zusammen ein mächtiges Fundament für Frustrationstoleranz in Beziehungen. Ihre Kombination schafft eine Qualität von Beziehung, die sowohl tiefere Verbindung als auch konstruktiven Umgang mit Herausforderungen ermöglicht.

1. Wie Empathie und Geduld zusammenwirken

Der Synergie-Effekt:

- Empathie ohne Geduld kann zu emotionaler Überwältigung führen

- Geduld ohne Empathie kann kalt und distanziert wirken

- Zusammen schaffen sie einen Raum für authentische Verbindung und Wachstum

Komplementäre Stärken:

- Empathie liefert das Verständnis für die Situation und die andere Person

- Geduld bietet die zeitliche und emotionale Kapazität für dieses Verständnis

- Gemeinsam ermöglichen sie eine Haltung von "verstehendem Raum-Geben"

Transformatives Potential:

- Die Kombination von Empathie und Geduld kann festgefahrene Beziehungsmuster auflösen

- Sie schafft Raum für echte Transformation statt oberflächlicher Konfliktlösung

- Sie ermöglicht tiefergehendes Lernen aus Frustrationserfahrungen

2. Praktische Integration im Beziehungsalltag

Diese Strategien helfen, Empathie und Geduld im täglichen Miteinander zu verbinden:

Die E-P-R Sequenz: (Empathie - Pause - Reaktion)

- Beginne mit empathischem Verstehen des anderen und der Situation

- Gib dir eine bewusste Pause für geduldige Integration dieses Verständnisses

- Reagiere erst dann, mit einer durch Empathie informierten und durch Geduld gereiften Antwort

Gemeinsame Reflexionszeiten:

- Etabliere regelmäßige Gespräche zur Beziehungsreflexion

- Praktiziert gemeinsames empathisches Verstehen von schwierigen Situationen

- Würdigt bewusst Momente, wo Empathie und Geduld zu positiven Ergebnissen führten

Co-Regulation in frustrierenden Momenten:

- Unterstützt euch gegenseitig bei emotionaler Regulation

- Erinnert einander sanft an gemeinsame Werte von Verständnis und Geduld

- Schafft "Auszeichen" für Momente, wo mehr Empathie oder Geduld nötig ist

3. Die tiefere Dimension: Empathie und Geduld als Lebenspraxis

Über einzelne Situationen hinaus können Empathie und Geduld zu einer grundlegenden Lebenshaltung werden:

Eine Kultur der Wertschätzung

- Entwickelt eine Sprache, die Empathie und Geduld explizit würdigt

- Schafft Rituale, die diese Qualitäten in eurer Beziehung feiern

- Integriert diese Werte bewusst in eure Beziehungsidentität

Gegenseitige Wachstumsunterstützung:

- Erkennt und unterstützt die Entwicklung von Empathie und Geduld bei einander

- Gebt spezifisches, wertschätzendes Feedback zu Fortschritten

- Betrachtet Rückschläge als gemeinsame Lernchancen

Transgenerationale Weitergabe:

- Modelliert Empathie und Geduld bewusst für Kinder und jüngere Menschen

- Sprecht explizit über den Wert dieser Qualitäten

- Schafft Familientraditionen, die diese Werte verkörpern

Fallbeispiel: Marie und Stefans Empathie-Geduld-Praxis

Marie und Stefan, ein Paar in den 30ern, hatten über Jahre ein Muster entwickelt, in dem kleine Frustrationen zu eskalierenden Konflikten führten. Nach einer besonders belastenden Phase suchten sie Unterstützung und entdeckten die transformative Kraft der Kombination von Empathie und Geduld.

Sie entwickelten gemeinsam folgende Praktiken:

E-P-R Sequenz im Alltag:

- Sie vereinbarten ein diskretes Signal (Handzeichen), wenn einer von ihnen in eine empathische Haltung wechseln wollte

- Sie gaben sich bewusste Pausen in emotionalen Momenten ("Lass uns 15 Minuten Pause machen und dann nochmal sprechen")

- Sie übten, ihre Reaktionen mit Sätzen zu beginnen wie: "Nachdem ich versucht habe zu verstehen, wie du dich fühlst, und darüber nachgedacht habe..."

Gemeinsame Reflexionszeiten:

- Sie etablierten einen wöchentlichen "Beziehungs-Check-in" mit strukturierten Fragen:

    - "Wann habe ich diese Woche besonders deine Empathie gespürt?"

    - "In welchen Momenten hat uns Geduld geholfen?"

    - "Wo wünsche ich mir mehr Verständnis oder Geduld?"

- Sie führten ein gemeinsames "Wachstumstagebuch" mit Notizen zu ihrer Entwicklung

Co-Regulation:

- Sie entwickelten ein "Notfallsystem" für hochfrustrierende Momente:

    - Ein vereinbartes Wort ("Brücke"), um anzuzeigen, dass sie Unterstützung bei Empathie oder Geduld brauchten

    - Eine Liste mit gemeinsamen Aktivitäten, die ihnen halfen, in einen empathischeren Zustand zurückzufinden

    - Vereinbarte "Cooldown"-Zonen in ihrer Wohnung für notwendige Pausen

Tiefere Integration:

- Sie entwickelten eine gemeinsame Sprache für ihre Werte: "Unser Weg ist Verstehen und Raum-geben"

- Sie feierten "Meilensteine" ihrer Entwicklung mit kleinen Ritualen

- Sie teilten ihre Lernerfahrungen mit befreundeten Paaren, was ihr eigenes Commitment stärkte

Nach einem Jahr konsequenter Praxis berichteten Marie und Stefan von tiefgreifenden Veränderungen:

- Konflikte eskalierten seltener und wurden konstruktiver gelöst

- Sie erlebten eine neue Tiefe von emotionaler Intimität

- Früher "unlösbare" wiederkehrende Konflikte verloren an Intensität

- Sie fühlten sich besser gerüstet, größere Lebenskrisen gemeinsam zu bewältigen

Marie reflektierte: "Früher dachte ich, wir müssten einfach die 'richtigen' Lösungen für unsere Probleme finden. Jetzt verstehe ich, dass die Art, wie wir miteinander umgehen, wichtiger ist als die spezifische Lösung. Die Kombination von echtem Verstehen und dem Raum für Entwicklung hat unsere Beziehung auf eine ganz neue Ebene gehoben."

Fazit: Der mitfühlend-geduldige Weg durch Beziehungsfrustration

Empathie und Geduld sind nicht nur Tugenden oder angenehme Persönlichkeitseigenschaften – sie sind kraftvolle Werkzeuge zur Transformation von Beziehungsfrustration in Wachstumschancen. Durch die bewusste Entwicklung dieser Fähigkeiten verändert sich nicht nur unsere Reaktion auf Frustration, sondern die grundlegende Qualität unserer Beziehungen.

Die in diesem Abschnitt vorgestellten Strategien – vom empathischen Zuhören über Perspektivenübernahme bis hin zu Mikroübungen für Geduld – bieten einen praxisnahen Weg, um diese transformativen Fähigkeiten systematisch zu entwickeln.

Wie der spirituelle Lehrer Ram Dass sagte: "Wenn du glaubst, erleuchtet zu sein, verbringe eine Woche mit deiner Familie." In diesem humorvollen Satz steckt eine tiefe Wahrheit: Enge Beziehungen sind sowohl unsere größte Herausforderung als auch unser größtes Wachstumspotential für Empathie und Geduld.

Die gute Nachricht ist, dass jeder Moment der Frustration in einer Beziehung eine neue Gelegenheit bietet, diese Fähigkeiten zu üben und zu vertiefen. Mit der Zeit wird der mitfühlend-geduldige Umgang mit Frustration nicht mehr als anstrengende Übung, sondern als natürlicher, befreiender Weg des Miteinanders erlebt.

3.3 Frust bei persönlichen Zielen

Motivation aufrechterhalten trotz Hindernissen

Persönliche Ziele – ob beruflicher, gesundheitlicher oder kreativer Natur – sind zentrale Quellen von Sinn und Erfüllung in unserem Leben. Gleichzeitig können sie zu erheblicher Frustration führen, wenn wir auf Hindernisse stoßen, Rückschläge erleben oder nicht so schnell vorankommen wie erhofft. In diesem Abschnitt lernst du, wie du deine Motivation auch in schwierigen Phasen aufrechterhalten und deine Frustrationstoleranz im Kontext persönlicher Ziele stärken kannst.

Die Psychologie der Zielmotivation verstehen

Um effektive Strategien entwickeln zu können, ist es hilfreich, zunächst die psychologischen Grundlagen der Motivation zu verstehen:

1. Die zwei Gesichter der Motivation

Intrinsische Motivation:

- Angetrieben durch innere Faktoren: Freude, Interesse, persönliche Werte

- Fühlt sich selbstbestimmt und natürlich an

- Führt zu höherer Zufriedenheit und Nachhaltigkeit

- Ist weniger anfällig für Erschöpfung und Frustration

Extrinsische Motivation:

- Angetrieben durch äußere Faktoren: Belohnungen, Anerkennung, Vermeidung von Konsequenzen

- Kann sich kontrollierend und druckvoll anfühlen

- Oft weniger nachhaltig bei Hindernissen

- Kann zu "Motivations-Burnout" führen

Die meisten persönlichen Ziele enthalten Elemente beider Motivationsarten, doch ein höherer Anteil intrinsischer Motivation stärkt die Frustrationstoleranz erheblich.

2. Die Selbstbestimmungstheorie: Psychologische Grundbedürfnisse

Nach Deci und Ryan werden wir durch drei grundlegende psychologische Bedürfnisse motiviert:

Autonomie:

- Das Gefühl, selbstbestimmt zu handeln, nicht kontrolliert zu werden

- Die Erfahrung, aus eigener Überzeugung zu handeln

- Ein "Ich will" statt "Ich muss" Erleben

Kompetenz:

- Das Gefühl, wirksam und fähig zu sein

- Die Erfahrung von Wachstum und Fortschritt

- Das Meistern optimaler Herausforderungen

Zugehörigkeit:

- Das Gefühl der Verbundenheit mit anderen

- Die Erfahrung, in seinen Bemühungen gesehen und unterstützt zu werden

- Die Integration persönlicher Ziele in einen sozialen Kontext

Ziele, die diese Grundbedürfnisse erfüllen, schaffen eine robustere Motivationsbasis, die auch Frustration besser standhält.

3. Motivation und das "Motivation-Volition-Paradox"

Ein häufig übersehenes Phänomen betrifft den Unterschied zwischen:

Motivation (Wollen):

- Die Anziehungskraft des Ziels

- Die Begeisterung für die Vision

- Die emotionale Energie für die Handlung

Volition (Umsetzen):

- Die tatsächliche Selbststeuerungsfähigkeit

- Die Fähigkeit, trotz Widerständen zu handeln

- Die Überwindung von Trägheit und Ablenkung

Das Paradox: Motiviertere Menschen können bei Hindernissen schneller frustriert und entmutigt sein, weil die Diskrepanz zwischen Wollen und aktueller Realität größer ist.

Mit diesem grundlegenden Verständnis können wir nun Strategien betrachten, die helfen, Motivation trotz Frustration aufrechtzuerhalten.

Strategien zur Stärkung intrinsischer Motivation

Diese Techniken helfen, die innere Verbindung zu deinen Zielen zu stärken, was deine Widerstandsfähigkeit gegen Frustration erhöht:

Die Werte-Verbindungs-Technik

Diese Methode vertieft die Verbindung zwischen deinen Zielen und deinen Kernwerten:

Systematische Werte-Exploration:

- Identifiziere 5-7 deiner wichtigsten persönlichen Werte (z.B. Wachstum, Kreativität, Verbundenheit)

- Erkunde für jeden Wert, warum er für dich bedeutsam ist

- Reflektiere, wie sich diese Werte in deiner Lebensgeschichte gezeigt haben

Ziel-Werte-Mapping:

- Verbinde explizit deine aktuellen Ziele mit diesen Kernwerten

- Erstelle eine visuelle Darstellung dieser Verbindungen

- Identifiziere, welche Werte durch Frustrationen besonders herausgefordert werden

Werte-Verankerung in frustrierenden Momenten:

- Entwickle kurze "Werte-Anker-Statements" für Frustrationsphasen

- Formuliere diese positiv und persönlich (z.B. "Dieses Hindernis ist Teil meines Wegs zu mehr Kreativität")

- Praktiziere bewusstes Erinnern an diese Werte-Verbindungen, wenn du auf Hindernisse stößt

2. Die Sinn-Kaskaden-Methode

Diese Technik hilft, die tiefere Bedeutung auch scheinbar mundaner Ziele zu erkennen:

Tieferes "Warum" erkunden:

- Für jedes Ziel frage mehrfach: "Warum ist mir das wichtig?"

- Gehe über oberflächliche Antworten hinaus zu tieferen Motivationen

- Erstelle eine "Sinn-Kaskade" von unmittelbaren zu tieferen Gründen

Verbindung zur Identität:

- Reflektiere, wie das Ziel mit deinem Selbstbild verbunden ist

- Erkunde, welche Art von Person du durch die Verfolgung dieses Ziels wirst

- Formuliere identitätsbasierte Aussagen: "Ich bin jemand, der..."

Größeren Kontext erschließen:

- Betrachte, wie dein Ziel zu etwas Größerem beiträgt (Familie, Gemeinschaft, Gesellschaft)

- Identifiziere, wer außer dir von deinem Erfolg profitieren würde

- Verbinde persönliche Zielerreichung mit breiteren positiven Auswirkungen

3. Die Autonomie-Verstärkungs-Strategie

Diese Ansätze stärken dein Gefühl der Selbstbestimmung, was die intrinsische Motivation erhöht:

Wahlfreiheit kultivieren:

- Identifiziere Aspekte deines Ziels, bei denen du Wahlmöglichkeiten hast

- Schaffe bewusst mehrere Wege zur Zielerreichung

- Praktiziere aktive Entscheidungen statt passiver Befolgung

Sprache der Selbstbestimmung:

- Transformiere "müssen"-Sprache in "wählen"-Sprache

- Statt "Ich muss trainieren" sage "Ich wähle zu trainieren, weil..."

- Achte besonders in Frustrationsmomenten auf deine innere Sprache

Autonomie-Zonen schaffen:

- Designiere bestimmte Bereiche oder Zeiten für
  vollständig selbstbestimmtes Handeln

- Experimentiere mit verschiedenen Ansätzen ohne
  externe Vorgaben

- Feiere bewusst Momente selbstgewählter
  Anstrengung

Fallbeispiel: Annas Verbindung zu innerer Motivation

Anna, eine 36-jährige Marketing-Managerin, hatte sich
vorgenommen, ein Buch über digitales Marketing zu
schreiben. Nach anfänglicher Begeisterung erlebte sie
zunehmende Frustration durch Zeitdruck, Selbstzweifel
und technische Hürden. Ihre Motivation sank, und sie
erwog, das Projekt aufzugeben.

Um ihre intrinsische Motivation wiederzufinden, wandte
sie mehrere Strategien an:

Werte-Verbindungs-Technik: Sie identifizierte ihre
Kernwerte: Wissen weitergeben, kreative Expression,
berufliche Exzellenz und Unabhängigkeit. In einer
Reflexionsübung erkundete sie, wie das Buchprojekt
diese Werte verkörperte:

- Wissen weitergeben: Ihre Erfahrungen mit
  anderen teilen, die davon profitieren können

- Kreative Expression: Ihre eigene Stimme und
  Perspektive in der Branche finden

- Berufliche Exzellenz: Sich als Expertin
  positionieren und etablieren

- Unabhängigkeit: Grundlage für eine selbstständigere berufliche Zukunft schaffen

Sie formulierte Werte-Anker für Frustrationsphasen: "Wenn ich an diesem Kapitel arbeite, lebe ich meinen Wert, Wissen weiterzugeben" und "Diese Herausforderung ist Teil meines Weges zur beruflichen Unabhängigkeit".

Sinn-Kaskaden-Methode: Anna erstellte eine Sinn-Kaskade für ihr Buchprojekt:

- Unmittelbares Ziel: Ein Fachbuch über digitales Marketing schreiben

- Tieferer Grund: Meine Expertise strukturieren und teilen

- Noch tiefer: Anderen helfen, in diesem Feld erfolgreich zu sein

- Tiefste Bedeutung: Einen bleibenden positiven Einfluss in meinem Fachgebiet hinterlassen

Sie verband das Projekt mit ihrer Identität: "Ich bin eine Pionierin, die Wege ebnet und Wissen demokratisiert" und erkundete den breiteren Kontext: "Dieses Buch könnte Hunderten von Marketing-Neulingen helfen, Fehler zu vermeiden und erfolgreicher zu sein."

Autonomie-Verstärkungs-Strategie: Anna überprüfte ihre innere Sprache und bemerkte viele "Ich sollte"-Aussagen bezüglich des Buches. Sie transformierte diese bewusst:

- Von "Ich sollte heute an Kapitel 4 arbeiten" zu "Ich wähle, heute an Kapitel 4 zu arbeiten, weil es mich meinem Ziel näherbringt, mein Wissen zu teilen"

- Von "Ich muss diesen Abschnitt überarbeiten" zu "Ich entscheide mich, diesen Abschnitt zu verbessern, weil ich Qualität wertschätze"

Sie schuf "Autonomie-Zonen" für ihr Schreiben:

- Freitagmorgen als "experimentelles Schreiben" ohne Vorgaben oder Kritik

- Die Freiheit, die Kapitelreihenfolge nach ihrem aktuellen Interesse zu wählen

- Die Erlaubnis, zwischen verschiedenen Projektelementen zu wechseln, je nach Energie

Nach zwei Monaten dieser bewussten Motivationsarbeit berichtete Anna von einer deutlichen Veränderung:

- Sie schrieb regelmäßiger und mit mehr Freude

- Technische Hürden erlebte sie mehr als interessante Herausforderungen denn als Blockaden

- Die Frustration war nicht verschwunden, hatte aber ihren lähmenden Charakter verloren

- Sie hatte ein neues Gefühl von Eigentümerschaft für das Projekt entwickelt

Anna reflektierte: "Früher habe ich hauptsächlich an das fertige Buch und die externe Anerkennung gedacht. Jetzt genieße ich den Prozess selbst, weil ich ihn mit meinen tiefsten Werten verbunden habe. Die Frustration ist noch da, aber sie hat ihre Macht verloren, mich zu entmutigen."

Strategien für Volition und Durchhaltevermögen

Während intrinsische Motivation dir den "Grund zum Weitermachen" gibt, bieten diese Strategien die konkrete "Fähigkeit zum Weitermachen" trotz Frustration:

1. Die Implementation-Intentions-Technik

Diese wissenschaftlich gut belegte Technik schafft automatische Handlungsmuster für Hindernisse:

Wenn-Dann-Pläne für typische Hindernisse:

- Identifiziere häufige Hindernisse oder Frustrationsquellen

- Formuliere spezifische Wenn-Dann-Pläne: "Wenn X passiert, dann tue ich Y"

- Halte diese Pläne schriftlich fest und überprüfe sie regelmäßig

Mentales Kontrastieren:

- Stelle dir den gewünschten Zielzustand lebhaft vor

- Identifiziere dann realistisch die Haupthindernisse

- Verbinde beide durch spezifische Wenn-Dann-Strategien

Automatisierung durch Wiederholung:

- Wiederhole deine Wenn-Dann-Pläne täglich (z.B. morgens oder abends)

- Visualisiere die erfolgreiche Anwendung in herausfordernden Situationen

- Feiere bewusst Momente, in denen du die Pläne erfolgreich umgesetzt hast

Die progressive Selbstregulationsmethode

Diese Strategie entwickelt systematisch deine Fähigkeit zur Selbststeuerung:

Volitions-Muskel-Training:

- Beginne mit kleinen, erreichbaren Selbststeuerungsübungen

- Steigere schrittweise Dauer, Häufigkeit oder Schwierigkeit

- Übertrage die gestärkte Selbstregulation auf andere Bereiche

Energie-Management für Willenskraft:

- Identifiziere deinen persönlichen Energie-Rhythmus

- Plane herausfordernde Aufgaben für Hochenergie-Zeiten

- Entwickle Strategien für das Auffüllen deiner Willenskraft-Reserven

Umgebungsgestaltung für Volitionsunterstützung:

- Reduziere Ablenkungen und Versuchungen in deiner Umgebung

- Schaffe visuelle Erinnerungen an deine Ziele und Strategien

- Nutze Technologie zur Unterstützung deiner Selbstregulation

3. Die Fortschritts-Monitoring-Methode

Diese Technik nutzt die motivierende Kraft sichtbarer Fortschritte:

Effektive Fortschrittsmessung:

- Identifiziere messbare Indikatoren für Fortschritt

- Wähle eine Trackingmethode, die zu dir und deinem Ziel passt

- Etabliere regelmäßige Check-ins zur Fortschrittsevaluation

Mikro-Fortschritte sichtbar machen:

- Unterteile größere Ziele in kleinste messbare Einheiten

- Feiere jeden noch so kleinen Fortschritt bewusst

- Visualisiere die Akkumulation dieser Mikro-Fortschritte

Rückfälle konstruktiv interpretieren:

- Entwickle ein System zur Unterscheidung zwischen Ausrutschern und Trends

- Betrachte Rückfälle als Datenpunkte, nicht als Versagen

- Nutze Rückfälle als Informationsquelle für Strategieanpassungen

Fallbeispiel: Markus' Durchhaltestrategie

Markus, ein 43-jähriger Lehrer, hatte sich vorgenommen, einen Marathon zu laufen, obwohl er zuvor kaum sportlich aktiv war. Nach anfänglichen Erfolgen erlebte er zunehmende Frustration durch Plateauphasen, kleinere Verletzungen und Motivationsschwankungen.

Um sein Durchhaltevermögen zu stärken, implementierte er mehrere Strategien:

Implementation-Intentions: Markus identifizierte seine häufigsten Hindernisse und entwickelte spezifische Wenn-Dann-Pläne:

- "Wenn ich morgens keine Lust habe zu laufen, dann ziehe ich trotzdem meine Laufkleidung an und gehe mindestens 10 Minuten"

- "Wenn es regnet, dann nutze ich das Indoor-Laufband oder mache eine Krafttrainingseinheit"

- "Wenn ich Muskelkater spüre, dann mache ich eine leichte Yoga-Session statt eines intensiven Laufs"

Er praktizierte mentales Kontrastieren, indem er sich täglich sowohl das Ziel (Überqueren der Ziellinie) als auch die wahrscheinlichsten Hindernisse vorstellte und seine Strategien mental durchspielte.

Progressive Selbstregulation: Markus baute seine
Selbststeuerungsfähigkeit systematisch auf:

- Er begann mit einem "Mini-Habit" von täglicher
  10-minütiger Bewegung

- Er erhöhte schrittweise die Herausforderung nach
  einem festen Plan

- Er implementierte eine "Keine Ausnahmen"-Regel
  für die ersten 60 Tage, um die Gewohnheit zu
  verankern

Er optimierte sein Energie-Management:

- Er identifizierte den frühen Morgen als seine beste
  Zeit für Willenskraft

- Er bereitete seine Laufausrüstung am Vorabend
  vor, um Entscheidungsenergie zu sparen

- Er entwickelte Energie-Auffüll-Routinen: kurze
  Meditation, gesunde Snacks, ausreichend Schlaf

Fortschritts-Monitoring: Markus entwickelte ein
detailliertes Tracking-System:

- Er nutzte eine Lauf-App zur Aufzeichnung aller
  Metriken

- Er führte zusätzlich ein manuelles
  Trainingsjournal mit subjektiven Einschätzungen

- Er etablierte wöchentliche und monatliche
  Review-Routinen

Er machte Mikro-Fortschritte sichtbar:

- Er führte eine "Erfolgssammlung" mit kleinen Meilensteinen (erster 5km-Lauf, erste 30-Minuten ohne Pause, etc.)

- Er nutzte eine visuelle Fortschrittskarte an seiner Wand

- Er teilte regelmäßig Updates in einer Laufgruppe, die seine kleinen Erfolge feierten

Bei Rückschlägen:

- Er unterschied zwischen "Ausrutschern" (einzelne verpasste Trainingseinheiten) und "Trends" (mehrere Tage ohne Training)

- Er etablierte ein "48-Stunden-Reset"-Protokoll nach Unterbrechungen

- Er führte After-Action-Reviews nach jedem Rückschlag durch, um Lehren zu ziehen

Nach sechs Monaten konsequenter Anwendung dieser Strategien hatte Markus bemerkenswerte Fortschritte erzielt:

- Er konnte kontinuierlich 15 km laufen, eine Distanz, die er nie für möglich gehalten hätte

- Seine Fähigkeit, mit Trainingsplateaus umzugehen, hatte sich deutlich verbessert

- Er erholte sich schneller von Rückschlägen und kleinen Verletzungen

- Seine allgemeine Frustrationstoleranz auch in anderen Lebensbereichen war gestiegen

Markus reflektierte: "Früher habe ich immer an meiner Willenskraft gezweifelt und bei Frustration schnell aufgegeben. Jetzt verstehe ich, dass es nicht um Willenskraft allein geht, sondern um Systeme und Strategien. Die konkretesten Hilfsmittel waren meine Wenn-Dann-Pläne und das detaillierte Tracking – sie haben die abstrakten Konzepte Durchhaltevermögen und Frustrationstoleranz in konkrete, tägliche Praktiken übersetzt."

Motivationsstrategien für spezifische Frustrations-Typen

Verschiedene Ziele und Persönlichkeiten neigen zu unterschiedlichen Arten von Frustration. Diese spezifischen Strategien adressieren bestimmte Frustrationstypen:

1. Strategien bei Ungedulds-Frustration

Wenn du hauptsächlich frustriert bist, weil die Ergebnisse nicht schnell genug kommen:

Fortschritts-Rekalibrierung:

- Definiere neue, realistischere Zeitrahmen basierend auf tatsächlichen Erfahrungen

- Erstelle "Meilenstein-Landkarten", die auch kleinste Fortschritte würdigen

- Entwickle qualitative, nicht nur quantitative Erfolgsindikatoren

Prozess-Fokussierung:

- Identifiziere Aspekte des Weges, die intrinsisch befriedigend sind

- Schaffe tägliche "Prozess-Freude-Momente" unabhängig vom Ergebnis

- Führe ein "Prozess-Dankbarkeits-Tagebuch", das Wertvolles jenseits des Ziels festhält

Historische Perspektive:

- Recherchiere die tatsächlichen Zeitrahmen vergleichbarer Erfolgsgeschichten

- Erinnere dich an frühere Ziele, die länger als erwartet dauerten, aber erreicht wurden

- Entwickle ein realistischeres mentales Modell von Entwicklungs- und Lernkurven

2. Strategien bei Kompetenz-Frustration

Wenn du hauptsächlich frustriert bist, weil du dich unfähig oder inkompetent fühlst:

Skill-Chunking:

- Zerlege komplexe Fähigkeiten in kleinste lernbare Einheiten

- Fokussiere intensiv auf die Meisterung dieser einzelnen Komponenten

- Integriere die Einzelkomponenten schrittweise zu komplexeren Fähigkeiten

Deliberate Practice:

- Identifiziere präzise, was genau Schwierigkeiten bereitet

- Entwickle gezielte Übungen für genau diese Aspekte

- Etabliere Feedback-Schleifen für objektive Fortschrittsmessung

Mindset-Transformation:

- Kultiviere bewusst ein Wachstums-Mindset (Fähigkeiten sind entwickelbar)

- Sammle Beispiele von Menschen, die ähnliche Fähigkeiten durch Anstrengung entwickelt haben

- Reframe Fehler und Schwierigkeiten explizit als notwendige Lernchancen

3. Strategien bei sozialer Vergleichs-Frustration

Wenn du hauptsächlich frustriert bist, weil andere schneller oder besser zu sein scheinen:

Gesunder Vergleich:

- Praktiziere "Aufwärtsvergleiche" als Inspiration, nicht als Selbstabwertung

- Entwickle gleichzeitig "Abwärtsvergleiche" zur Würdigung deines Fortschritts

- Fokussiere auf "temporale Vergleiche" (du heute vs. du früher)

Inspiration-Extraktion:

- Analysiere konkret, was du von erfolgreichen Vorbildern lernen kannst

- Transformiere Neid in Neugier durch gezielte "How-they-did-it"-Recherche

- Entwickle eine "Best-Practices-Sammlung" aus verschiedenen Vorbildern

Gemeinschaftsorientierung:

- Suche Peer-Gruppen mit ähnlichem Niveau und Zielen

- Transformiere Wettbewerb in Kooperation durch Wissens- und Erfahrungsaustausch

- Feiere die Erfolge anderer als Beweis für die Erreichbarkeit deiner eigenen Ziele

Fallbeispiel: Lenas Umgang mit spezifischer Frustration

Lena, eine 29-jährige Grafikdesignerin, hatte sich vorgenommen, als Freelancerin selbstständig zu werden. Sie erlebte verschiedene Arten von Frustration und entwickelte spezifische Strategien für jeden Typ:

Umgang mit Ungeduls-Frustration

Lena war frustriert, weil der Aufbau eines stabilen Kundenstamms länger dauerte als erwartet. Sie implementierte:

Fortschritts-Rekalibrierung:

- Sie recherchierte, wie lange erfolgreiche Freelancer in ihrer Branche tatsächlich brauchten (durchschnittlich 18-24 Monate für stabile Einnahmen)

- Sie erstellte eine "Business-Entwicklungs-Landkarte" mit 15 kleinen Meilensteinen statt nur großen Zielen

- Sie definierte Erfolg neu: von "Vollzeit-Einkommen" zu "Lernkurve, Portfolio-Entwicklung und erste begeisterte Kunden"

Prozess-Fokussierung:

- Sie begann, drei Aspekte ihrer täglichen Arbeit zu notieren, die ihr Freude bereiteten, unabhängig vom Geschäftserfolg

- Sie integrierte bewusst kreative "Spielzeit" in ihre Arbeitsroutine

- Sie führte ein wöchentliches "Skill-Wachstums-Journal", das ihre Entwicklung dokumentierte

Umgang mit Kompetenz-Frustration: Als Generalistin fühlte sich Lena oft überfordert von der Tiefe an Expertise, die spezifische Projekte erforderten.

Skill-Chunking:

- Sie identifizierte drei Kernbereiche für Vertiefung und zerlegte diese in präzise Lerneinheiten

- Sie entwickelte einen strukturierten 90-Tage-Lernplan mit wöchentlichen Fokusthemen

- Sie schuf ein persönliches "Skill-Inventar", das ihren aktuellen Stand in verschiedenen Bereichen visualisierte

Deliberate Practice:

- Sie begann, täglich 45 Minuten für gezielte Übung in einem spezifischen Schwachpunkt zu reservieren

- Sie fand einen Mentor, der ihr strukturiertes Feedback gab

- Sie definierte klare Kriterien für Fortschritt in jedem Skillbereich

Umgang mit sozialer Vergleichs-Frustration: Durch soziale Medien sah Lena ständig scheinbar erfolgreichere Designer, was zu Selbstzweifeln führte.

Gesunder Vergleich:

- Sie beschränkte ihren Social-Media-Konsum auf festgelegte Zeiten

- Sie führte ein "Inspirations-Journal", das den Fokus auf Lernen statt Vergleichen legte

- Sie implementierte wöchentliche "Eigener-Fortschritt"-Reflexionen

3.3 Frust bei persönlichen Zielen

Persönliche Ziele stellen einen besonderen Nährboden für Frustration dar. Ob es um berufliche Ambitionen, Fitness-Vorhaben, kreative Projekte oder persönliche Entwicklung geht – gerade bei Zielen, die uns am Herzen liegen, kann Frustration besonders schmerzhaft sein. In diesem Kapitel erfährst du, wie du die Motivation auch bei Hindernissen aufrechterhältst und langfristige Visionen entwickelst, die dich tragen.

Motivation aufrechterhalten trotz Hindernissen

Die Realität von Zielerreichungsprozessen

Die meisten Menschen stellen sich den Weg zum Ziel als gerade Linie vor: vom Start bis zum Erfolg. Die Realität sieht jedoch anders aus. Der Weg zum Ziel gleicht eher einer verschlungenen Bergstraße mit steilen Anstiegen, unerwarteten Kurven und gelegentlichen Sackgassen.

Petra, eine 42-jährige Projektmanagerin, hatte sich vorgenommen, ein Buch zu schreiben. Ihr ursprünglicher Plan sah vor, jeden Tag eine Stunde zu schreiben und das Manuskript nach sechs Monaten fertigzustellen. Nach nur zwei Wochen konsequenten Schreibens kam ein wichtiges Projekt bei der Arbeit dazwischen. Ihre Schreibroutine brach zusammen, und sie verspürte immense Frustration. "Nicht einmal das schaffe ich", dachte sie.

Was Petra in diesem Moment fehlte, war ein realistisches Verständnis des Zielerreichungsprozesses. Hindernisse sind keine Ausnahmen – sie sind zu erwarten und einzuplanen.

Die Frustrationswelle verstehen und nutzen

Bei persönlichen Projekten lässt sich ein typisches Muster der Motivation beobachten, das oft als "Frustrationswelle" bezeichnet wird:

1. **Die Anfangseuphorie**: Hohe Motivation, Energie und Optimismus

2. **Das erste Tal**: Erste Hürden tauchen auf, anfängliche Frustration entsteht

3. **Das Plateauphase**: Fortschritt verlangsamt sich, Zweifel kommen auf

4. **Das tiefe Tal**: Starke Frustration, der Tiefpunkt des Prozesses

5. **Der zweite Aufschwung**: Neue Perspektiven und angepasste Erwartungen führen zu stabilerer Motivation

Die größte Gefahr liegt im tiefen Tal – hier geben die meisten Menschen auf. Wer jedoch versteht, dass dieses Tal ein natürlicher Teil des Prozesses ist, kann sich mental darauf vorbereiten und Strategien entwickeln, um es zu durchqueren.

Praktische Strategien zur Aufrechterhaltung der Motivation

1. Das Salamiprinzip: Ziele in Scheiben schneiden

Große Ziele können überwältigend wirken. Die Technik des "Salami-Schneidens" hilft dir, dein Ziel in kleine, verdauliche Stücke zu unterteilen.

Beispiel: Statt "Ich will 20 Kilo abnehmen" lautet das Salamiziel "Ich reduziere diese Woche meine Kalorienzufuhr um 300 Kalorien pro Tag". Oder noch konkreter: "Ich tausche heute mein übliches Nachmittagsgebäck gegen einen Apfel."

Übung: Dein Ziel in Salamischeiben

1. Schreibe dein großes Ziel auf

2. Unterteile es in drei mittelfristige Meilensteine

3. Für jeden Meilenstein definiere drei konkrete, messbare Wochenziele

4. Für diese Woche lege ein tägliches Mini-Ziel fest

2. Die Fortschrittsdokumentation

Unser Gehirn neigt dazu, Fortschritte zu unterschätzen und Rückschläge überzubewerten. Eine systematische Dokumentation deiner Fortschritte wirkt diesem natürlichen Bias entgegen.

Methoden zur Fortschrittsdokumentation:

- **Das Erfolgsjournal**: Notiere täglich drei kleine Erfolge in Richtung deines Ziels

- **Die Fortschrittskurve**: Visualisiere deine Entwicklung in einem einfachen Diagramm

- **Die Beweissammlung**: Sammle konkrete Beweise für deinen Fortschritt (Fotos, Feedback, Messwerte)

Franz, ein 38-jähriger Softwareentwickler, der eine App programmierte, machte nach jedem erfolgreichen Entwicklungsschritt einen Screenshot. In frustrierenden Phasen scrollte er durch diesen visuellen Nachweis seines Fortschritts, was ihm half, die Perspektive wiederzugewinnen.

3. Der Frustrations-Notfallplan

Plane für Frustrationsphasen, bevor sie eintreten. Ein Notfallplan gibt dir Handlungsfähigkeit zurück, wenn die Motivation nachlässt.

Elemente eines Frustrations-Notfallplans:

- Eine Liste mit drei Personen, die dich motivieren können

- Drei Erinnerungen, warum du dieses Ziel ursprünglich verfolgt hast

- Eine kleine Belohnung, die du dir für das Durchhalten geben kannst

- Eine konkrete "Minimalversion" deines Tagesziels für besonders schwierige Tage

4. Die Resilienz-Vorbereitung

Bereite dich mental auf Rückschläge vor, indem du dir drei mögliche Hindernisse vorstellst und jeweils einen konkreten Plan formulierst, wie du damit umgehen wirst.

Beispiel:

- Hindernis: "Ich könnte in einer stressigen Arbeitswoche keine Zeit zum Training finden."

- Lösungsplan: "Wenn eine stressige Woche kommt, reduziere ich mein Training auf 10 Minuten Morgenübungen und einen längeren Spaziergang am Wochenende."

5. Die Motivationsanker

Schaffe dir konkrete Anker, die dich an deine Motivation erinnern:

- Ein Visionboard mit Bildern deines Ziels

- Ein Motto oder Mantra, das du an strategischen Orten platzierst

- Ein Symbol oder Gegenstand, der dich an dein "Warum" erinnert

Die Kraft der Gemeinschaft nutzen

Isolation verstärkt Frustration. Gemeinsame Ziele oder Zielpartner können deine Resilienz erheblich steigern.

Möglichkeiten, die Gemeinschaft zu nutzen:

- Finde einen "Accountability Partner" für regelmäßigen Austausch

- Tritt einer Gruppe mit ähnlichen Zielen bei (online oder offline)

- Teile deine Fortschritte in einem geeigneten Rahmen

- Suche dir ein Vorbild, das ähnliche Herausforderungen gemeistert hat

Sven, ein 35-jähriger Hobbyautor, schloss sich einer Schreibgruppe an, nachdem er mehrfach an seinem Roman gescheitert war. "Plötzlich war ich nicht mehr allein mit meinen Blockaden und der Frustration. Zu sehen, dass andere ähnliche Phasen durchmachen, normalisierte meinen Prozess und gab mir Kraft weiterzumachen."

Die Sinn-Dimension von Zielen

Ziele mit tieferem Sinn schaffen mehr Widerstandskraft gegen Frustration. Überlege, wie dein persönliches Ziel mit deinen Kernwerten und langfristigen Lebenszielen verbunden ist.

Übung: Die Sinn-Pyramide

1. Unten: Was ist dein konkretes Ziel?

2. Mitte: Welche Fähigkeit oder Eigenschaft entwickelst du durch dieses Ziel?

3. Oben: Welchem größeren Lebenswert oder -sinn
   dient diese Entwicklung?

Beispiel von Martina, 52, die eine Fortbildung
absolvierte:

1. Konkretes Ziel: Den Zertifikatskurs in
   Wirtschaftsenglisch bestehen

2. Entwickelte Fähigkeit: Sprachliche Kompetenz
   und lebenslanges Lernen

3. Größerer Lebenswert: Unabhängigkeit und
   berufliche Selbstbestimmung

Langfristige Visionen entwickeln

Während kurzfristige Ziele die tägliche Motivation
speisen, bieten langfristige Visionen Orientierung und
Sinnhaftigkeit. Eine kraftvolle Vision kann dich durch die
unvermeidlichen Täler der Frustration tragen.

Vom Ziel zur Vision

Ein Ziel ist ein konkreter Endpunkt, den du erreichen
möchtest. Eine Vision hingegen ist ein lebendiges,
emotionales Bild einer Zukunft, die du erschaffen willst.
Ziele können erreicht oder verfehlt werden, während
Visionen sich entwickeln und wachsen.

Unterschiede zwischen Zielen und Visionen:

Ziel	Vision
Konkreter Endpunkt	Richtung und Orientierung
Messbar	Emotional und sinnstiftend
Zeitlich begrenzt	Langfristig und entwicklungsfähig
Kann erreicht werden	Entwickelt sich ständig weiter

Die Elemente einer kraftvollen Vision

Eine wirksame Vision vereint mehrere Elemente:

1. **Emotionale Anziehungskraft**: Sie spricht dich auf einer Gefühlsebene an

2. **Authentizität**: Sie passt zu deinen echten Werten und Stärken

3. **Klarheit**: Du kannst sie dir bildlich vorstellen

4. **Flexibilität**: Sie lässt Raum für verschiedene Wege und Anpassungen

5. **Größe**: Sie ist groß genug, um dich zu inspirieren, aber nicht so unrealistisch, dass sie entmutigt

Übung: Die Visionskarte erstellen

1. **Lege einen Zeitraum fest**: Wähle einen Zeitrahmen für deine Vision (z.B. 3, 5 oder 10 Jahre)

2. **Sammle Antworten** zu folgenden Fragen:

   o Wie sieht mein Alltag in diesem Zeitraum idealerweise aus?

   o Welche Fähigkeiten habe ich entwickelt?

o Wie gestalten sich meine wichtigsten Beziehungen?

o Welchen Beitrag leiste ich mit meiner Arbeit oder meinem Engagement?

o Wofür bin ich dankbar?

o Was macht mich stolz?

3. **Verdichte die Antworten** zu einem Kernbild oder einer Kernaussage

4. **Erschaffe ein Symbol** für diese Vision (ein Bild, ein Wort, eine Geste)

Von der Vision zur Strategie

Eine Vision ohne Strategie bleibt ein Traum. Diese Schritte helfen dir, deine Vision in konkrete Handlungen zu übersetzen:

1. **Die Brückenziele identifizieren**: Welche mittelfristigen Ziele bilden Brücken zwischen deinem heutigen Standpunkt und deiner Vision?

2. **Die Schlüsselfähigkeiten bestimmen**: Welche Fähigkeiten und Ressourcen brauchst du, um deine Vision zu verwirklichen?

3. **Die unterstützenden Gewohnheiten entwickeln**: Welche täglichen oder wöchentlichen Gewohnheiten bringen dich in kleinen Schritten näher?

Elisabeth, 47, hatte die Vision, als Mentorin für benachteiligte Jugendliche zu wirken. Ihre Brückenziele umfassten eine Ausbildung in Jugendarbeit und den

Aufbau eines Netzwerks zu relevanten Organisationen. Als Schlüsselfähigkeiten identifizierte sie aktives Zuhören und Konfliktlösung. Ihre unterstützenden Gewohnheiten beinhalteten regelmäßiges Lesen zu dem Thema und wöchentliche Gespräche mit einem erfahrenen Mentor.

Die Vision als Frustrationsanker

Eine klare Vision kann in Momenten der Frustration als Anker dienen. Sie erinnert dich daran, warum du den eingeschlagenen Weg gehst und welche größere Bedeutung hinter deinen Bemühungen steht.

Techniken, um deine Vision als Frustrationsanker zu nutzen:

1. **Das Visionssymbol**: Erschaffe ein Symbol für deine Vision und platziere es sichtbar

2. **Der Brief aus der Zukunft**: Schreibe dir einen Brief aus der Perspektive deines zukünftigen Selbst

3. **Die Vision-Erinnerung**: Setze dir einen regelmäßigen Termin, um deine Vision zu reflektieren

4. **Die 5-Minuten-Visualisierung**: Visualisiere deine Vision für fünf Minuten, wenn Frustration aufkommt

Die Flexibilität der Vision bewahren

Eine starre Vision kann selbst zur Quelle von Frustration werden. Wahre Meisterschaft liegt darin, die Balance zwischen Beständigkeit und Anpassungsfähigkeit zu finden.

Anzeichen, dass eine Vision Anpassung benötigt:

- Sie erzeugt anhaltende negative Gefühle

- Äußere Umstände haben sich fundamental geändert

- Neue Erkenntnisse über dich selbst sind aufgetaucht

- Tiefe Werte haben sich gewandelt oder geklärt

Wie du deine Vision anpassen kannst, ohne dich zu verlieren:

1. Identifiziere den Kern deiner Vision – Was ist wirklich wesentlich?

2. Unterscheide zwischen den unveränderlichen Kernwerten und den anpassbaren Umsetzungsformen

3. Sieh Anpassungen als Weiterentwicklung, nicht als Aufgabe

Michael, 55, träumte davon, als Fotograf die Welt zu bereisen. Als ein Gesundheitsproblem längere Reisen unmöglich machte, erlebte er tiefe Frustration. In einem Coaching-Prozess erkannte er, dass der Kern seiner Vision das "Geschichtenerzählen durch Bilder" war – nicht das Reisen selbst. Er passte seine Vision an und fand Erfüllung in lokalen Fotoprojekten, die Menschen in seiner Heimatstadt porträtierten.

Gemeinsame Visionen erschaffen

Besonders kraftvoll werden Visionen, wenn sie geteilt werden. Ob in Partnerschaften, Familien, Teams oder

Gemeinschaften – gemeinsame Visionen multiplizieren die Motivation und teilen die Last der Frustration.

Übung: Die gemeinsame Visionswerkstatt

1. Jeder Teilnehmer notiert seine persönlichen Antworten auf die Visionsfragen

2. In einer Gesprächsrunde teilt jeder seine wichtigsten Punkte mit

3. Gemeinsame Elemente werden herausgearbeitet und auf einem Visionsbrett visualisiert

4. Die Gruppe überlegt, wie jeder mit seinen Stärken zur gemeinsamen Vision beitragen kann

Die Kraft von Mentoren und Vorbildern

Suche dir Menschen, die ähnliche Visionen bereits verwirklicht haben. Ihre Geschichten – inklusive ihrer Frustrationsphasen und Überwindungsstrategien – können dir wertvolle Einsichten und Motivation bieten.

Wie du von Mentoren und Vorbildern lernst:

1. Informiere dich über ihre Wege, einschließlich der Rückschläge

2. Identifiziere Schlüsselmomente, in denen sie mit Frustration konfrontiert waren

3. Studiere ihre Strategien zur Überwindung von Hindernissen

4. Adaptiere ihr Mindset, nicht unbedingt ihre exakten Methoden

Lukas, 29, träumte davon, ein erfolgreiches Startup zu gründen. In Phasen intensiver Frustration las er Biografien von Unternehmern, die er bewunderte. "Was mich am meisten motivierte, waren nicht ihre Erfolge, sondern die Geschichten ihrer Rückschläge. Zu sehen, dass selbst meine Vorbilder durch tiefe Täler gehen mussten, normalisierte meine eigenen Schwierigkeiten."

Schluss: Frust als Chance

Wir nähern uns dem Ende unserer gemeinsamen Reise durch die Landschaft der Frustrationstoleranz. In diesem Schlussteil möchte ich die wichtigsten Erkenntnisse zusammenfassen, dich in deiner neuen Perspektive auf Frustration bestärken und einen Ausblick geben, wie du dich weiterentwickeln kannst.

Zusammenfassung der Kernideen

Unsere Reise begann mit einem fundamentalen Perspektivwechsel: Frustration ist nicht der Feind, den es zu vermeiden gilt, sondern ein natürlicher Bestandteil eines erfüllten Lebens. Sie ist ein Signal, das Aufmerksamkeit verdient, und ein Potenzial, das freigesetzt werden kann.

Wir haben erkannt, dass Frustrationstoleranz eine Schlüsselkompetenz für persönliches Wachstum, beruflichen Erfolg und erfüllende Beziehungen darstellt. Sie ermöglicht uns, auch in schwierigen Situationen handlungsfähig zu bleiben und unsere tieferen Ziele zu verfolgen.

Die wichtigsten Werkzeuge zur Stärkung deiner Frustrationstoleranz, die wir besprochen haben, sind:

1. **Kognitive Umstrukturierung**: Die Fähigkeit, Frustration auslösende Gedanken zu erkennen und in hilfreichere Perspektiven umzuwandeln

2. **Narrative Neugestaltung**: Das Umschreiben deiner persönlichen Geschichte von einer des Scheiterns zu einer des Wachstums

3. **Achtsamkeitspraxis**: Die Entwicklung einer beobachtenden Haltung gegenüber frustrierenden Gefühlen

4. **Selbstwirksamkeitsstärkung**: Der systematische Aufbau von Vertrauen in die eigenen Fähigkeiten

5. **Soziale Ressourcen**: Die Nutzung unterstützender Beziehungen als Puffer gegen Frustration

Wir haben diese Werkzeuge auf verschiedene Lebensbereiche angewandt – vom Arbeitsplatz über persönliche Beziehungen bis hin zu individuellen Zielen. Dabei wurde deutlich, dass Frustrationstoleranz keine einmalige Errungenschaft ist, sondern eine lebenslange Praxis.

Ermutigung: Frustrationstoleranz als Lebenskompetenz

Wenn du bis hierher gelesen hast, hast du bereits einen wichtigen Schritt getan: Du hast dich entschieden, Frustration nicht länger zu vermeiden, sondern dich ihr zu stellen und an ihr zu wachsen.

Diese Entscheidung ist bedeutsam. In einer Welt, die zunehmend auf sofortige Befriedigung und Komfort ausgerichtet ist, hast du erkannt, dass wahres Wachstum oft jenseits der Komfortzone stattfindet. Du hast verstanden, dass Frustrationstoleranz kein luxuriöses Extra ist, sondern eine grundlegende Lebenskompetenz für das 21. Jahrhundert.

Die Fähigkeit, Frustration auszuhalten und durch sie hindurchzugehen, ist vergleichbar mit einem Muskel – sie wächst durch wiederholte Anwendung. Jede frustrierende Situation, der du dich stellst, ist ein Trainingsmoment. Jedes Mal, wenn du die Werkzeuge aus diesem Buch anwendest, stärkst du diesen Muskel.

Es wird weiterhin Momente geben, in denen du dich überwältigt fühlst. Es wird Tage geben, an denen du zurück in alte Muster fällst. Das ist kein Versagen – es ist Teil des Prozesses. Wahre Meisterschaft liegt nicht in der Perfektion, sondern in der Fähigkeit, nach einem Rückschlag wieder aufzustehen und weiterzumachen.

Erinnere dich in diesen Momenten an Sarah, die 45-jährige Lehrerin, die nach 20 Jahren im Beruf kurz vor dem Burnout stand. Ihre ersten Versuche, mit Frustration umzugehen, waren holprig. "Ich fühlte mich wie eine Versagerin", erzählte sie, "weil ich immer wieder in alte Muster zurückfiel." Mit der Zeit lernte sie, diese Rückfälle als Teil ihres Lernprozesses zu sehen. Heute nutzt sie ihre eigene Geschichte, um Schülern in schwierigen Phasen zu helfen. "Frustrationstoleranz hat mein Leben nicht einfacher gemacht", sagt sie, "aber sie hat mir die Kraft gegeben, mit den Schwierigkeiten zu wachsen, statt an ihnen zu zerbrechen."

Ausblick: Wie Leser weiter wachsen können

Deine Reise zur Stärkung deiner Frustrationstoleranz endet nicht mit dem letzten Kapitel dieses Buches. Sie hat gerade erst begonnen. Hier sind einige Möglichkeiten, wie du weiter wachsen kannst:

1. Von der Theorie zur Praxis

Wissen ist der erste Schritt, aber wahre Veränderung entsteht durch konsequente Anwendung. Wähle drei Techniken aus diesem Buch, die dich besonders angesprochen haben, und integriere sie fest in deinen Alltag. Beginne mit einer 30-Tage-Praxis, in der du bewusst an deiner Frustrationstoleranz arbeitest.

2. Vom Einzelkämpfer zur Gemeinschaft

Suche dir Gleichgesinnte, die ebenfalls an ihrer Frustrationstoleranz arbeiten möchten. Dies können

Freunde, Kollegen oder sogar Online-Communities sein.
Der regelmäßige Austausch über Erfolge und
Herausforderungen kann deine Motivation und
Beständigkeit erheblich steigern.

3. Vom Lernenden zum Lehrenden

Eine der wirksamsten Formen des Lernens ist das Lehren.
Teile dein Wissen und deine Erfahrungen mit anderen –
sei es in Gesprächen, in sozialen Medien oder in
Gruppenveranstaltungen. Indem du anderen hilfst, ihre
Frustrationstoleranz zu stärken, festigst du gleichzeitig
dein eigenes Verständnis und deine Praxis.

4. Von der Reaktion zur Prävention

Mit wachsender Frustrationstoleranz wirst du die
Gelegenheit haben, von einem reaktiven zu einem
präventiven Ansatz überzugehen. Anstatt nur auf akute
Frustration zu reagieren, kannst du proaktiv Bedingungen
schaffen, die deine Widerstandskraft fördern – durch
bewusste Lebensgestaltung, Stressmanagement und
regelmäßige Reflexion.

5. Von der persönlichen zur systemischen Perspektive

Während wir uns in diesem Buch hauptsächlich auf
individuelle Strategien konzentriert haben, kannst du
deinen Horizont erweitern und betrachten, wie
Frustrationstoleranz in größeren Systemen gefördert
werden kann – sei es in Familien, Teams, Organisationen
oder Gemeinschaften. Wie können wir Umgebungen
schaffen, die gesunde Frustrationsbewältigung
unterstützen?

6. Vertiefung durch weiterführende Ressourcen

Im Anhang dieses Buches findest du eine Liste
weiterführender Ressourcen – von Büchern über Kurse
bis hin zu Apps und Websites. Diese können dir helfen,
einzelne Aspekte der Frustrationstoleranz zu vertiefen und
deine Praxis zu verfeinern.

7. Persönliche Begleitung in Anspruch nehmen

Manchmal kann eine individuelle Begleitung durch einen
Coach, Therapeuten oder Mentor besonders wertvoll sein,
um blinde Flecken zu erkennen und maßgeschneiderte
Strategien zu entwickeln. Wenn du das Gefühl hast, dass
deine Frustrationstoleranz durch tiefe persönliche Muster
begrenzt wird, zögere nicht, professionelle Unterstützung
in Anspruch zu nehmen.

Ein letztes Wort

Frustration ist nicht das Ende der Geschichte – sie ist oft
erst der Anfang. Die bedeutendsten Errungenschaften, die
tiefsten persönlichen Entwicklungen und die wertvollsten
Beziehungen entstehen nicht trotz Frustration, sondern oft
gerade durch sie.

In diesem Sinne wünsche ich dir nicht ein Leben ohne
Frustration – das wäre weder realistisch noch
wünschenswert. Stattdessen wünsche ich dir die Weisheit,
Frustration als Wegweiser zu erkennen, den Mut, dich ihr
zu stellen, und die Beharrlichkeit, durch sie
hindurchzugehen.

Die Fähigkeit, Frustration zu tolerieren und produktiv mit
ihr umzugehen, ist eine der wertvollsten Gaben, die du dir
selbst und anderen machen kannst. Sie öffnet die Tür zu

einem Leben, das nicht von der Abwesenheit von Schwierigkeiten, sondern von der Fähigkeit geprägt ist, durch sie zu wachsen und sie in Möglichkeiten zu verwandeln.

Mögest du auf deinem weiteren Weg immer wieder erfahren, dass hinter jedem frustrierenden Hindernis ein neuer Horizont wartet. Die Reise geht weiter – und du bist jetzt besser ausgerüstet, sie zu meistern.

Zusammenfassung

Die Kernstrategien im Überblick

In diesem Buch haben wir eine Vielzahl von Strategien und Techniken kennengelernt, um unsere Frustrationstoleranz zu stärken. Hier sind die wichtigsten zusammengefasst:

Frust verstehen und annehmen

- **Frustration als Signal**: Frust ist ein wertvolles Feedback, das auf unerfüllte Bedürfnisse oder Erwartungen hinweist

- **Der biologische Hintergrund**: Unser Körper reagiert auf Frustration mit der Stress-Reaktion;

diese zu erkennen ist der erste Schritt zur
Bewältigung

- **Kosten geringer Frustrationstoleranz**: Von
  gestörten Beziehungen über berufliche
  Einschränkungen bis hin zu gesundheitlichen
  Problemen – niedrige Frustrationstoleranz hat
  weitreichende Folgen

- **Der Wert von Frust**: Frustrierende Erfahrungen
  sind oft Katalysatoren für persönliches Wachstum
  und Innovation

Kognitive Strategien

- **ABCDE-Modell**: Events (A) lösen keine Gefühle
  (C) direkt aus – unsere Überzeugungen (B) sind
  die Vermittler; diese zu hinterfragen (D) führt zu
  neuen Ergebnissen (E)

- **Gedankenprotokolle**: Das systematische Erfassen
  und Überprüfen frustrationsauslösender Gedanken

- **Perspektivwechsel**: Die bewusste Einnahme
  anderer Blickwinkel auf frustierende Situationen

- **Reframing**: Die Umdeutung von Frustration von
  einer Bedrohung zu einer Herausforderung oder
  Lerngelegenheit

Narrative Strategien

- **Identifikation einschränkender Geschichten**:
  Erkennen, welche persönlichen Narrative
  Frustration verstärken

- **Umschreiben der Geschichte**: Entwicklung alternativer, stärkender Narrative

- **Die Held:innenreise**: Verständnis der eigenen Frustrationserfahrungen als Teil einer größeren Entwicklungsgeschichte

- **Externalisierung**: Das "Problem" als etwas außerhalb der eigenen Identität betrachten

Achtsamkeitsbasierte Strategien

- **Mindful Pause**: Die 90-Sekunden-Pause zwischen Reiz und Reaktion

- **RAIN-Methode**: Recognize (Erkennen), Allow (Zulassen), Investigate (Untersuchen), Nurture (Nähren)

- **Verkörperte Achtsamkeit**: Fokus auf körperliche Empfindungen statt gedankliche Bewertungen

- **Radikale Akzeptanz**: Die bewusste Entscheidung, die gegenwärtige Realität vollständig anzunehmen

Verhaltensstrategien

- **Graduelle Exposition**: Systematische Konfrontation mit zunehmend herausfordernden Situationen

- **Kleine Erfolge kultivieren**: Die bewusste Schaffung von Erfolgserlebnissen

- **Energiemanagement**: Ausreichend Ressourcen für den Umgang mit Frust sicherstellen

- **Zielsetzung und Planung**: Realistische Ziele mit konkreten Umsetzungsintentionen verknüpfen

Soziale Strategien

- **Unterstützende Beziehungen**: Aufbau eines stärkenden sozialen Netzwerks

- **Kommunikationsfähigkeiten**: Effektive Äußerung von Bedürfnissen und Grenzen

- **Rollenmodelle**: Lernen von Menschen mit hoher Frustrationstoleranz

- **Gemeinsame Bewältigung**: Frustrationserfahrungen teilen und kollektiv bearbeiten

Strategien für spezifische Kontexte

- **Beruf**: Techniken für den Umgang mit Arbeitsbelastung, Konflikten und Rückschlägen

- **Beziehungen**: Methoden zur Verbesserung der Kommunikation und Konfliktlösung

- **Persönliche Ziele**: Ansätze zur Aufrechterhaltung der Motivation und langfristigen Vision

Praktische Übungen im Rückblick

Diese Kernübungen hast du im Verlauf des Buches kennengelernt:

1. **Das Frustrationsprotokoll**: Die systematische Dokumentation und Analyse frustrierender Erfahrungen

2. **Die 90-Sekunden-Pause**: Die bewusste Unterbrechung der automatischen Reaktion auf Frustration

3. **Der Gedanken-Faktencheck**: Die kritische Überprüfung frustrationsverstärkender Gedanken

4. **Das Narrativ-Umschreiben**: Die Entwicklung einer stärkenden persönlichen Geschichte

5. **Die Selbstmitgefühl-Praxis**: Die Kultivierung einer freundlichen Haltung gegenüber sich selbst in Frustrationsmomenten

6. **Die Graduelle Exposition**: Die schrittweise Erhöhung der Frustrationstoleranz durch bewusste Konfrontation

7. **Die Werte-Kompass-Übung**: Die Ausrichtung des Handelns an tiefen persönlichen Werten auch in frustrierenden Situationen

8. **Der Frustrations-Notfallplan**: Die Vorbereitung von Strategien für intensive Frustrationsphasen

9. **Die Visionskarte**: Die Entwicklung einer langfristigen, motivierenden Zukunftsvision

Diese Übungen sind nicht als einmalige Aktivitäten, sondern als regelmäßige Praktiken gedacht, die über die Zeit hinweg deine Frustrationstoleranz systematisch stärken.

Anhang

Checklisten für den Alltag

Frust-Check: Schnelle Bestandsaufnahme

Nutze diese Checkliste, wenn du Anzeichen von Frustration bei dir bemerkst:

- ☐ Ich spüre körperliche Anspannung (Wo genau?): _______________________

- ☐ Meine Atmung ist: ☐ flach ☐ schnell ☐ angehalten ☐ normal

- ☐ Mein aktuelles Frustrationsniveau (1-10): _________

- ☐ Mein Hauptgedanke in diesem Moment: _______________________

- ☐ Dieser Gedanke ist: ☐ hilfreich ☐ teilweise hilfreich ☐ nicht hilfreich

- ☐ Was ich jetzt brauche: ☐ Pause ☐ Unterstützung ☐ Perspektivwechsel ☐ Handlung

- ☐ Kleinste hilfreiche nächste Aktion: _______________________

Tägliche Achtsamkeitsübungen für mehr Frustrationstoleranz

☐ **Morgenroutine** (5 Minuten)

- 1 Minute bewusstes Atmen

- 2 Minuten Körperscan

- 2 Minuten Intention setzen für frustrationstoleranten Tag

☐ **Mini-Pausen** (je 30 Sekunden, über den Tag verteilt)

- Drei bewusste Atemzüge

- Körperliche Anspannungen bewusst lösen

- Ein Moment der Dankbarkeit

☐ **Abend-Reflexion** (5 Minuten)

- Was hat heute Frustration ausgelöst?

- Wie bin ich damit umgegangen?

- Was nehme ich mir für morgen vor?

Wöchentliche Frustrationstoleranz-Stärkung

☐ **Rückblick:**

- Welche Situationen haben diese Woche Frustration ausgelöst?

- Welche Strategien haben gut funktioniert?

- Wo bin ich in alte Muster zurückgefallen?

☐ **Übungspraxis:**

- Mindestens eine herausfordernde Situation bewusst angehen

- Eine neue Technik aus dem Buch ausprobieren

- Eine erfolgreiche Strategie wiederholen und vertiefen

☐ **Vorbereitung:**

- Potenzielle Frustrationssituationen für die kommende Woche identifizieren

- Konkrete Strategien für diese Situationen planen

- Unterstützung organisieren, falls nötig

Vorlagen für kognitive Umstrukturierung und Narrative

Vorlage: Narrativ-Umstrukturierung

Mein aktuelles Narrativ:

- Wie ich die Situation sehe:
  ____

- Welche Rolle ich darin spiele:
  ____

- Was diese Geschichte über mich aussagt:
  ____

- Wie diese Geschichte mein Handeln beeinflusst:
  ____

Mein alternatives Narrativ:

- Eine andere Sichtweise auf die Situation:
  ____

- Eine andere Rolle, die ich einnehmen könnte:
  ____

- Was diese neue Geschichte über mich aussagt:
  ____

- Wie diese neue Geschichte mein Handeln
  beeinflussen könnte: _______________________________

Vorlage: Die Salami-Technik für frustrierende Ziele

Mein großes Ziel:

In drei Meilensteine unterteilt:

1.
2.
3.

Nächster Meilenstein in Wochenziele unterteilt:

- Woche 1: _______________________________

- Woche 2: _______________________________

- Woche 3: _______________________________

- Woche 4: _______________________________

Diese Woche in Tagesschritte unterteilt:

- Montag: _______________________________

- Dienstag: _______________________________

- Mittwoch: _______________________

- Donnerstag: _______________________

- Freitag: _______________________

- Wochenende: _______________________

Der allerkleinste nächste Schritt (jetzt umsetzbar):

Vorlage: Frustrations-Notfallplan

Meine häufigsten Frustrations-Auslöser:

1.
2.
3.

Meine Frühwarnsignale für aufkommende Frustration:

- Körperlich: _______________________

- Gedanklich: _______________________

- Emotional: _______________________

- Verhaltensmäßig: _______________________

Meine Erste-Hilfe-Maßnahmen:

- Sofort-Maßnahme (30 Sekunden):

  ____

- Kurzfristige Maßnahme (5 Minuten):

  ____

- Mittelfristige Maßnahme (30 Minuten):

  ____

Personen, die mich unterstützen können:

1. Name: _________________ Kontakt:
   ____

2. Name: _________________ Kontakt:
   ____

Meine Selbstmitgefühl-Formel:

Mein Erinnerungsanker für Frustrationstoleranz:

Weiterführende Literatur und Ressourcen

Bücher

Zum Thema Frustrationstoleranz und Resilienz:

- Dweck, Carol S. (2006): *Mindset: The New Psychology of Success*

- Harris, Russ (2008): *The Happiness Trap*

- Brown, Brené (2015): *Rising Strong*

- Duckworth, Angela (2016): *Grit: The Power of Passion and Perseverance*

Zum Thema kognitive Umstrukturierung:

- Burns, David D. (1999): *The Feeling Good Handbook*

- Ellis, Albert (2001): *Overcoming Destructive Beliefs, Feelings, and Behaviors*

- Beck, Judith S. (2020): *Cognitive Behavior Therapy: Basics and Beyond*

Zum Thema narrative Ansätze:

- White, Michael & Epston, David (1990): *Narrative Means to Therapeutic Ends*

- Gottschall, Jonathan (2012): *The Storytelling Animal*

- Bruner, Jerome (2004): *Life as Narrative*

Zum Thema Achtsamkeit:

- Kabat-Zinn, Jon (2013): *Full Catastrophe Living*

- Neff, Kristin (2011): *Self-Compassion*

- Harris, Dan (2014): *10% Happier*

Zum Thema Zielerreichung:

- Clear, James (2018): *Atomic Habits*

- Rubin, Gretchen (2015): *Better Than Before*

- Pink, Daniel H. (2009): *Drive: The Surprising Truth About What Motivates Us*

Apps

Zur Unterstützung von Achtsamkeitspraxis:

- Headspace

- Calm

- Insight Timer

- Waking Up

Für Gedankenprotokolle und kognitive Umstrukturierung:

- Thought Diary

- MoodKit

- CBT Thought Record Diary

- MindDoc

Für Gewohnheitsbildung und Zielverfolgung:

- Habitica

- Streaks

- Fabulous

- Strides

Für emotionale Regulation:

- DBT Coach

- eMoods

- MoodMission

- Breathe2Relax

Websites und Online-Ressourcen

Informationsportale:

- Psychologie Heute (www.psychologie-heute.de)

- Psychology Tools (www.psychologytools.com)

- Greater Good Science Center
  (www.greatergood.berkeley.edu)

- Positive Psychology Center
  (www.positivepsychology.com)

Online-Kurse:

- Coursera: "Resilience Skills" (University of Pennsylvania)

- edX: "The Science of Happiness" (UC Berkeley)

- Udemy: "Master Resilience: The Complete Guide to Resilience Training"

- FutureLearn: "Mindfulness for Wellbeing and Peak Performance"